Finden Sie die Liebe
Ihres Lebens

LEONARDO TAVARES

Finden Sie die Liebe
Ihres Lebens

FINDEN SIE DIE LIEBE IHRES LEBENS

© Copyright 2023 - Leonardo Tavares

Alle Rechte vorbehalten. Kein Teil dieses Buches darf reproduziert, in einem Abrufsystem gespeichert oder in irgendeiner Form – elektronisch, mechanisch, durch Fotokopieren, Aufzeichnen, Scannen oder auf andere Weise – übertragen werden, außer durch kurze Zitate in kritischen Rezensionen oder Artikeln, ohne vorherige schriftliche Genehmigung des Herausgebers.

Unter keinen Umständen kann dem Herausgeber oder Autor eine Schuld oder rechtliche Haftung für Schäden, Entschädigungen oder finanzielle Verluste zugeschrieben werden, die sich aus den in diesem Buch enthaltenen Informationen ergeben, sei es direkt oder indirekt.

Impressum:

Dieses Buch ist urheberrechtlich geschützt. Es ist nur für den persönlichen Gebrauch bestimmt. Ohne die Zustimmung des Autors oder Herausgebers ist es Ihnen nicht gestattet, Teile oder Inhalte dieses Buchs zu verändern, zu verbreiten, zu verkaufen, zu verwenden, zu zitieren oder zu paraphrasieren.

Haftungsausschluss:

Bitte beachten Sie, dass die hierin enthaltenen Informationen ausschließlich Bildungs- und Unterhaltungszwecken dienen. Es wurden alle Anstrengungen unternommen, genaue, aktuelle und zuverlässige Informationen bereitzustellen. Es wird keine Gewährleistung irgendeiner Art angegeben oder impliziert. Die Leser erkennen an, dass der Autor keine rechtliche, finanzielle, medizinische oder andere professionelle Beratung anbietet. Der Inhalt dieses Buches wurde aus verschiedenen Quellen abgeleitet. Konsultieren Sie einen lizenzierten Fachmann, bevor Sie die in diesem Buch beschriebenen Techniken ausprobieren.

Durch die Lektüre dieses Dokuments erklärt sich der Leser damit einverstanden, dass der Autor unter keinen Umständen für direkte oder indirekte Verluste verantwortlich ist, die durch die Verwendung der in diesem Dokument enthaltenen Informationen entstehen, einschließlich, aber nicht beschränkt auf Fehler und Auslassungen oder Ungenauigkeiten.

Alle unsere Bücher durchlaufen umfangreiche Qualitätsprüfungen. Sollten Sie in diesem Buch dennoch Tipp- oder Satzfehler finden, freuen wir uns über einen entsprechenden Hinweis an realleotavares@gmail.com

Dieser Titel kann in großen Mengen für kommerzielle oder pädagogische Zwecke erworben werden. Für weitere Informationen senden Sie bitte eine E-Mail an realleotavares@gmail.com.

Erster Eindruck 2023

Möge dieses Buch eine Umarmung sein,
Eine Erleichterung für deine müde Seele,
Möge es die Gewissheit bringen,
Dass der Weg zur Selbstliebe
Mit Authentizität beschritten werden kann.

Es gibt keine unmögliche Suche,
Denn die Verbindung, die wir zu uns selbst haben,
Geht über die Schwierigkeiten hinaus,
Überwindet die Herausforderungen
Und wird zu einer ewigen Quelle
Der Selbsterkenntnis und Entwicklung.

Möge deine Unsicherheit in Vertrauen verwandelt werden,
Und mögen die Erfahrungen ein Schatz sein,
Mögen deine Unsicherheiten sich auflösen,
Und möge das Licht den Weg erhellen
Derer, die nach Weiterentwicklung streben.

Dieses Buch ist eine Feier für all diejenigen, die bereits die Reise
Der Selbstliebe unternommen haben,
Und für all jene, die die Gelegenheit ergreifen,
Sich zu entwickeln. Möge es ein Zufluchtsort
Der Inspiration und der Stärkung sein.

Und selbst in den herausforderndsten Momenten,
Mögen wir den Mut und die Entschlossenheit finden,
Weiterzumachen, die Gegenwart anzunehmen,
Die gelernten Lektionen und unser Leben zu leben
Mit Selbstachtung, Akzeptanz und Widerstandsfähigkeit.

INHALT

Vorwort 9
1. Einleitung 11
   Die Bedeutung der Selbstliebe für gesunde Beziehungen 14
   Wie dieses Buch Ihnen helfen wird 15
2. Entwirren der Selbstliebe 19
   Das Konzept der Selbstliebe verstehen 21
   Identifizieren der Anzeichen niedrigen Selbstwertgefühls und des fehlenden Selbstliebes 22
3. Wiederaufbau Ihres Selbstwertgefühls 31
   Ihre Unvollkommenheiten akzeptieren 33
   Praktische Übungen zur Förderung des Selbstwertgefühls 57
4. Verbindung mit sich selbst 60
   Die Reise zur Selbsterkenntnis 62
   Das Kultivieren der Selbstkenntnis 73
   Integrieren des Selbstbewusstseins in Ihr Leben 76
5. Emotionalen Ballast abwerfen 79
   Umgang mit vergangenen Traumata und negativen Mustern ... 81
   Techniken zum Vergeben von sich selbst und anderen 92
6. Aufbau von gesunden Beziehungen 107
   Säulen einer gesunden Beziehung 109
   Die Einfluss des Selbstwertgefühls auf die Partnerwahl 123

7. Definierung von Grenzen und das Aussprechen von "nein" 141
Die Bedeutung der Festlegung von Grenzen 143
Kommunizieren Sie Ihre Bedürfnisse auf eine selbstbewusste Weise 156

8. Selbstliebe im Alltag pflegen 185
Kleine Gewohnheiten, die Ihre Selbstbeziehung nähren 187
Erstellen einer Selbstfürsorge- und Selbstwert-Routine 201

9. Umgang mit Einsamkeit und Selbstgenügsamkeit 235
Einsamkeit auf gesunde Weise bewältigen 237
Vermeiden der Falle der übermässigen Selbständigkeit 256

10. Gesunde Beziehungen anziehen 277
Positive Energien ausschicken, um passende Menschen anzuziehen 279
Die Bedeutung der Bereitschaft, Liebe zu empfangen 289

11. Umgang mit Enttäuschungen und neuanfängen 303
Ein konstruktiver Umgang mit dem Ende einer Beziehung 305
Umarmung Neuanfänge und Chancen für persönliches Wachstum 325

12. Feiern der Selbstliebe-Reise 345
Reflektieren über Ihre Entwicklung im Buch 347
Selbstliebe als Fokus 348
Ihre Reise ist fortlaufend 349

Fazit 351
Über den Autor 353

VORWORT

Im Strudel des Lebens finden wir uns oft auf der Suche nach etwas, das jenseits unserer Reichweite zu liegen scheint. Manchmal ist es leicht, sich im Wirrwarr der äußeren Erwartungen, der flüchtigen Versprechungen von Märchen und der unermüdlichen Suche nach Liebe zu verlieren, die wir oft vergessen, auf den wichtigsten Ort zu richten: uns selbst.

"Finden Sie die Liebe Ihres Lebens" ist mehr als nur ein Buch; es ist eine Reise der Selbstentdeckung und Akzeptanz. Wenn Sie durch die Seiten dieses Buches blättern, werden Sie auf eine tiefe Erkundung der fundamentalsten Beziehung geführt, die Sie haben können: diejenige, die Sie mit sich selbst pflegen.

Jedes Kapitel ist voller Weisheit, Erkenntnisse und Werkzeuge, um eine liebevolle Beziehung zu sich selbst zu kultivieren. Seien Sie also bereit, jede Seite mit offenem Geist und offenem Herzen zu erkunden, denn der Weg zur Selbstliebe ist eine mutige und transformative Entscheidung. Es spielt keine Rolle, an welchem Punkt Ihrer Reise Sie sich gerade befinden, wissen Sie, dass die Suche nach der Liebe Ihres Lebens in Ihnen beginnt und endet.

Mit Liebe und Dankbarkeit,

Leonardo Tavares

KAPITEL 1
EINLEITUNG

**Blühe wie die Liebe, die du suchst,
der kostbarste Garten ist der,
den du in dir selbst pflegst.**

"Um eine andere Person zu lieben, musst du zuerst dich selbst lieben." Diese Worte werden oft zitiert, aber selten denken wir über die tiefe Bedeutung nach, die sie tragen. Stellen Sie sich vor, Sie sind ein Garten; Ihre Blumen repräsentieren Ihre Beziehungen zu anderen, und die Schmetterlinge, die sie besuchen, symbolisieren die Erfahrungen, die Sie teilen. Betrachten Sie nun den Boden, auf dem dieser Garten gedeiht – dieser Boden ist Ihr Selbstwertgefühl. Wenn er fruchtbar und gut gepflegt ist, werden Ihre Blumen strahlen und genauso strahlende Schmetterlinge anziehen. Wenn der Boden jedoch abgenutzt und vernachlässigt ist, werden Ihre Blumen verwelken und Schmetterlinge anziehen, die ihnen keine Schönheit verleihen.

Willkommen zu einer transformierenden Reise in Richtung Selbstliebe und gesunder Beziehungen. In "Die Liebe deines Lebens finden" werden wir gemeinsam eine tiefe und bedeutsame Erkundung unternehmen, die verändern wird, wie du dich selbst siehst, schätzt und mit anderen in Beziehung trittst. Auf den folgenden Seiten werden wir in die Ozeane des Selbstwertgefühls, der Selbstakzeptanz und der Selbsterkenntnis eintauchen. Bereite dich darauf vor, eine authentische Verbindung zu dir selbst herzustellen und solide Grundlagen für Beziehungen zu schaffen, die mit deiner wahren Essenz in Einklang stehen.

DIE BEDEUTUNG DER SELBSTLIEBE FÜR GESUNDE BEZIEHUNGEN

In einer Welt, die uns oft mit idealisierten Bildern von Romantik und Märchen überflutet, vergessen wir leicht einen grundlegenden Aspekt jeder dauerhaften und bedeutungsvollen Beziehung: die Selbstliebe. Bevor wir uns auf eine Liebesgeschichte mit einer anderen Person einlassen, ist es entscheidend, dass wir zuerst lernen, uns selbst vollständig und bedingungslos zu lieben. Dieses Buch, "Die Liebe deines Lebens finden", ist ein Kompass, um durch die stürmischen Gewässer der Beziehungen zu navigieren, verankert im Fundament der Selbstliebe.

Stellen Sie sich ein prächtiges Gebäude vor. Wenn das Fundament nicht solide ist, spielt es keine Rolle, wie großartig die Struktur darüber ist, sie ist zum Scheitern verurteilt. Genauso hängen unsere Beziehungen von einem festen Fundament der Selbstliebe ab. Oft betreten wir Beziehungen in der Hoffnung, dass die andere Person unsere Lücken füllt, uns vollständig fühlen lässt und uns das Glück gibt, nach dem wir suchen. Diese Herangehensweise belastet jedoch den Partner und uns selbst unfair.

Selbstliebe ist keine Selbstsucht; sie ist das Fundament für ein ausgewogenes Leben und gesunde Beziehungen. Wenn wir uns selbst wirklich lieben, können wir unsere Liebe authentisch teilen, ohne darauf zu warten, dass der andere uns vervollkommnet. Das ermöglicht uns, Beziehungen auf Partnerschaft, gegenseitigem Respekt und gemeinsamem Wachstum aufzubauen. Die Selbstliebe befähigt uns, gesunde Grenzen zu setzen, unsere Bedürfnisse zu kommunizieren und langfristig vorteilhafte Entscheidungen zu treffen.

WIE DIESES BUCH IHNEN HELFEN WIRD

Die Reise, die Selbstliebe zu finden und zu kultivieren, kann anfangs einschüchternd erscheinen. Viele von uns wurden darauf konditioniert zu glauben, dass sich um sich selbst zu kümmern egoistisch ist oder dass wir die Bestätigung anderer benötigen, um uns wertvoll zu fühlen. Doch ich möchte Ihnen versichern, dass Sie liebenswert sind und es verdienen, sich genau so vollständig zu fühlen, wie Sie sind.

Dieses Buch ist ein einfühlsamer Leitfaden, der Sie auf Ihrer Reise der Selbsterkenntnis und des persönlichen Wachstums begleiten wird. Jede Seite, jedes Kapitel wurde sorgfältig gestaltet, um Einsichten, praktische Strategien und echte Geschichten von Menschen zu bieten, die ihr Leben transformiert haben, indem sie Selbstliebe priorisiert haben. Hier finden Sie einen sicheren Raum, um Ihre Überzeugungen zu erforschen, Hindernisse zu überwinden und die einzigartige Schönheit in sich selbst anzuerkennen.

Bereiten Sie sich auf diese Reise vor

Bevor wir fortfahren, möchte ich Sie einladen, sich für das Wachstum und die Veränderung zu öffnen. Dieses Buch erfordert Ihr Engagement und Ihre Authentizität. Ich bin hier, um Sie zu ermutigen und zu führen, aber Sie treffen die Entscheidungen und gehen die notwendigen Schritte auf Ihrem Weg zur persönlichen Weiterentwicklung.

Während dieses Weges denken Sie immer daran, freundlich zu sich selbst zu sein. Selbstliebe ist kein Wettrennen, sondern eine kontinuierliche Reise des Lernens und des Wachstums. Seien Sie bereit, Ihre begrenzenden Überzeugungen zu hinterfragen, Ihre Verletzlichkeit anzunehmen und Ihre Erfolge zu feiern, ganz gleich, wie klein sie erscheinen mögen.

Wissen Sie, dass dies ein fortlaufender Prozess ist. So wie Pflanzen Wasser und Licht benötigen, um zu wachsen, müssen Sie regelmäßig Ihre Selbstliebe pflegen. Das Ziel dieses Buches ist nicht, sofortige Lösungen zu bieten, sondern Werkzeuge und Einsichten zu vermitteln, die Sie befähigen, den Pfad der Selbsterkenntnis und -akzeptanz zu beschreiten.

Jede Seite, die Sie lesen, wird Ihnen zu einem tieferen Verständnis darüber verhelfen, wer Sie sind und welche Liebe Sie verdienen. Wissen Sie, dass Sie nicht allein sind. Gemeinsam werden wir die Pfade des Herzens und des Verstandes erkunden, und Sie werden feststellen, dass Sie besser vorbereitet sind als je zuvor, um gesunde und liebevolle Beziehungen zu finden und zu pflegen.

Sind Sie bereit, sich auf diese transformative Reise zur Selbstliebe und zu den Beziehungen, die Sie verdienen, einzulassen? Dann drehen Sie die Seite und beginnen Sie, eine Zukunft voller Liebe, Wachstum und Authentizität aufzubauen.

KAPITEL 2

ENTWIRREN DER SELBSTLIEBE

"Sich selbst zu lieben ist der Beginn einer lebenslangen Romanze."
Oscar Wilde

Der erste Schritt auf dem Weg, die Liebe deines Lebens zu finden, beginnt bei dir selbst. Selbstliebe ist das Fundament, auf dem alle anderen Beziehungen erblühen. In diesem Kapitel werden wir tief in die Essenz der Selbstliebe eintauchen, ihre Bedeutung erkunden und wie sie sich in unserem Leben manifestiert. Darüber hinaus werden wir die aufschlussreichen Zeichen von geringem Selbstwertgefühl und fehlender Selbstliebe betrachten, um Ihnen zu ermöglichen, sich mit diesen schädlichen Mustern vertraut zu machen.

DAS KONZEPT DER SELBSTLIEBE VERSTEHEN

Selbstliebe ist mehr als nur ein Modebegriff oder eine positive Phrase, die wir uns selbst wiederholen. Es ist eine Einstellung, eine Beziehung und ein tiefes Engagement für sich selbst. Selbstliebe ist die Grundlage des Respekts und der Zuneigung, die Sie für sich selbst pflegen, unabhängig von äußeren Umständen. Sie erstreckt sich über das physische Erscheinungsbild hinaus und umfasst Ihre inneren Qualitäten, Ihre Leistungen und Ihre Werte.

Stellen Sie sich vor, Sie sind Ihr bester Freund. Wären Sie bereit, Ihren Freund ständig zu kritisieren und herabzusetzen? Sicherlich nicht. Selbstliebe bedeutet, sich selbst mit derselben Freundlichkeit und Mitgefühl zu behandeln, die Sie einem geliebten Freund entgegenbringen würden. Es bedeutet, Ihre Unvollkommenheiten anzuerkennen, aber auch Ihre

Stärken und Erfolge zu feiern. Selbstliebe ist eine kontinuierliche Reise der Selbstentdeckung, Akzeptanz und des Wachstums, bei der Sie Ihr größter Unterstützer werden, immer auf der Suche nach dem Besten für sich selbst.

IDENTIFIZIEREN DER ANZEICHEN NIEDRIGEN SELBSTWERTGEFÜHLS UND DES FEHLENDEN SELBSTLIEBES

Manchmal kann es schwierig sein, zu erkennen, wenn wir unter einem niedrigen Selbstwertgefühl oder mangelnder Selbstliebe leiden. Die Negativität gegenüber uns selbst kann sich unter der Oberfläche verbergen und zu einem integralen Bestandteil unserer Denkweise werden. Hier sind aufschlussreiche Anzeichen dafür, dass Sie möglicherweise mit mangelnder Selbstliebe kämpfen:

Übermäßige Selbstkritik

Übermäßige Selbstkritik ist wie ein Nebel, der unsere klare Sicht auf uns selbst trübt. Es handelt sich um ein Denkmuster, bei dem wir dazu neigen, uns nur auf unsere Fehler und Unvollkommenheiten zu konzentrieren und unsere Leistungen und positiven Eigenschaften zu ignorieren. Stellen Sie sich vor, Sie hätten einen Freund, der ständig Ihre Mängel herausstellt und nie Ihre Erfolge lobt; so verhält sich übermäßige Selbstkritik gegenüber sich selbst.

Oft entsteht diese übermäßige Selbstkritik aus unrealistischen Erwartungsmustern oder Vergleichen mit anderen. Wenn Sie sich immer mit Menschen vergleichen, die alles im Griff zu haben scheinen, ist es leicht, in die Falle zu tappen und sich selbst dafür zu kritisieren, nicht dasselbe Maß an vermeintlicher Perfektion zu erreichen. Dieser Vergleich berücksichtigt jedoch nicht die gesamte Realität eines jeden Individuums, einschließlich seiner eigenen verborgenen Kämpfe und Herausforderungen.

Übermäßige Selbstkritik kann auch in internalisierten kritischen Botschaften aus vergangenen Erfahrungen verwurzelt sein. Möglicherweise gab es Zeiten, in denen Sie harsche Kritik erhalten haben, was Ihre innere Stimme geformt hat. Diese kritische Stimme kann so dominant werden, dass sie selbst dann, wenn Sie etwas Bemerkenswertes erreichen, darauf besteht, aufzuzeigen, was hätte besser sein können.

Ständiger Vergleich

Die Falle ständiger Vergleiche ist eine der herausforderndsten, aus der zu entkommen, da sie uns in eine Spirale der Selbstabwertung und Unzufriedenheit führt. Wenn wir uns ständig negativ mit anderen vergleichen, vergleichen wir tatsächlich unsere Hintergrundgeschichten mit den Höhepunkten anderer. Diese schädliche Angewohnheit hindert uns daran, unsere eigene Einzigartigkeit und intrinsischen Wert anzuerkennen.

Der ständige Vergleich entsteht oft aus dem Streben nach externer Validierung. Manchmal geschieht dies aufgrund des sozialen oder kulturellen Drucks, bestimmten Standards für Erfolg, Schönheit oder Leistung gerecht zu werden. Wenn wir sehen, wie andere diese Standards erreichen, schwindet unser Selbstwertgefühl, da wir das Gefühl haben, nicht mithalten zu können.

Das Problem bei Vergleichen ist, dass sie auf einer Illusion beruhen: der Illusion, dass wir alle Nuancen im Leben einer anderen Person kennen. In Wirklichkeit sehen wir nur einen begrenzten Teil ihrer Geschichte. Die Unsicherheiten und Herausforderungen, denen sie gegenüberstehen, sind selten oberflächlich sichtbar.

Schwierigkeiten, Lob anzunehmen

Die Schwierigkeit, Lob anzunehmen, ist ein aufschlussreiches Anzeichen für geringes Selbstwertgefühl und mangelnde Selbstliebe. Obwohl es eine einfache Reaktion zu sein scheint, trägt es tiefe Implikationen darüber, wie Sie sich selbst sehen. Wenn Sie positive Lobeshymnen nicht internalisieren können, lehnen Sie effektiv die Anerkennung und Validierung Ihrer eigenen Größe ab.

Diese Schwierigkeit entsteht oft aus dem Gefühl, dass Sie Lob oder positive Aufmerksamkeit nicht verdienen. Dies kann mit tief verwurzelten Überzeugungen von Unzulänglichkeit zusammenhängen. Manchmal ist dieser Glaube so stark, dass selbst wenn andere versuchen, Ihre

Qualitäten zu betonen, Sie Wege finden, um abzulenken oder Ihre Leistungen herunterzuspielen.

Die Weigerung, Lob anzunehmen, kann mehrere negative Konsequenzen haben. Erstens erschwert es den Aufbau gesunder Beziehungen, da andere möglicherweise das Gefühl haben, dass Ihre Wertschätzung nicht aufrichtig akzeptiert wird. Darüber hinaus verstärkt diese selbstabwertende Haltung das niedrige Selbstwertgefühl, da sie die Vorstellung verstärkt, dass Sie keine positive Anerkennung verdienen.

Bedürfnis nach Anerkennung

Die ständige Suche nach Anerkennung ist wie eine emotionale Sucht, die Sie in einem Kreislauf emotionaler Abhängigkeit von anderen gefangen hält. Dieses Bedürfnis entsteht, wenn Ihr Selbstwertgefühl an die Meinungen und Erwartungen von außen gebunden ist. Anstatt auf Ihre eigene Wahrnehmung zu vertrauen, suchen Sie nach externer Validierung, um Ihren Wert zu bestätigen.

Die Ursprünge dieses Bedürfnisses sind oft in vergangenen Erfahrungen verwurzelt, in denen Sie die Zustimmung anderer mit einer vorübergehenden Empfindung von Akzeptanz und Liebe in Verbindung gebracht haben. Möglicherweise wurden Sie nur bedingt gelobt oder erhielten Liebe und Aufmerksamkeit nur, wenn Sie bestimmte Erwartungen erfüllten. Als Ergebnis wurde Ihr Selbstwertgefühl von externer Anerkennung abhängig.

Die Suche nach Anerkennung hat mehrere negative Auswirkungen. Erstens belastet sie Ihre Beziehungen, da Sie ständig nach Zeichen der Validierung suchen. Dies kann ein Muster unzufriedener Beziehungen schaffen, in denen Ihre emotionalen Bedürfnisse den Erwartungen anderer untergeordnet sind.

Perfektionismus extrem

Der extreme Perfektionismus ist eine emotionale Belastung, die Ihr Selbstwertgefühl ersticken und Ihre Fähigkeit, das Leben in vollen Zügen zu genießen, untergraben kann. Es ist ein unermüdliches Streben nach Exzellenz in allen Bereichen, oft begleitet von ständigem Unzufriedenheitsgefühl und gnadenloser Selbstanspruch. Während der Wunsch, Dinge gut zu machen, eine bewundernswerte Qualität sein kann, kann extremer Perfektionismus lähmend und schädlich sein.

Perfektionismus hat oft tiefe Wurzeln in der Angst vor dem Versagen und dem ständigen Streben nach externer Validierung. Das unerbittliche Streben nach Perfektion ist oft verwurzelt in tief verwurzelten Überzeugungen, dass Ihr Selbstwert von Ihrer makellosen Leistung abhängt. Diese Denkweise setzt Sie ständig unter Druck, unrealistische Standards zu erfüllen, die oft von Ihnen selbst oder von externen Erwartungen festgelegt werden.

Extreme Perfektionisten leiden oft an mangelnder Selbstmitgefühl. Jeder Fehler wird vergrößert, und selbst Erfolge bringen nicht die erwartete Zufriedenheit. Darüber hinaus kann dieses unerbittliche Streben nach

Perfektionismus zu Prokrastination führen und die Vermeidung von Aufgaben aus Angst, den festgelegten Standards nicht gerecht zu werden.

Vermeiden von Herausforderungen

Die Angewohnheit, Herausforderungen aufgrund der Angst vor dem Versagen zu vermeiden, gleicht dem Verbleiben in einer Komfortzone. Diese Komfortzone kann sich jedoch in ein emotionales Gefängnis verwandeln. Die Angst vor dem Versagen ist oft verwurzelt in dem Wunsch, Ihr Selbstbild zu bewahren und die Möglichkeit der Bestätigung Ihrer Unsicherheiten zu vermeiden.

Das Vermeiden von Herausforderungen kann mehrere negative Konsequenzen haben. Erstens begrenzt es Ihr persönliches und berufliches Wachstum, da Sie nicht bereit sind, Risiken einzugehen und neue Möglichkeiten zu erkunden. Darüber hinaus verpassen Sie durch das Vermeiden von Herausforderungen die Möglichkeit, aus Ihren Fehlern zu lernen und Widerstandsfähigkeit zu entwickeln, die wesentliche Aspekte des Wachstums sind.

Die Angst vor dem Versagen kommt oft aus der Wahrnehmung, dass das Scheitern eine Bestätigung Ihrer Unzulänglichkeit oder Ihres Mangels an Wert ist. Dies schafft einen selbstzerstörerischen Kreislauf, in dem Sie sich selbst unterschätzen und sich nicht den Raum geben, um zu versuchen und zu scheitern, was ein natürlicher Teil jedes Wachstumsprozesses ist.

Vernachlässigung der Selbstfürsorge

Die Vernachlässigung der Selbstfürsorge ist ein Muster, bei dem Sie Ihre eigenen Bedürfnisse und Wünsche zugunsten der Bedürfnisse und Wünsche anderer in den Hintergrund stellen. Obwohl das Sorgen für andere lobenswert ist, kann die ständige Vernachlässigung der Selbstfürsorge zu körperlicher, geistiger und emotionaler Erschöpfung führen. Es ist, als würde man versuchen, die Gläser anderer zu füllen, wenn das eigene Glas leer ist.

Die Vernachlässigung der Selbstfürsorge ist oft in einer Denkweise verwurzelt, die die Selbstfürsorge als egoistisch oder verwöhnt betrachtet. Es ist jedoch wichtig zu erkennen, dass die Selbstfürsorge keine Luxus, sondern eine grundlegende Notwendigkeit ist, um ein gesundes Gleichgewicht in allen Lebensbereichen zu erhalten.

Durch die Vernachlässigung der Selbstfürsorge riskieren Sie Ihre geistige und körperliche Gesundheit. Dies kann auch Ihr Selbstwertgefühl beeinträchtigen, da Sie sich selbst die Botschaft senden, dass Ihre eigenen Bedürfnisse nicht wichtig sind. Dies kann zu Gefühlen von Respektlosigkeit und Erschöpfung führen und einen Kreislauf von geringem Selbstwertgefühl verursachen.

Akzeptanz von toxischen Beziehungen

Die Akzeptanz toxischer Beziehungen ist eine häufige Herausforderung, die Ihre Selbstachtung und emotionales Wohlbefinden schwerwiegend beeinträchtigen kann. Dies geschieht, wenn Sie in Beziehungen verweilen, die schädlich, respektlos oder ungesund sind, aus Angst davor, alleine zu sein oder sich der Unsicherheit des Unbekannten zu stellen.

Die Neigung, toxische Beziehungen zu tolerieren, hat oft ihre Wurzeln in Unsicherheiten und geringem Selbstwertgefühl. Sie könnten glauben, dass Sie etwas Besseres nicht verdienen oder niemanden finden werden, der Sie akzeptiert. Einsamkeit kann beängstigend erscheinen, und diese Angst kann Sie dazu bringen, sich mit weniger zufriedenzugeben, als Sie verdienen.

Die Realität ist, dass das Verweilen in einer toxischen Beziehung nur den Kreislauf von geringer Selbstachtung perpetuiert. Sie könnten feststellen, dass Sie Ihre eigenen Werte, Grenzen und Bedürfnisse kompromittieren, um die Beziehung intakt zu halten. Dies untergräbt nicht nur Ihr Selbstwertgefühl, sondern gefährdet auch Ihre emotionale und mentale Gesundheit.

Gefühl der inneren Leere

Das Gefühl der inneren Leere ist ein tiefes Gefühl der Unzufriedenheit und Erfüllung, selbst wenn Sie bedeutende Erfolge im Leben erzielen. Diese Leere kann beunruhigend sein und zu Fragen nach dem Zweck des Lebens und der Bedeutung persönlicher Erfüllung führen. Es ist, als gäbe es ein emotionales Loch, das nicht durch äußere Erfolge gefüllt werden kann.

Dieses Gefühl hat oft seine Wurzeln in einer Entfremdung von sich selbst und einem Mangel an

Übereinstimmung mit Ihren inneren Werten und Wünschen. Das ständige Streben nach äußeren Zielen kann dazu führen, dass Sie Ihre innere Welt und Ihre emotionalen Bedürfnisse vernachlässigen.

Die innere Leere kann auch durch begrenzende Überzeugungen verschärft werden, dass Ihr Selbstwert von äußeren Leistungen abhängt. Sie könnten sich in einem ständigen Zyklus der Suche nach Bestätigung und Erfolg wiederfinden und hoffen, dass diese Erfolge die emotionale Leere füllen.

Auf dem Weg zur Selbstliebe

Das Verständnis für Selbstliebe und die Identifizierung von Anzeichen geringer Selbstachtung sind entscheidend für Ihre Reise. Im nächsten Kapitel werden wir tiefer in die Kunst des Wiederaufbaus Ihres Selbstwertgefühls eintauchen. Sie werden lernen, negative Gedanken herauszufordern, Ihre Verletzlichkeit anzunehmen und sich dem Prozess der Selbsterkenntnis zu verpflichten.

Denken Sie daran, dass Selbstliebe ein Prozess ist, und wir sind erst dabei, das weite Gebiet Ihrer eigenen Essenz zu erkunden. Gehen Sie mutig und offen weiter, denn die Liebe, die Sie suchen, wohnt bereits in Ihnen und wartet darauf, entdeckt und genährt zu werden.

KAPITEL 3
WIEDERAUFBAU IHRES SELBSTWERTGEFÜHLS

Wie ein Architekt des Herzens Ihr Selbstwertgefühl mit Selbstliebe wieder aufbaut.

Das Selbstwertgefühl ist das Fundament der Selbstliebe und wird oft von unserer Wahrnehmung unserer eigenen Unvollkommenheiten geprägt. Den Wiederaufbau Ihres Selbstwertgefühls erfordert eine Erfahrung bedingungsloser Selbstakzeptanz, bei der Sie all Ihre Eigenheiten und Besonderheiten umarmen. In diesem Kapitel werden wir erkunden, wie Sie lernen können, die einzigartige Person zu lieben, die Sie sind, und praktische Übungen anbieten, die Ihnen helfen, Ihr Selbstwertgefühl zu kultivieren und zu stärken.

IHRE UNVOLLKOMMENHEITEN AKZEPTIEREN
Ihre Individualität umarmen

Der Weg zur Wiederherstellung Ihres Selbstwertgefühls beginnt mit bedingungsloser Selbstakzeptanz. Dies bedeutet, Ihre Unvollkommenheiten anzuerkennen, Ihre Individualität zu umarmen und sich selbst bedingungslos zu lieben, mit all Ihren Fehlern und Eigenarten. Die Wahrheit ist, dass wir alle unvollkommene Menschen sind, und genau das macht uns einzigartig und besonders.

Die Akzeptanz Ihrer Unvollkommenheiten bedeutet nicht, sich der Selbstzufriedenheit hinzugeben oder persönliches Wachstum aufzugeben. Im Gegenteil, es ist ein Akt von Authentizität und Mut. Wenn Sie Ihre Schwächen akzeptieren, befreien Sie sich von den Fesseln ständiger Selbstkritik und schaffen Raum für eine gesunde Entwicklung. Denken Sie daran, niemand ist perfekt, und die Suche nach Perfektion dient nur dazu, Ihr Selbstwertgefühl zu untergraben.

Die Akzeptanz Ihrer Individualität ist auch entscheidend für den Aufbau Ihres Selbstwertgefühls. Jeder von uns ist einzigartig, mit unterschiedlichen Talenten, Interessen und Eigenschaften. In einer Welt, die oft Konformität fördert, ist es ein Akt der Ermächtigung, das zu umarmen, was Sie einzigartig macht. Wenn Sie sich erlauben, authentisch zu sein, ziehen Sie Menschen und Situationen an, die Sie für das schätzen, was Sie sind, nicht dafür, wer Sie vorgeben, um anderen zu gefallen.

Hier sind Wege, wie Sie die Akzeptanz Ihrer Unvollkommenheiten und die Umarmung Ihrer Individualität praktizieren können:

Verständnis für die Akzeptanz

Das Verständnis von Akzeptanz ist entscheidend für den Aufbau eines gesunden und dauerhaften Selbstwertgefühls. Oft haben Menschen eine verzerrte Vorstellung von Akzeptanz und verwechseln sie mit Nachsicht gegenüber negativem Verhalten oder einem Mangel an Ambition für persönliches Wachstum. Wahre Akzeptanz hingegen ist ein Akt des Muts und der Authentizität, der es Ihnen ermöglicht, sich selbst mit Mitgefühl und Liebe zu begegnen, unabhängig von Ihren Unvollkommenheiten.

Die Akzeptanz Ihrer Unvollkommenheiten bedeutet nicht, dass Sie die Bereiche Ihres Lebens ignorieren sollten, die Verbesserung benötigen. Im Gegenteil, es geht darum zu erkennen, dass niemand perfekt ist, wir alle machen Fehler und haben Aspekte, die kontinuierliches Wachstum erfordern. Akzeptanz bedeutet, den kompletten Menschen zu umarmen, der Sie sind, mit all Ihren Stärken und Schwächen.

Akzeptanz bedeutet auch nicht, dass Sie sich mit negativen oder schädlichen Standards in Ihrem Leben zufrieden geben sollten. Es ist wichtig, zwischen Akzeptanz und Toleranz von Verhaltensweisen, die Ihnen nicht dienen, zu unterscheiden. Durch bedingungslose Selbstakzeptanz gewinnen Sie die Klarheit und Stärke, um Entscheidungen zu treffen, die Ihr Wohlbefinden und Wachstum fördern. Einige Schlüsselpunkte zum Verständnis von Akzeptanz:

Bedingungslose Selbstliebe: Die bedingungslose Akzeptanz ist ein Akt der Selbstliebe. Dies bedeutet, dass Sie Ihren inneren Wert als Mensch anerkennen, unabhängig von äußeren Umständen oder Erfolgen.

Balance zwischen Akzeptanz und Wachstum: Akzeptanz steht dem persönlichen Wachstum nicht im Weg. Sie bildet ein solides Fundament für das Wachstum, da Sie sich erlauben, aus Ihren Fehlern zu lernen und sich aufgrund Ihrer Erfahrungen weiterzuentwickeln.

Authentizität und Verletzlichkeit: Akzeptanz erfordert Authentizität und Verletzlichkeit. Es ist eine mutige Entscheidung, sich so zu zeigen, wie Sie wirklich sind, ohne Ihre Unvollkommenheiten zu verschleiern.

Selbstbefähigung: Wenn Sie sich akzeptieren, übernehmen Sie die Kontrolle über Ihre eigene Geschichte. Sie legen externe Erwartungen beiseite und umarmen Ihre wahre Identität.

Unterscheidung zwischen Veränderung und Authentizität: Akzeptanz hindert Sie nicht daran, Verbesserungen in Ihrem Leben anzustreben. Sie nehmen jedoch diese Veränderungen von einem Ort der Authentizität und Selbstmitgefühl vor, anstatt aus einem Bedürfnis heraus, externen Standards gerecht zu werden.

Fehler und Schwächen akzeptieren: Akzeptanz beinhaltet die Anerkennung, dass wir alle Fehler machen und Herausforderungen bewältigen müssen. Dies ermöglicht es Ihnen, übermäßige Selbstkritik loszulassen und freundlicher zu sich selbst zu sein.

Förderung von Selbstmitgefühl: Akzeptanz ist eine Erweiterung des Selbstmitgefühls. Wenn Sie sich selbst akzeptieren, entscheiden Sie sich, sich genauso freundlich und mitfühlend zu behandeln wie einen lieben Freund.

Fokus auf die Gegenwart: Akzeptanz hilft Ihnen, im gegenwärtigen Moment zu leben. Statt sich um Vergangenheit oder Zukunft zu sorgen, konzentrieren Sie sich darauf, die Gegenwart zu akzeptieren und zu umarmen.

Das Verständnis der wahren Natur der Akzeptanz ist ein entscheidender Schritt, um ein solides Selbstwertgefühl aufzubauen. Durch die Umarmung Ihrer Unvollkommenheiten und die bedingungslose Selbstakzeptanz schaffen Sie Raum für eine gesündere und authentischere Beziehung zu sich selbst und anderen. Akzeptanz stärkt nicht nur Ihr Selbstwertgefühl, sondern ermöglicht es Ihnen auch, als die einzigartige und wertvolle Person zu erblühen, die Sie sind.

Identifizierung destruktiver Selbstkritik

Bevor Sie ein gesundes Selbstwertgefühl entwickeln und Ihre Unvollkommenheiten akzeptieren können, ist es entscheidend, die Muster destruktiver Selbstkritik zu erkennen und zu identifizieren, die Ihr Selbstvertrauen und Ihr emotionales Wohlbefinden untergraben können. Destruktive Selbstkritik ist jene innere kritische Stimme, die Ihren Wert in Frage stellt, Ihre Handlungen beurteilt und zu Gefühlen der Unzulänglichkeit beiträgt.

Selbstbewusstsein für Denkmuster entwickeln: Der erste Schritt zur Identifizierung destruktiver Selbstkritik besteht darin, Selbstbewusstsein in Bezug auf Ihre Denkmuster zu entwickeln. Achten Sie auf Momente, in denen Sie negativ über sich selbst denken. Diese Gedanken sind oft automatisch und subtil und werden zu tief verwurzelten Gewohnheiten.

Fragen zur Reflexion: Wenn Sie sich in einem Kreislauf der Selbstkritik wiederfinden, stellen Sie sich die folgenden Fragen, um diese Denkmuster zu identifizieren und herauszufordern:

Sind diese Gedanken realistisch? Überprüfen Sie, ob Ihre selbstkritischen Gedanken in der Realität verwurzelt sind oder übertrieben und verzerrt sind.

Woher stammen diese Überzeugungen? Versuchen Sie, die Ursprünge der Überzeugungen zu identifizieren, die Ihre Selbstkritik nähren. Dies kann Ihnen helfen zu verstehen, warum Sie sich selbst auf diese Weise kritisieren.

Sind Sie zu hart zu sich selbst? Bewerten Sie, ob Sie einen unrealistischen Perfektionsstandard auf sich selbst anwenden und sich keinen Raum für Fehler und Unvollkommenheiten lassen.

Wie würden Sie mit einem Freund sprechen? Fragen Sie sich, wie Sie auf einen Freund reagieren würden, der sich in derselben Situation befindet. Oft sind Sie freundlicher und verständnisvoller gegenüber anderen als gegenüber sich selbst.

Welche Beweise widersprechen diesen Gedanken? Suchen Sie nach Beweisen in Ihrem Leben, die den selbstkritischen Gedanken widersprechen. Dies kann helfen, Ihre Perspektive auszugleichen.

Wie können Sie sich unterstützen? Anstatt sich selbst zu kritisieren, überlegen Sie, wie Sie sich genauso unterstützen und ermutigen können, wie Sie es bei einem Freund tun würden.

Entwicklung eines Mitgefühls für sich selbst: Durch die Identifizierung destruktiver Selbstkritik können Sie beginnen, eine Haltung des Selbstmitgefühls zu entwickeln. Dies beinhaltet den Ersatz der Selbstkritik durch einen inneren Dialog, der freundlicher und mitfühlender ist. Selbstmitgefühl erkennt an, dass wir alle fehlerhafte und unvollkommene Menschen sind und dass dies uns nicht weniger wertvoll macht.

Verstehen Sie, dass der Prozess der Identifizierung und Überwindung destruktiver Selbstkritik kontinuierlich ist. Wenn Sie sich Ihrer negativen Denkmuster bewusster werden, können Sie beginnen, sie herauszufordern und durch eine positivere und mitfühlendere Denkweise zu ersetzen. Dies wird nicht nur Ihr Selbstwertgefühl stärken, sondern auch eine gesündere und liebevollere innere Umgebung schaffen.

Herausforderung begrenzender Überzeugungen

Das Infragestellen begrenzender Überzeugungen ist ein entscheidender Schritt im Prozess der Stärkung Ihres Selbstwertgefühls und der Kultivierung einer gesünderen Selbstliebe. Begrenzende Überzeugungen sind tief verwurzelte negative Gedanken, die Ihre Sichtweise auf sich selbst und die Welt um Sie herum prägen. Durch die Anerkennung und das Infragestellen dieser

Überzeugungen können Sie eine positivere und konstruktivere Denkweise entwickeln.

Hinterfragen der Herkunft der Überzeugungen: Ein wichtiger Ausgangspunkt ist das Hinterfragen der Herkunft begrenzender Überzeugungen. Fragen Sie sich, woher diese Überzeugungen stammen. Sie können Einflüsse aus vergangenen Erfahrungen, äußeren Erwartungen oder negativen Vergleichen mit anderen sein. Indem Sie die Quellen dieser Überzeugungen identifizieren, können Sie beginnen zu verstehen, warum sie existieren.

Suchen nach gegenteiligen Beweisen: Eine effektive Strategie ist die Suche nach Beweisen, die begrenzende Überzeugungen widerlegen. Suchen Sie nach Momenten in Ihrem Leben, in denen Sie diese Überzeugungen in Frage gestellt oder überwunden haben. Dies kann dazu beitragen, die negative Sichtweise auf sich selbst zu zerlegen und eine neue, auf positiven Fakten basierende Perspektive aufzubauen.

Umschreiben der Erzählung: Wenn Sie begrenzende Überzeugungen in Frage stellen, beginnen Sie damit, Ihre Selbstbeschreibung umzuschreiben. Ersetzen Sie negative Überzeugungen durch positive und realistische Aussagen. Wenn Sie beispielsweise oft glauben, dass Sie "unfähig" sind, schreiben Sie diese Überzeugung um in "Ich bin in der Lage zu lernen und mich durch Anstrengung und Hingabe weiterzuentwickeln".

Konsultieren anderer Perspektiven: Das Gespräch mit vertrauenswürdigen Freunden, Familienmitgliedern oder einem Therapeuten kann externe Perspektiven zu begrenzenden Überzeugungen bieten. Manchmal sehen Menschen in unserer Umgebung unser Potenzial klarer als wir selbst.

Allmähliche Veränderung üben: Das Infragestellen begrenzender Überzeugungen ist kein sofortiger Prozess, sondern eine allmähliche Veränderung. Jedes Mal, wenn Sie eine negative Überzeugung hinterfragen und in Frage stellen, bauen Sie ein neues, positiveres Denkmuster auf. Denken Sie daran, dass diese Überzeugungen genauso im Laufe der Zeit geformt wurden, wie sie auch im Laufe der Zeit verändert werden können.

Fortschritte feiern: Wenn Sie begrenzende Überzeugungen in Frage stellen und ändern, feiern Sie jeden kleinen Erfolg. Jedes Mal, wenn Sie eine negative Überzeugung durch eine positive ersetzen, stärken Sie Ihr Selbstwertgefühl und schaffen eine stabilere Grundlage für Selbstliebe.

Indem Sie begrenzende Überzeugungen in Frage stellen, gestalten Sie die Art und Weise, wie Sie sich selbst sehen und mit sich selbst umgehen, neu. Dieser Prozess der Selbstveränderung ist entscheidend, um ein gesundes und unterstützendes Selbstwertgefühl aufzubauen, das es Ihnen ermöglicht, sich von den Fesseln der Vergangenheit zu befreien und die authentischste und selbstbewussteste Version Ihrer selbst zu werden.

Die Kultivierung von Selbstmitgefühl

Selbstmitgefühl ist ein mächtiges Werkzeug zur Förderung Ihres Selbstwertgefühls und Ihrer Selbstliebe. Es beinhaltet, sich selbst mit Freundlichkeit, Respekt und Mitgefühl zu behandeln, unabhängig von Fehlern oder Unvollkommenheiten. Die Praxis der Selbstmitgefühl ermöglicht es Ihnen, einen sicheren inneren Raum zu schaffen, um Herausforderungen zu bewältigen, aus Fehlern zu lernen und als Individuum zu wachsen.

Mitgefühl für sich selbst: Oft sind wir härter zu uns selbst als zu jeder anderen Person. Selbstmitgefühl bedeutet, die gleiche Mitgefühls- und Freundlichkeitsbehandlung an sich selbst zu richten, die Sie einem lieben Freund anbieten würden. Wenn Sie einen Fehler machen, trösten und akzeptieren Sie sich anstelle sich streng zu kritisieren. Dies bedeutet nicht, Verantwortlichkeiten zu ignorieren, sondern einen internen Raum für Unterstützung und Akzeptanz anzubieten. Selbstmitgefühl hat drei wesentliche Komponenten:

Selbstfreundlichkeit: Sich selbst mit Freundlichkeit und Sanftheit behandeln, insbesondere wenn Sie mit Schwierigkeiten konfrontiert sind oder Fehler machen.

Geteilte Menschlichkeit: Anerkennen, dass Menschsein Unvollkommenheit bedeutet und wir alle Herausforderungen und Fehler erleben. Dies hilft, das Gefühl der Isolation in Ihren Erfahrungen zu vermeiden.

Achtsamkeit: Im gegenwärtigen Moment ohne Urteile bewusst sein, was Sie fühlen. Dies ermöglicht es Ihnen, Ihre Emotionen und Gedanken anzuerkennen, ohne sich übermäßig mit ihnen zu identifizieren.

Vorteile von Selbstmitgefühl: Die Kultivierung von Selbstmitgefühl bringt zahlreiche Vorteile für Ihre geistige und emotionale Gesundheit mit sich, darunter:

Stressreduktion: Selbstmitgefühl reduziert den Stress, da Sie sich nicht unnötigem Druck aussetzen und übermäßige Selbstkritik vermeiden.

Widerstandsfähigkeit: Wenn Sie sich selbst mit Mitgefühl behandeln, entwickeln Sie emotionale Widerstandsfähigkeit, um die Herausforderungen des Lebens zu bewältigen.

Gestärktes Selbstwertgefühl: Selbstmitgefühl hilft, ein gesünderes Selbstwertgefühl aufzubauen, da Sie Ihren eigenen Wert anerkennen, unabhängig von Fehlern.

Selbstakzeptanz: Die Praxis der Selbstmitgefühl ermöglicht es Ihnen, sich mit all Ihren Fehlern und Unvollkommenheiten zu akzeptieren und ein Gefühl der Authentizität zu schaffen.

Verbesserte Beziehungen: Durch die Kultivierung von Selbstmitgefühl lernen Sie, sich selbst freundlicher zu behandeln, was sich in Ihren Interaktionen mit anderen widerspiegeln kann.

Feiere deine Unterschiede

Das Feiern deiner Unterschiede ist ein wesentlicher Teil des Weges zur Stärkung deines Selbstwertgefühls und Selbstliebe. In einer Welt, die oft Konformität und normative Standards betont, die Anerkennung und Wertschätzung dessen, was dich einzigartig macht, ist ein Akt der Authentizität und der Selbstbefähigung.

Die Schönheit der Vielfalt: Stell dir eine Welt vor, in der alle genau gleich wären. Es gäbe keine Kreativität, keine Vielfalt an Perspektiven oder Innovation. Vielfalt ist das, was die Welt interessant, aufregend und lebendig macht. Jeder Mensch bringt eine einzigartige Geschichte, individuelle Erfahrungen und besondere Eigenschaften mit sich, die den Reichtum der Menschheit bereichern.

Verwandlung von Eigenheiten in Stärken: Die Eigenheiten, die du besitzt, sind Gelegenheiten, um authentisch du selbst zu sein. Statt sie als negativ zu betrachten, solltest du sie als Teile sehen, die dich einzigartig und wertvoll machen. Die Fähigkeit, deine Eigenheiten in Stärken umzuwandeln, zeigt Selbstvertrauen und Selbstliebe.

Selbstausdruck und Authentizität: Das Feiern deiner Unterschiede ist eine kraftvolle Möglichkeit, deine Authentizität auszudrücken. Wenn du dich wohl fühlst, du selbst zu sein, ohne Angst vor Urteilen, verbindest du dich tief mit deiner wahren Identität. Das befähigt dich, das Leben mit Vertrauen zu meistern, anstatt dich in vorgefertigte Formen zu zwängen.

Herausforderung des standardisierten Denkens: Standardisiertes Denken bedeutet, deine Eigenschaften und Leistungen mit einem festgelegten Standard zu vergleichen. Dies kann zu Selbstkritik und dem Gefühl der Unzulänglichkeit führen. Durch das Feiern deiner Unterschiede herausforderst du diese standardisierte Denkweise und öffnest den Weg für eine positivere Denkweise.

Akzeptanz der Reise der Selbsterkenntnis: Das Feiern deiner Unterschiede ist eng mit der fortwährenden Reise der Selbsterkenntnis verbunden. Während du erkundest, wer du bist, entdeckst du deine Vorlieben, Leidenschaften und individuellen Werte. Diese Erkundung hilft dir, eine tiefere Verbindung zu dir selbst herzustellen und ein umfassenderes und genaueres Bild deiner Identität aufzubauen.

Feiere kleine Siege: Bedenke, dass jedes Mal, wenn du eine Eigenheit annimmst oder nach deinen eigenen Überzeugungen handelst, du einen kleinen Sieg feierst. Diese Momente der Selbstbestätigung tragen im Laufe der Zeit zur Stärkung deines Selbstwertgefühls und deiner Selbstliebe bei.

Akzeptanz des anfänglichen Unbehagens: Es ist wichtig zu beachten, dass, obwohl das Feiern deiner Unterschiede befähigend ist, anfänglich Unbehagen auftreten kann. Dies geschieht, weil wir gesellschaftlichen Erwartungen und der Angst vor Beurteilung ausgesetzt sind. Mit der Zeit und Übung neigt dieses Unbehagen dazu, nachzulassen, und du wirst selbstbewusster in deiner Einzigartigkeit.

Inspiration für andere: Wenn du deine Unterschiede feierst, wirst du eine Inspirationsquelle für die Menschen um dich herum. Deine Authentizität ermutigt andere, ebenfalls sie selbst zu akzeptieren und sich frei auszudrücken.

Durch das Feiern deiner Unterschiede baust du ein stabiles Fundament für dein Selbstwertgefühl und deine Selbstliebe auf. Du wählst es, dein Leben nach deinen eigenen Bedingungen zu führen, und umarmst die innere Vielfalt, die dich einzigartig macht. Diese Feier stärkt nicht nur deine Beziehung zu dir selbst, sondern trägt auch dazu bei, eine inklusivere und akzeptierende Welt aufzubauen.

Entwickle eine Wachstumsmentalität

Eine Wachstumsmentalität ist ein mächtiges Werkzeug, das deine Reise zur Selbstliebe und zum Aufbau gesunder Beziehungen verändern kann. Diese Mentalität beinhaltet den grundlegenden Glauben, dass deine Fähigkeiten, Intelligenz und Persönlichkeit im Laufe der Zeit durch Anstrengung, Lernen und Widerstandsfähigkeit entwickelt werden können.

Fehler als Lernchancen: Einer der Eckpfeiler der Wachstumsmentalität ist die Fähigkeit, Fehler und Misserfolge als Lernchancen zu sehen. Anstatt sich von Fehlern entmutigen zu lassen, akzeptierst du sie als

Momente, die wertvolle Einsichten und Lektionen bieten, die in der Zukunft angewendet werden können.

Neudefinition von Misserfolg: In der Wachstumsmentalität ist Misserfolg nicht das Ende, sondern ein Ausgangspunkt. Er repräsentiert die Gelegenheit, Bereiche zu identifizieren, die Verbesserungen benötigen, unterschiedliche Ansätze auszuprobieren und letztendlich Erfolg durch einen Prozess von Versuch und Irrtum zu erreichen.

Wert in allen Erfahrungen: Durch die Annahme einer Wachstumsmentalität beginnst du, in allen Erfahrungen, sei es positiv oder herausfordernd, Wert zu erkennen. Jede Erfahrung trägt zu deinem Wachstum bei, indem sie Einblicke in deine Fähigkeiten, Vorlieben und Entwicklungsbedarf bietet.

Widerstandsfähigkeit und Beharrlichkeit: Eine Wachstumsmentalität ist untrennbar mit Widerstandsfähigkeit und Beharrlichkeit verbunden. Du erkennst, dass Erfolg nicht unmittelbar kommt, sondern kontinuierliche Anstrengung erfordert. Widrigkeiten werden als Chancen angesehen, um deine Widerstandsfähigkeit zu stärken und deine Fähigkeit zu erhöhen, Hindernisse zu überwinden.

Lernen aus Kritik und Feedback: In einer Wachstumsmentalität umarmst du Kritik und Feedback als wertvolle Informationen für deine Entwicklung. Anstatt sich von Kritik entmutigen zu lassen, siehst du diese externen Perspektiven als Möglichkeit zur Verbesserung und Verfeinerung deiner Fähigkeiten.

Beharrlichkeit angesichts von Herausforderungen: Wenn du auf Herausforderungen stößt, ermutigt dich eine Wachstumsmentalität, standhaft zu bleiben. Statt sich geschlagen zu geben, fokussierst du dich darauf, aus der Herausforderung zu lernen und Wege zu finden, sie zu überwinden.

Vertrauen entwickeln: Eine Wachstumsmentalität trägt zur Entwicklung von Selbstvertrauen bei. Wenn du deinen Fortschritt und Erfolge im Laufe der Zeit erkennst, wächst dein Selbstvertrauen auf natürliche Weise.

Die Entwicklung einer Wachstumsmentalität ist eine kontinuierliche Investition in dich selbst. Diese Herangehensweise stärkt nicht nur dein Selbstwertgefühl, sondern befähigt dich auch, das Leben mit Widerstandsfähigkeit, Optimismus und einer konstruktiven Einstellung gegenüber allen Aspekten deiner Reise zu bewältigen.

Ändere deinen Fokus

Die Veränderung deines Fokus ist eine kraftvolle Strategie, um dein Selbstwertgefühl zu stärken und gesunde Beziehungen aufzubauen. Oft neigen wir dazu, unsere Aufmerksamkeit nur auf die Bereiche zu richten, die wir als negativ empfinden, und unterschätzen unsere eigenen Qualitäten und Errungenschaften. Indem du deine Aufmerksamkeit auf deine positiven Eigenschaften und Erfolge lenkst, formst du eine ausgewogenere und aufbauende Sicht auf dich selbst.

Die Selbstbewertung ausbalancieren: Selbstbewertung ist wichtig, aber sie sollte ausbalanciert sein. Anstatt dich ausschließlich auf deine Schwächen, Fehler oder Dinge, die du ändern möchtest, zu konzentrieren, nimm dir Zeit, um deine positiven Eigenschaften und Erfolge anzuerkennen. Dies hilft dabei, ein vollständigeres und realistischeres Bild von dir selbst zu schaffen.

Entdecken deiner positiven Eigenschaften: Oft unterschätzen wir unsere eigenen positiven Eigenschaften. Nimm dir einen Moment Zeit, um diese Eigenschaften zu identifizieren und anzuerkennen. Frage Freunde, Familienmitglieder und Kollegen, was sie Positives an dir sehen. Manchmal können externe Perspektiven dazu beitragen, Aspekte zu beleuchten, die dir vielleicht entgangen sind.

Feiern deiner Erfolge: Unsere Erfolge verdienen Anerkennung, egal wie klein sie erscheinen mögen. Jeder Schritt in Richtung eines Ziels, jeder persönliche Erfolg und jede überwundene Herausforderung sind Meilensteine auf deinem Weg. Nimm dir Zeit, um diese Erfolge anzuerkennen und deinen Fortschritt zu feiern.

Pflege eines positiven Selbstbildes: Durch die Änderung deines Fokus auf deine positiven Eigenschaften trägst du dazu bei, ein positives Selbstbild zu entwickeln. Du beginnst, dich selbst als jemanden zu sehen, der Wert,

Potenzial und die Fähigkeit hat, nicht nur dein eigenes Leben, sondern auch das Leben anderer positiv zu beeinflussen.

Herausforderung der positiven Selbstreflexion: Fordere dich selbst heraus, regelmäßig eine positive Selbstreflexion vorzunehmen. Denke an drei Dinge, die du im Laufe des Tages gut gemacht hast oder auf die du stolz bist. Dies hilft, den Hang dazu, sich auf Dinge zu konzentrieren, die schiefgelaufen sind, auszugleichen.

Abbau der negativen Voreingenommenheit: Negative Voreingenommenheit ist die Tendenz, negativen Erfahrungen mehr Bedeutung beizumessen als positiven. Sei dir dieser Voreingenommenheit bewusst und fordere sie aktiv heraus. Wenn du dich dabei erwischst, dich auf das Negative zu konzentrieren, lenke deine Aufmerksamkeit bewusst auf das Positive.

Liste der Erfolge: Erstelle eine Liste deiner Erfolge im Laufe der Zeit. Sie sollte sowohl große Errungenschaften als auch kleine tägliche Erfolge enthalten. Diese Liste dient als greifbare Erinnerung an deine Fähigkeit zu erreichen und Fortschritte zu machen.

Dankbarkeitspraxis: Die Praxis der Dankbarkeit trägt ebenfalls dazu bei, den Fokus auf das Positive zu lenken. Denke regelmäßig darüber nach, wofür du dankbar bist, sei es in Bezug auf deine Qualitäten, Erfolge oder tägliche Erlebnisse.

Visualisierung eines positiven Selbst: Verwende die Visualisierung, um dich selbst als selbstbewusste, erfolgreiche und fähige Person vorzustellen. Diese Technik kann dazu beitragen, ein positives Selbstbild zu stärken.

Indem du deinen Fokus auf deine positiven Eigenschaften und Erfolge richtest, legst du ein solides Fundament für dauerhaftes Selbstwertgefühl und Selbstliebe. Diese Praxis formt nicht nur deine eigene Perspektive, sondern beeinflusst auch, wie du dich in Bezug auf andere verhältst, und schafft eine positivere und aufbauendere Atmosphäre in allen Lebensbereichen.

Übe die Authentizität

Die Praxis der Authentizität ist eine Reise des Selbstwissens und der Ermächtigung, die dein Selbstwertgefühl und Selbstliebe stärkt. Authentisch zu sein bedeutet, in allen Lebensbereichen, unabhängig von externen Erwartungen oder sozialem Druck, echt zu sein. Diese Herangehensweise hilft dabei, authentischere Beziehungen aufzubauen und ein tiefes Vertrauen in dich selbst zu entwickeln.

Die Essenz der Authentizität: Authentisch zu sein bedeutet, deine Überzeugungen, Werte und Persönlichkeit in Handlungen und Ausdrücken zu integrieren. Anstatt zu verbergen, wer du bist, erlaubst du dir, mit deiner wahren Essenz zu strahlen. Authentizität ist eine Aussage der Selbstliebe, bei der du dich an die erste Stelle setzt und anerkennst, dass du geliebt und akzeptiert wirst, genau so wie du bist.

Echte Verbindung zu anderen: Wenn du authentisch bist, schaffst du echte und tiefe Verbindungen zu anderen. Indem du zeigst, wer du wirklich bist, ermöglichst du den Menschen um dich herum, dich für das zu kennen und zu akzeptieren, was du bist. Dies schafft ein Umfeld des Vertrauens und des gegenseitigen Respekts.

Überwindung der Angst vor Beurteilung: Eine der größten Hürden für Authentizität ist die Angst vor dem Urteil anderer. Wenn du jedoch Authentizität praktizierst, wählst du deine eigene innere Validierung anstelle der Suche nach externer Zustimmung. Dies hilft, das Bedürfnis, in vordefinierte Formen zu passen, loszulassen und die Freiheit zu finden, deine wahre Identität auszudrücken.

Feiern der Individualität: Authentizität feiert die Individualität und erkennt an, dass jeder etwas Einzigartiges beizutragen hat. Wenn du dir erlaubst, authentisch zu sein, feierst du deine Einzigartigkeit und teilst deine einzigartigen Qualitäten mit der Welt.

Die Praxis der Authentizität ist eine mutige und engagierte Entscheidung, aber die Vorteile sind unschätzbar. Indem du dir erlaubst, authentisch zu sein, schaffst du Raum für ein erfülltes Leben, Zufriedenheit und bedeutungsvolle Beziehungen, alles basierend auf der Akzeptanz dessen, wer du im Innersten bist.

Beseitige die Selbstetikettierung

Die Beseitigung der Selbstetikettierung ist eine grundlegende Praxis zur Förderung von Selbstliebe und dem Aufbau gesunder Beziehungen. Sich selbst mit negativen Adjektiven zu etikettieren, beschränkt deine Selbstwahrnehmung und dein Potenzial für Wachstum. Indem du diese Selbstetikettierungen aufgibst, schaffst du Raum für einen Pfad der Selbsterkenntnis und fortlaufenden Selbstakzeptanz.

Die Gefahren negativer Etiketten: Wenn du dich selbst mit negativen Adjektiven etikettierst, schaffst du ein begrenztes und verzerrtes Selbstbild. Diese Etiketten können dein Selbstwertgefühl beeinflussen und deine Wahrnehmung deiner eigenen Fähigkeiten formen. Darüber hinaus können negative Etiketten sich zu einer sich selbst erfüllenden Prophezeiung entwickeln, bei der du entsprechend diesen selbst auferlegten Erwartungen handelst.

Die Wahrheit der persönlichen Entwicklung: Dich als eine sich ständig entwickelnde Person zu erkennen, ist ein wesentlicher Teil beim Aufbau von Selbstliebe. Veränderung ist ein ständiger Begleiter im Leben, und jede Erfahrung, jeder Fehler und jedes Lernen tragen zu deinem Wachstum bei. Anstatt an festen Etiketten festzuhalten, erlaube dir, dich im Laufe der Zeit zu verändern und weiterzuentwickeln.

Die Neugestaltung des inneren Dialogs: Selbstetikettierung äußert sich oft in einem negativen inneren Dialog. Identifiziere diese Gedanken und beginne, diesen Dialog neu zu gestalten. Anstelle zu sagen "Ich bin ein Versager", ändere es in "Ich lerne aus meinen Herausforderungen und wachse daran".

Herausforderung der Selbstreflexion: Fordere dich regelmäßig heraus, darüber nachzudenken, wie du dich selbst innerlich etikettierst. Frage dich, ob diese Etiketten wirklich wahr sind oder ob sie auf verzerrten Wahrnehmungen basieren, die auf bestimmten Momenten beruhen.

Die Komplexität akzeptieren: Jeder Mensch ist eine komplexe Mischung aus Eigenschaften, Erfahrungen und Emotionen. Durch das Beseitigen der Selbstetikettierung umarmst du diese Komplexität und akzeptierst, dass deine Identität nicht auf ein einzelnes Adjektiv reduziert werden kann.

Sich selbst mit Mitgefühl behandeln: Wenn du dich dabei erwischst, dich selbst negativ zu etikettieren, praktiziere Selbstmitgefühl. Behandle dich mit derselben Freundlichkeit, wie du es bei einem lieben Freund tun würdest. Verstehe, dass jeder herausfordernde Momente hat, aber das definiert nicht deine Gesamtheit.

Anerkennung deiner Errungenschaften: Indem du dich auf deine Entwicklung konzentrierst, erkennst du deine vergangenen Erfolge und Errungenschaften an. Jeder Schritt, den du in Richtung Wachstum getan hast, ist ein Zeugnis für deine Fähigkeit, Herausforderungen zu bewältigen.

Die Betonung deines Potenzials: Ersetze negative Selbstetiketten durch Aussagen über dein Potenzial und deine Fähigkeiten. Verstehe, dass du die Kraft hast zu wachsen, zu lernen und dich zu verändern.

Die Akzeptanz der fluiden Identität: Identität ist nicht statisch; sie ist fließend und ständig im Wandel. Durch das Beseitigen der Selbstetikettierung schaffst du Raum, um diese Fließfähigkeit zu akzeptieren und von den verschiedenen Versionen deiner selbst im Laufe deines Lebens überrascht zu sein.

Die Beseitigung der Selbstetikettierung ist eine Reise zur Selbsterkenntnis und zum Wachstum. Indem du dich von negativen Etiketten befreist, wählst du, dich als ein sich ständig entwickelndes Wesen zu sehen, bereit, neue Erfahrungen zu machen, aus Herausforderungen zu lernen und eine solide und selbstbewusste Selbstliebe aufzubauen.

Suche Inspiration in authentischen Vorbildern

Die Suche nach Inspiration in authentischen Vorbildern ist eine bereichernde Strategie, um deinen Weg zur Selbstliebe und zum Aufbau gesunder Beziehungen zu stärken. Das Beobachten und die Verbindung mit Menschen, die authentisch sind und ihre eigenen Unvollkommenheiten akzeptieren, kann wertvolle Einblicke liefern und dich motivieren, den Weg zur Authentizität zu verfolgen.

Lernen von positiven Beispielen: Indem du Inspiration in authentischen Vorbildern suchst, setzt du dich positiven Beispielen aus, wie man ein authentisches und echtes Leben führt. Zu beobachten, wie diese Menschen mit ihren eigenen Unvollkommenheiten umgehen und sich auf wahre Weise ausdrücken, kann eine wertvolle Lernquelle sein.

Die Wertschätzung von Authentizität: Authentische Vorbilder zeigen, dass Authentizität wertvoll ist und gefeiert werden sollte. Wenn du siehst, wie sie für ihre Authentizität akzeptiert und respektiert werden, beginnst du den Wert des authentischen Seins zu verstehen.

Herausforderung sozialer Standards: Die Suche nach authentischen Vorbildern kann soziale Standards in Bezug auf Aussehen, Verhalten und Erfolg herausfordern. Diese Vorbilder zeigen, dass du dich nicht in vorgefertigte Formen zwängen musst, um geliebt und geschätzt zu werden.

Bildung bedeutsamer Beziehungen: Indem du dich von authentischen Vorbildern inspirieren lässt, wirst du ermutigt, Beziehungen anzustreben, die auf Wahrheit und gegenseitiger Akzeptanz basieren. Dies kann zu tieferen und authentischeren Verbindungen mit anderen führen, die ähnliche Werte teilen.

Die Reise der Selbsterkenntnis: Verstehe, dass du, während du Inspiration in authentischen Vorbildern suchst, dich auf deiner eigenen Reise der

Selbsterkenntnis befindest. Jeder Mensch ist einzigartig, und seine Erfahrungen und Herausforderungen sind unterschiedlich. Nutze diese Vorbilder als Orientierungshilfe, aber vertraue auch auf deine Intuition und auf das, was mit deiner inneren Wahrheit in Resonanz steht.

Die Suche nach Inspiration in authentischen Vorbildern ist eine Möglichkeit, deine Erfahrung der Selbsterkenntnis, Selbstliebe und des Aufbaus bedeutungsvoller Beziehungen zu bereichern. Indem du siehst, wie andere ihre Authentizität leben, wirst du befähigt, ein Leben zu führen, das mit deiner wahren Essenz und deinen Werten im Einklang steht.

PRAKTISCHE ÜBUNGEN ZUR FÖRDERUNG DES SELBSTWERTGEFÜHLS

Neben der Akzeptanz Ihrer Unvollkommenheiten gibt es praktische Übungen, die dazu beitragen können, Ihr Selbstwertgefühl zu pflegen und zu stärken. Diese Übungen sind darauf ausgerichtet, eine positive Veränderung in Ihrer Selbstwahrnehmung und Interaktion mit der Welt um Sie herum zu fördern.

Liebesbrief an sich selbst: Schreiben Sie einen Brief an sich selbst, als würden Sie an einen lieben Freund schreiben. Listen Sie Ihre Qualitäten, Errungenschaften und die Dinge auf, die Sie an sich selbst bewundern. Lesen

Sie diesen Brief, wann immer Sie eine positive Erinnerung benötigen.

Selbstmitgefühls-Tagebuch: Führen Sie ein Tagebuch, in dem Sie Mitteilungen der Selbstmitgefühls notieren, immer wenn Sie sich selbst kritisieren. Schreiben Sie freundliche und ermutigende Worte für sich selbst auf, so wie Sie es für einen Freund tun würden, der eine schwierige Zeit durchmacht.

Übung zur Selbstakzeptanz: Nehmen Sie einen Spiegel und schauen Sie sich selbst in die Augen. Anstatt sich auf Unvollkommenheiten zu konzentrieren, richten Sie den Blick auf die Eigenschaften, die Sie an sich selbst mögen. Sagen Sie laut oder leise: "Ich akzeptiere und liebe mich so, wie ich bin."

Liste persönlicher Erfolge: Erstellen Sie eine Liste all Ihrer persönlichen Erfolge, ob groß oder klein. Dazu können Dinge gehören wie das Erlernen einer neuen Fähigkeit, das Überwinden von Herausforderungen oder einfach das Aufrechterhalten von Positivität in schwierigen Zeiten. Verwenden Sie diese Liste, um sich an Ihre Erfolge zu erinnern, immer wenn Sie an sich selbst zweifeln.

Visualisierung der Authentizität: Üben Sie kreative Visualisierung, indem Sie sich vorstellen, wie Sie authentisch leben und sich voll und ganz akzeptieren. Visualisieren Sie Situationen, in denen Sie sich selbstbewusst, erfüllt und mit sich selbst verbunden fühlen.

Ritual der Selbstpflege: Schaffen Sie ein Selbstpflege-Ritual, das für Sie bedeutungsvoll ist. Dies kann ein entspannendes Bad nehmen, in der Natur spazieren gehen, meditieren oder Yoga praktizieren sein. Nehmen Sie sich regelmäßig Zeit, um für sich selbst zu sorgen und Ihre Energien wieder aufzuladen.

Positive Affirmationen: Erstellen Sie positive Affirmationen, die Ihr Selbstwertgefühl und Ihre Selbstakzeptanz stärken. Wiederholen Sie diese Affirmationen täglich, vorzugsweise morgens, um eine positive Einstellung für den Tag zu schaffen.

Seien Sie sich bewusst, dass der Aufbau des Selbstwertgefühls ein kontinuierlicher und allmählicher Prozess ist. Erwarten Sie keine sofortigen Ergebnisse, sondern seien Sie bereit, Zeit und Mühe darauf zu verwenden, eine gesunde und liebevolle Beziehung zu sich selbst zu entwickeln. Wenn Sie die Selbstakzeptanz und Selbstpflege praktizieren, stärken Sie Ihr Selbstwertgefühl und legen eine solide Grundlage für gesunde Beziehungen und ein erfüllteres Leben.

KAPITEL 4

VERBINDUNG MIT SICH SELBST

Im Tanz des Lebens finden Sie Ihre Seele als den perfekten Partner.

Es ist nicht möglich, gesunde Beziehungen und Selbstliebe aufzubauen, ohne zuerst ein tiefes Verständnis dafür zu entwickeln, wer Sie sind. Die Verbindung zu sich selbst ist das Fundament, das alle anderen Verbindungen in Ihrem Leben stützt. In diesem Kapitel werden wir uns auf die Reise zur Selbsterkenntnis begeben und Praktiken und Möglichkeiten zur Integration in Ihr Leben erkunden.

DIE REISE ZUR SELBSTERKENNTNIS

Die Reise zur Selbsterkenntnis ist eine fortlaufende und fesselnde Erkundung dessen, wer Sie sind. Sie lädt Sie ein, tief in Ihren eigenen Geist, Ihr Herz und Ihre Erfahrungen einzutauchen, um Ihre Motivationen, Überzeugungen und Wünsche zu verstehen. Dieser Weg ist ein Akt der Selbstliebe, denn je mehr Sie sich selbst kennen, desto besser sind Sie in der Lage, Entscheidungen zu treffen, die mit Ihrer wahren Essenz in Einklang stehen.

Explorieren Ihrer persönlichen Geschichte

Ihre persönliche Geschichte ist ein Schatz an Erfahrungen, Momenten und Herausforderungen, die geformt haben, wer Sie heute sind. Wenn Sie sich auf Ihre Geschichte einlassen, tauchen Sie in die tiefen Schichten Ihrer Identität ein und entdecken die Fäden, die das einzigartige Gewebe Ihres Lebens gewoben haben. Die Erforschung Ihrer persönlichen Geschichte ist eine bedeutungsvolle Möglichkeit, sich mit sich selbst zu verbinden und ein reicheres Verständnis Ihrer Erfahrung aufzubauen.

Reflektieren über die Kindheit: Die Kindheit ist eine Zeit der Entdeckung, Exploration und der Bildung grundlegender Überzeugungen. Denken Sie über Ihre Kindheitserinnerungen nach. Welche Interessen hatten Sie? Welche Aktivitäten haben Sie begeistert? Was waren Ihre Träume? Diese Erinnerungen können Hinweise auf Ihre Leidenschaften und lang anhaltenden Motivationen geben.

Erkunden von prägenden Erfahrungen: Bedeutsame Erfahrungen können von glücklichen Ereignissen bis hin zu schwierigen Herausforderungen reichen. Denken Sie an Momente, die einen tiefen Einfluss auf Sie hatten. Wie haben diese Erfahrungen Ihre Perspektiven und Entscheidungen beeinflusst? Welche Lehren haben Sie aus ihnen gezogen? Durch die Erforschung dieser Erfahrungen können Sie ein besseres Verständnis für Ihre Widerstandsfähigkeit und Ihr Wachstumspotenzial gewinnen.

Überwundene Herausforderungen: Die Herausforderungen, die Sie gemeistert haben, sind Zeugnisse Ihrer inneren Stärke. Denken Sie darüber nach, wie Sie in Ihrem Leben mit Widrigkeiten umgegangen sind. Welche Fähigkeiten haben Sie entwickelt, um diese Hindernisse zu überwinden? Wie haben diese Herausforderungen Ihre Sichtweise geprägt und Sie wachsen lassen? Diese Erfahrungen können wesentliche

Aspekte Ihrer Widerstandsfähigkeit und Entschlossenheit aufzeigen.

Momente des Erfolgs: Feiern Sie Ihre Erfolgsmomente. Sie sind Beweise für Ihre Fähigkeiten, Bemühungen und Ambitionen. Reflektieren Sie darüber, was Sie erreicht haben und wie es Sie fühlen ließ. Diese Momente sind nicht nur Anzeichen für Ihre Leistungen, sondern können auch Ihre Leidenschaften und Bereiche beleuchten, in denen Sie glänzen.

Die Punkte verbinden: Während Sie Ihre persönliche Geschichte erkunden, beginnen Sie, die Verbindungen zwischen Ihren Erfahrungen herzustellen. Suchen Sie nach Mustern, wiederkehrenden Themen und Transformationsmomenten. Sie könnten feststellen, dass bestimmte Ereignisse oder Themen eine signifikante Rolle in Ihrer Identität und Lebensrichtung spielen.

Ihre eigene Geschichte schreiben: Erwägen Sie, Ihre eigene persönliche Geschichte aufzuschreiben. Dies muss keine formelle Aufgabe sein; Sie können einfach anfangen, Ihre Erinnerungen, Erfahrungen und Gedanken festzuhalten. Während sich Ihre Geschichte entfaltet, können Sie ein tieferes Verständnis für Ihre Motivationen, Werte und Ambitionen gewinnen.

Eine fortlaufende Entdeckungsreise: Die Erforschung Ihrer persönlichen Geschichte ist eine fortlaufende Reise. Mit Ihrem Wachstum kann sich Ihre Perspektive ändern und neue Verständnisebenen offenbaren. Betrachten Sie diese Reise als eine Gelegenheit, sich selbst tiefer kennenzulernen, während Sie ein solides Fundament für Authentizität, Selbstliebe und den Aufbau gesunder Beziehungen schaffen.

Die Entdeckung Ihrer grundlegenden Werte

Ihre grundlegenden Werte sind die Eckpfeiler Ihrer Persönlichkeit. Sie spiegeln die Prinzipien wider, die Sie für unerlässlich halten, um Ihre Entscheidungen, Handlungen und Lebensrichtung zu leiten. Indem Sie Ihre Werte identifizieren und verstehen, gewinnen Sie einen inneren Kompass, der Sie in Richtung eines authentischeren und erfüllteren Lebens führt.

Die Erkundung der Werte: Um Ihre grundlegenden Werte zu entdecken, ist eine innere Entdeckungsreise erforderlich. Stellen Sie sich die Frage, welche Qualitäten Sie in sich selbst und anderen am wichtigsten finden. Welche Prinzipien würden Sie niemals aufgeben? Berücksichtigen Sie eine Vielzahl von Lebensbereichen wie Ethik, Beziehungen, Karriere, Spiritualität und Beitrag zur Gesellschaft.

Identifizieren bedeutsamer Werte: Während Sie erkunden, werden Sie wahrscheinlich eine Liste von Werten finden, die mit Ihnen resonieren. Verfeinern Sie diese Liste auf diejenigen, die Ihr Herz wirklich berühren und mit Ihrer inneren Wahrheit in Einklang stehen. Bedenken Sie, dass Ihre Werte persönlich und einzigartig für Sie sind – es gibt keine richtigen oder falschen Antworten.

Wertehierarchie: Sobald Sie Ihre Werte identifiziert haben, ist es hilfreich, sie nach ihrer Bedeutung zu ordnen. Dies hilft Ihnen zu verstehen, welche Werte in Ihren Entscheidungen zentral sind und welche im Hintergrund stehen können. Zum Beispiel könnte Freiheit für Sie wichtiger sein als finanzielle Sicherheit.

Entscheidungen im Einklang: Ihre Werte dienen als Leitfaden für die Entscheidungsfindung. Wenn Sie sich Ihrer grundlegenden Werte bewusst sind, können Sie die verfügbaren Optionen anhand ihrer Übereinstimmung mit dem, was Sie für am wichtigsten halten, bewerten. Dies führt zu Entscheidungen, die besser mit Ihrer wahren Natur und Lebensrichtung im Einklang stehen.

Die Reise zur Authentizität: Die Entdeckung Ihrer grundlegenden Werte ist ein wesentlicher Teil der Reise zur Authentizität. Wenn Sie im Einklang mit Ihren Werten leben, erleben Sie ein tiefes Gefühl von Kongruenz und Zufriedenheit. Sie bieten einen Maßstab, an dem Sie Ihre Entscheidungen und Handlungen messen können, was es Ihnen ermöglicht, ein Leben zu schaffen, das wirklich Ihres ist.

Die Entwicklung von Werten: Es ist wichtig anzuerkennen, dass sich Ihre Werte im Laufe der Zeit entwickeln können. Mit Wachstum und Reife können sich Ihre Prioritäten ändern. Seien Sie bereit, Ihre Werte neu zu bewerten und zu überdenken, wenn das Leben Sie auf neue Wege führt.

Ein zuverlässiger innerer Kompass: Ihre grundlegenden Werte dienen als innerer Kompass, der Ihre Entscheidungen und Handlungen lenkt. Indem Sie Ihre authentischen Werte akzeptieren, bauen Sie ein solides Fundament für ein Leben auf, das auf Authentizität, Selbstliebe und Ausrichtung auf das aufbaut, was für Sie am bedeutsamsten ist.

Die Bedeutung von Leidenschaften und Interessen

Das Entdecken und Kultivieren Ihrer Leidenschaften und Interessen ist wie das Einschalten eines inneren Lichts, das den Weg zur Selbsterkenntnis beleuchtet. Dies sind die Bereiche, in denen Sie sich am tiefsten mit sich selbst verbinden, in denen die Zeit zu verschwinden scheint und Sie eine ständige Quelle der Freude und Motivation finden. Das Identifizieren und Pflegen Ihrer Leidenschaften ist ein wesentlicher Teil des Aufbaus eines authentischen und bedeutungsvollen Lebens.

Die Erforschung dessen, was Sie antreibt: Um Ihre Leidenschaften zu entdecken, sollten Sie die Aktivitäten in Betracht ziehen, die Sie am lebendigsten und engagiertesten fühlen lassen. Fragen Sie sich: Was liebe ich zu tun? Was bringt mich wirklich zum Lächeln? Welche Themen oder Hobbys faszinieren mich und halten mich interessiert? Während Sie sich in diese Aktivitäten vertiefen, achten Sie auf das Gefühl von Begeisterung und Energie, das sie mit sich bringen.

Tiefe Verbindung: Echte Leidenschaften und Interessen sind solche, die eine tiefe Verbindung zu Ihrer

Essenz ermöglichen. Sie fühlen sich in die Aktivität hineingezogen und vertieft, verlieren das Zeitgefühl und die Sorgen. Diese tiefe Verbindung zeigt an, dass Sie authentische Aspekte Ihrer selbst berühren.

Quellen der Authentizität: Ihre Leidenschaften und Interessen offenbaren authentische Aspekte Ihrer Persönlichkeit. Wenn Sie sich in Aktivitäten engagieren, die Sie lieben, ehren Sie Ihre wahre Essenz. Dies schafft ein Gefühl der Kongruenz zwischen Ihren Handlungen und Werten und bildet eine solide Grundlage für Selbstliebe und Authentizität.

Ihr Leben leiten: Leidenschaften und Interessen bringen nicht nur sofortige Freude, sondern können auch Ihr Leben auf kraftvolle Weise lenken. Wenn Sie Ihre Leidenschaften erkennen und ihnen folgen, bringen Sie sich in Einklang mit Ihrer authentischen Richtung. Dies kann zu zufriedenstellenderen Karriereentscheidungen, tieferen Verbindungen und einem tieferen Sinn für Zweck führen.

Ein bedeutungsvolles Leben schaffen: Leidenschaften und Interessen sind wie die Zutaten, die Ihr Leben würzen. Wenn Sie diese authentischen Aspekte Ihrer selbst kultivieren, bauen Sie ein Leben auf, das reich an Bedeutung und Zufriedenheit ist. Ihre Leidenschaften verbinden Sie nicht nur mit sich selbst, sondern bereichern auch Ihre Beziehung zur Welt um Sie herum.

Ein Leitstern auf dem Weg: Ihre Leidenschaften sind ein Leitstern, der den Weg zur Authentizität und anhaltendem Glück beleuchtet. Indem Sie dem folgen, was Sie lieben, wählen Sie einen Weg der Kongruenz und Authentizität. Indem Sie Ihre Leidenschaften Ihren Weg weisen lassen, bauen Sie ein Leben auf, das wirklich Ihres ist, geprägt von Ihrer authentischen Leidenschaft und Freude.

Entdecken Sie Ihre Lebensziele

Ihre Lebensziele sind wie die Sterne, die Ihren Weg leiten. Sie repräsentieren nicht nur konkrete Ziele, die Sie erreichen möchten, sondern spiegeln auch Ihre tiefsten Wünsche, Träume und Ambitionen wider. Indem Sie Ihre Ziele erkunden und festlegen, legen Sie den Kurs für ein Leben fest, das Ihren Werten und Leidenschaften entspricht, und schaffen eine Karte für persönliche Erfüllung und dauerhaftes Glück.

Reflektieren Sie über Ihre Aspirationen: Beginnen Sie mit der Reflektion über Schlüsselbereiche Ihres Lebens. Fragen Sie sich: Was möchte ich in meiner Karriere erreichen? Welche Art von Beziehungen möchte ich pflegen? Wie sehe ich mein persönliches Wachstum? Welche Auswirkungen möchte ich in der Welt um mich herum haben? Durch die Erkundung dieser Bereiche beginnen Sie, Ziele zu identifizieren, die für Sie wirklich bedeutsam sind.

Ziele, die mit Werten in Einklang stehen: Ihre Lebensziele sollten mit Ihren grundlegenden Werten in Einklang stehen. Sie dienen als greifbare Ausdrücke Ihrer inneren Prinzipien. Indem Sie Ziele festlegen, die Ihre

Werte widerspiegeln, stellen Sie sicher, dass Ihre Handlungen und Errungenschaften im Einklang mit Ihrer authentischen Identität stehen.

Von Vision zu Aktion: Während Lebensziele konkrete Meilensteine wie berufliche Erfolge oder finanzielle Ziele einschließen können, können sie sich auch auf persönliches Wachstum, gesunde Beziehungen und emotionales Wohlbefinden beziehen. Sobald Sie Ihre Aspirationen identifizieren, ist es an der Zeit, diese in kleinere und handlungsfähige Schritte aufzuteilen. Dadurch werden Ihre großen Visionen in praktische Handlungen umgesetzt.

Lenken Ihrer Entscheidungen: Ihre Lebensziele sind verlässliche Leitfäden für Ihren täglichen Entscheidungsprozess. Sie helfen dabei, Aufgaben zu priorisieren, Entscheidungen zu treffen und Ihren Fokus zu lenken. Wenn Sie vor Entscheidungen stehen, fragen Sie sich, wie sich jede Wahl auf Ihre Lebensziele auswirkt. Dies hilft Ihnen, besser abgestimmte und authentische Entscheidungen zu treffen.

Anpassung an die Veränderung: Bedenken Sie, dass sich Ihre Lebensziele ändern können, wenn Sie wachsen und sich verändern. Was heute wichtig ist, kann sich im Laufe der Zeit ändern. Seien Sie offen dafür, Ihre Ziele zu überdenken und anzupassen, damit sie Ihre persönliche Reise weiterhin widerspiegeln.

Aufbau des gewünschten Lebens: Ihre Lebensziele sind wie die Bausteine, aus denen die Struktur des von

Ihnen gewünschten Lebens besteht. Sie erinnern Sie ständig daran, was für Sie wichtig ist und was Sie erreichen möchten. Indem Sie Ihren Aspirationen folgen, bauen Sie ein authentisches und sinnvolles Leben auf, geprägt von Leidenschaft, Zweck und grundlegenden Werten.

Die Rolle der Selbstreflexion

Die Selbstreflexion ist wie ein Spiegel, der die inneren Landschaften Ihres Geistes und Herzens beleuchtet. Sie ist ein leistungsstarkes Werkzeug für die Selbsterkenntnis und ermöglicht es Ihnen, tief in Ihre Emotionen, Gedanken und Erfahrungen einzutauchen. Indem Sie regelmäßig Zeit für die Selbstreflexion reservieren, schaffen Sie Raum, um sich mit Ihrem inneren Selbst zu verbinden, sich selbst zu erkunden und bedeutsam zu wachsen.

Ein Raum der Erkundung: Die Selbstreflexion ist ein sicherer Raum, um herauszufinden, wer Sie sind, was Sie fühlen und was Sie denken. Es ist eine Gelegenheit, sich zu entwirren, sich von äußeren Ablenkungen zu lösen und in die Tiefen Ihres Wesens einzutauchen. In diesem Raum können Sie neue Einsichten gewinnen, Verhaltensmuster verstehen und Klarheit über Ihre Motivationen erlangen.

Zeit für die Praxis reservieren: Genau wie jede Fertigkeit erfordert Selbstreflexion regelmäßige Übung. Reservieren Sie täglich oder wöchentlich Zeit, um sich von der äußeren Welt zu trennen und sich auf Ihre innere Erfahrung zu konzentrieren. Dies kann durch Meditation,

Tagebuchschreiben, ruhige Spaziergänge oder einfach nur stilles Sitzen geschehen.

Tiefgehende Fragen: Während der Selbstreflexion stellen Sie tiefgehende Fragen, die zu einer ehrlichen Erkundung einladen. Fragen Sie sich nach Ihren aktuellen Emotionen, Ihren Reaktionen auf jüngste Ereignisse und den Lektionen, die Sie lernen. Fragen Sie sich, was Freude gebracht hat, was Herausforderungen verursacht hat und wie Sie darauf reagiert haben.

Sich entwickelnde Muster: Im Laufe der Zeit werden Sie möglicherweise beginnen, Verhaltens-, Emotions- oder Denkmuster aus Ihren Selbstreflexionen herauszuarbeiten. Dies kann Trends aufdecken, die Ihnen zuvor vielleicht nicht aufgefallen sind. Zum Beispiel könnten Sie feststellen, dass Sie aufgrund einer tiefen Angst, andere zu enttäuschen, immer zusätzliche Verantwortungen bei der Arbeit übernehmen.

Bewusstsein schärfen: Selbstreflexion ist eine Möglichkeit, Achtsamkeit zu entwickeln. Das bedeutet, gegenwärtig bewusst von Ihren inneren Erfahrungen zu sein, ohne zu urteilen. Indem Sie Ihre Emotionen und Gedanken mit Neugier und Akzeptanz beobachten, schaffen Sie Raum, um sich auf einer tieferen Ebene zu verstehen.

Tagebuch führen: Das Führen eines Tagebuchs ist eine effektive Möglichkeit, Selbstreflexion zu praktizieren. Schreiben Sie über Ihre Gefühle, Gedanken, Erfahrungen und Erkenntnisse. Überprüfen Sie Ihre Aufzeichnungen im Laufe der Zeit, um Veränderungen, Fortschritte und Bereiche, die möglicherweise zusätzliche Aufmerksamkeit erfordern, zu bemerken.

Selbstverbindung fördern: Selbstreflexion ist ein Akt der Selbstliebe und Selbstverbindung. Indem Sie sich dieser Praxis widmen, investieren Sie Zeit und Energie, um sich selbst zu verstehen, zu wachsen und sich weiterzuentwickeln. Selbstreflexion hilft Ihnen, sich mit Ihrer inneren Reise zu verbinden und erinnert Sie daran, dass Ihre Authentizität und Selbsterkenntnis entscheidend für ein sinnvolles Leben sind.

Ein Gespräch mit sich selbst: Selbstreflexion ist ein stilles Gespräch, das Sie mit sich selbst führen. Es ist eine Gelegenheit, Ihr eigener Freund, Berater und unparteiischer Beobachter zu sein. Indem Sie diese Beziehung zu sich selbst pflegen, entwickeln Sie ein solides Fundament für ein gesundes Selbstwertgefühl und ein tiefes Verständnis Ihrer Bedürfnisse und Wünsche.

DAS KULTIVIEREN DER SELBSTKENNTNIS

Die Selbstkenntnis zu kultivieren ist eine kontinuierliche Verpflichtung sich selbst gegenüber, eine Erfahrung der inneren Erforschung, die zu einem tieferen Verständnis darüber führt, wer Sie sind. Die folgenden Praktiken sind mächtige Werkzeuge, um diesen Prozess zu erleichtern und eine stärkere Verbindung zu sich selbst aufzubauen:

Meditation und Reflexion

Die Meditation ist ein wertvolles Werkzeug, um eine tiefere Verbindung zu sich selbst herzustellen. Nehmen Sie sich regelmäßig Zeit zum Meditieren, gönnen Sie sich einen ruhigen Raum, um Ihre Gedanken, Emotionen und Empfindungen zu beobachten. Die Reflexion ist ebenfalls entscheidend; nach der Meditation sollten Sie Zeit reservieren, um zu analysieren und zu verarbeiten, was während der Meditation aufgetaucht ist.

Persönliches Tagebuch

Das Führen eines Tagebuchs ist eine leistungsstarke Methode, um Ihren Weg zur Selbstkenntnis zu dokumentieren. Schreiben Sie über Ihre Entdeckungen, Überlegungen, Herausforderungen und Erfolge. Ein Tagebuch bietet einen sicheren Raum, um Ihre intimsten Gedanken auszudrücken, und hilft Ihnen, Ihren Fortschritt im Laufe der Zeit zu verfolgen.

Tiefgehende Fragen

Stellen Sie Fragen, die über die Oberfläche hinausgehen. Hinterfragen Sie Ihre Überzeugungen, Motivationen und Wünsche. Fragen Sie sich nach Ihren größten Erfolgen, Ihren größten Ängsten und was Sie lebendig fühlen lässt. Je tiefer Sie in diese Fragen eindringen, desto klarer wird Ihr Verständnis darüber, wer Sie sind und was Sie wollen.

Feedback von anderen

Obwohl die Selbstkenntnis ein interner Prozess ist, kann das Feedback von anderen ebenfalls aufschlussreich sein. Fragen Sie enge Freunde, Familienmitglieder oder Mentoren, wie sie Sie sehen. Sie können Qualitäten, Talente und Eigenschaften hervorheben, die Sie vielleicht nicht in sich selbst sehen.

Experimentation

Neue Dinge auszuprobieren ist eine Möglichkeit, unbekannte Aspekte Ihrer Persönlichkeit zu entdecken. Versuchen Sie neue Hobbys, Aktivitäten oder Erfahrungen, die Sie nie in Betracht gezogen haben. Dies hilft nicht nur dabei, Ihren Horizont zu erweitern, sondern ermöglicht es Ihnen auch, verborgene Leidenschaften und Teile von sich selbst zu entdecken, die möglicherweise unterbewertet wurden.

Kontinuierliche Reise der Selbstkenntnis

Es ist wichtig zu erkennen, dass die Selbstkenntnis eine fortwährende Reise ist, und diese Praktiken sollten regelmäßig in Ihr Leben integriert werden. Mit Ihrer persönlichen Entwicklung und Ihrem Wachstum können sich auch Ihre Antworten auf Meditation, Reflexion und tiefgründige Fragen ändern. Dies ist ein Zeichen ständigen Wachstums und Lernens.

Der Weg der persönlichen Entwicklung

Der Pfad zur Selbstkenntnis ist für jeden individuell. Die beschriebenen Praktiken sind Leitfäden, um Ihnen bei der Erkundung Ihrer Identität zu helfen, aber es ist wichtig, sie an Ihre Vorlieben und Bedürfnisse anzupassen. Wenn Sie Ihre Beziehung zu sich selbst vertiefen, werden Sie widerstandsfähiger, selbstbewusster und besser in der Lage sein, Entscheidungen zu treffen, die mit Ihrer wahren Essenz in Einklang stehen.

Zeit und Geduld

Die Selbstkenntnis ist ein Prozess, der Zeit und Geduld erfordert. Seien Sie nachsichtig mit sich selbst, wenn Sie sich in diese Praktiken vertiefen. Es besteht kein Grund zur Eile; die Reise selbst ist wertvoll und lohnend. Je mehr Sie sich dem Aufbau der Selbstkenntnis widmen, desto solider wird Ihr Fundament für Authentizität, Selbstliebe und gesunde Beziehungen in Ihrem Leben.

INTEGRIEREN DES SELBSTBEWUSSTSEINS IN IHR LEBEN

Der wahre Wert der Selbsterkenntnis liegt darin, wie Sie das Gelernte in Ihrem täglichen Leben anwenden. Das Integrieren des Selbstbewusstseins in Ihren Alltag ist eine Möglichkeit, innere Erkenntnisse in konkrete äußere Handlungen umzuwandeln und so zu einem authentischeren und zufriedeneren Leben zu gelangen.

Entscheidungen in Einklang bringen

Die Selbsterkenntnis dient als interner Kompass, der Sie bei Entscheidungen leitet. Wenn Sie Ihre Werte, Ziele und Leidenschaften verstehen, können Sie Entscheidungen treffen, die mit Ihrer wahren Essenz im Einklang stehen. Dies verhindert impulsive Entscheidungen und gibt Ihnen die Kontrolle über Ihr Leben.

Gesunde Beziehungen pflegen

Das Verständnis Ihrer eigenen Bedürfnisse und Grenzen ist entscheidend für die Pflege gesunder Beziehungen. Sie können Ihre Erwartungen kommunizieren und Grenzen klar und respektvoll setzen. Beziehungen, die auf Selbsterkenntnis aufbauen, sind authentischer, da beide Parteien so miteinander umgehen, wie sie sind, anstatt in vorgefertigte Rollen zu passen.

Nach einem Zweck suchen

Selbsterkenntnis ist ein mächtiges Werkzeug zur Festlegung von Zielen und zur Suche nach einem Sinn im Leben. Indem Sie Ihre Werte und Leidenschaften verstehen, können Sie Ihr Leben auf sinnvolle Ziele ausrichten. Selbsterkenntnis hilft auch dabei, Bereiche zu identifizieren, in denen Sie auf einzigartige Weise zur Welt beitragen können, was ein tiefes Gefühl des Zwecks vermittelt.

Persönliche Selbstpflege

Die Kenntnis Ihrer emotionalen, physischen und geistigen Bedürfnisse ermöglicht es Ihnen, eine personalisierte und effektive Selbstpflegeroutine zu entwickeln. Sie können die Selbstpflegepraktiken identifizieren, die Sie tatsächlich aufladen, und sich von denen entfernen, die nur Leere füllen. Dies fördert ein tieferes und nachhaltiges Wohlbefinden.

Kontinuierliches Wachstum

Selbsterkenntnis ist ein Weg, der nie endet. Seien Sie offen für das Lernen über sich selbst im Laufe des Lebens. Mit neuen Herausforderungen und Erfahrungen werden Sie weiterhin lernen, wachsen und sich weiterentwickeln. Eine Wachstumsmentalität aufrechtzuerhalten, ist entscheidend für die kontinuierliche Entwicklung.

Die Reise zur Selbsterkenntnis ist eine tiefgreifende und lohnende Suche, um Ihre wahre Essenz zu verstehen. Indem Sie Ihre Werte, Leidenschaften und Lebensziele entdecken, schreiten Sie auf dem Weg zu einer authentischeren Verbindung mit sich selbst voran und ermöglichen Ihrem Selbstwertgefühl und Ihren Beziehungen, mit Authentizität und Bedeutung zu erblühen.

KAPITEL 5
EMOTIONALEN BALLAST ABWERFEN

Lassen Sie die Fesseln der Vergangenheit los und erheben Sie sich zu einem leichteren Herzen.

Im Laufe des Lebens sammeln wir emotionale Erfahrun-gen, die unsere Wahrnehmung von uns selbst und der Welt um uns herum prägen. Einige dieser Erfahrungen kön-nen positiv und bereichernd sein, während andere vergan-gene Traumata, negative Muster und unverarbeitete Emotionen sein können, die sich in emotionalen Ballast ver-wandeln. In diesem Kapitel werden wir Strategien und Ansätze zur Bewältigung dieses Ballasts erkunden und das Gewicht untersuchen, das er auf unsere Beziehungen, emotionales Wohlbefinden und persönliche Entwicklung ausübt.

UMGANG MIT VERGANGENEN TRAUMATA UND NEGATIVEN MUSTERN

Der Weg zur Selbstliebe handelt nicht nur davon, die schönen Teile von uns selbst zu akzeptieren, sondern auch davon, sich mit emotionalen Wunden auseinanderzusetzen, die uns festhalten könnten. Vergangene Traumata und negative Muster können emotionalen Ballast erzeugen, der unser Selbstwertgefühl, unsere Beziehungen und unser allgemeines Wohlbefinden beeinflusst. In diesem Kapitel werden wir Strategien zur Bewältigung dieses Ballasts erkunden und ihn in Heilungs- und Wachstumschancen umwandeln.

Erkennen von emotionalen Wunden

Bevor Sie sich auf die Reise der emotionalen Heilung begeben, ist es wesentlich, die Wunden, die wir tragen, genau zu betrachten. Diese Wunden können tief verwurzelt sein und aus einer Vielzahl von Erfahrungen stammen, von traumatischen Ereignissen bis hin zu negativen Mustern in Beziehungen. Das Erkennen dieser emotionalen Wunden ist der erste Schritt zur Heilung, da es uns ermöglicht, das ans Tageslicht zu bringen, was oft verborgen oder unterdrückt wurde.

Kindheitstraumata und vergangene Erfahrungen: Kindheitstraumata wie Vernachlässigung, emotionaler oder physischer Missbrauch können einen langanhaltenden Einfluss auf unser Erwachsenenleben haben. Die Wunden, die durch diese Erfahrungen hinterlassen werden, können sich in Form von Unsicherheit, geringem Selbstwertgefühl und Vertrauensproblemen manifestieren. Die Identifizierung, wie diese Erfahrungen unsere Überzeugungen und Verhaltensweisen geprägt haben, ist entscheidend für die Heilung.

Toxische Beziehungen und Ablehnung: Toxische Beziehungen oder Erfahrungen der Ablehnung können tiefe Spuren in unserem Herzen und Geist hinterlassen. Diese Wunden können sich als Angst vor emotionaler Öffnung, Schwierigkeiten im Vertrauen zu anderen und anhaltendes Gefühl der Unzulänglichkeit zeigen. Das Erkennen, wie diese Erfahrungen uns beeinflusst haben, ist ein wichtiger Schritt, um negative Muster zu durchbrechen.

Selbstkritik und Selbstsabotage: Oft tragen wir internalisierte emotionale Wunden, die sich in Form von Selbstkritik und Selbstsabotage manifestieren. Diese Wunden können auf negativen Botschaften basieren, die wir in unserem Leben erhalten haben, was zu einem negativen Selbstbild und mangelndem Vertrauen in unsere eigenen Fähigkeiten führt. Die Identifizierung dieser selbstzerstörerischen Muster ist entscheidend für unsere emotionale Heilung.

Akzeptanz und Mitgefühl: Das Erkennen unserer emotionalen Wunden erfordert ein tiefes Maß an Akzeptanz und Mitgefühl für uns selbst. Oft neigen wir dazu, uns für unsere Wunden zu verurteilen oder uns selbst die Schuld zu geben, was den Kreislauf des Leidens nur aufrechterhält. Indem wir uns erlauben, diese Wunden ohne Urteilsvermögen zu fühlen und anzuerkennen, schaffen wir einen sicheren Raum für Heilung.

Erforschung der Ursprünge der Wunden: Bei der Anerkennung unserer emotionalen Wunden ist es auch wichtig, ihre Ursprünge zu erkunden. Dies erfordert, in unsere Lebensgeschichte zurückzublicken und die Momente oder Muster zu identifizieren, die zur Entstehung dieser Wunden beigetragen haben. Das Verständnis, wie diese Wunden sich entwickelt haben, hilft uns, ihren Einfluss auf unsere aktuellen Emotionen und Verhaltensweisen besser zu verstehen.

Auswirkungen auf Beziehungen und Selbstfürsorge: Unsere emotionalen Wunden beeinflussen nicht nur unser Verhältnis zu uns selbst, sondern können auch unsere Beziehungen und unsere Fähigkeit zur Selbstfürsorge beeinträchtigen. Ungelöste Wunden können Kommunikationsbarrieren schaffen, destruktive Interaktionsmuster fördern und unsere Fähigkeit, tiefe und gesunde Verbindungen herzustellen, beeinträchtigen.

Das Annehmen des Schmerzes

Das Konfrontieren mit emotionalen Wunden kann ein schmerzhafter Prozess sein, aber es ist ein entscheidender Schritt zur Heilung. Anstatt diese unangenehmen Emotionen zu vermeiden oder zu unterdrücken, ist es wichtig, den Schmerz bewusst anzunehmen, um die Freisetzung und Verwandlung zu ermöglichen. Im Folgenden werden wir die Bedeutung des Annehmens des Schmerzes und Techniken zur gesunden Bewältigung untersuchen.

Unbequeme Emotionen akzeptieren: Der erste Schritt, um den Schmerz anzunehmen, besteht darin, die aufkommenden unangenehmen Emotionen zu akzeptieren. Oft haben wir die Neigung, vor Schmerz davonzulaufen, sei es durch Ablenkung mit Aktivitäten, Leugnen unserer Gefühle oder das Vermeiden des Konfrontierens mit dem, was wir wirklich fühlen. Doch indem wir unseren Schmerz verleugnen, verwehren wir uns auch die Möglichkeit zur Heilung und zum Wachstum.

Sich erlauben zu fühlen: Das Annehmen des Schmerzes beinhaltet, sich selbst zu erlauben, Emotionen vollständig und ohne Urteil zu spüren. Dies bedeutet, Raum für das Weinen, die Traurigkeit, den Ärger oder jede andere aufsteigende Emotion zu geben. Statt diese Gefühle zu unterdrücken oder zu verschleiern, erlauben Sie sich, sie in vollem Umfang zu erleben, im Bewusstsein, dass sie Teil der menschlichen Erfahrung sind.

Praktizieren der Selbstwahrnehmung: Die Selbstwahrnehmung spielt eine entscheidende Rolle im Prozess des Annehmens des Schmerzes. Indem Sie sich auf Ihre Emotionen einstellen, können Sie erkennen, wenn Sie unangenehme Gefühle vermeiden oder unterdrücken. Die Praxis der Selbstwahrnehmung beinhaltet das Beobachten Ihrer emotionalen und körperlichen Reaktionen in herausfordernden Situationen und ermöglicht es Ihnen, den Schmerz zu identifizieren und anzunehmen, der möglicherweise vorhanden ist.

Gesunder Ausdruck von Emotionen: Das Finden gesunder Wege, um Emotionen auszudrücken, ist entscheidend im Prozess des Annehmens des Schmerzes. Schreiben in einem Tagebuch, Kunst schaffen, körperliche Bewegung praktizieren oder mit einer vertrauenswürdigen Person sprechen sind Möglichkeiten, unterdrückte Emotionen freizusetzen. Diese Aktivitäten ermöglichen es nicht nur, sich mit Ihren Emotionen zu verbinden, sondern helfen auch, die emotionale Energie in etwas Konstruktives zu verwandeln.

Sich mit Freundlichkeit annehmen: Das Annehmen des Schmerzes ist ein Akt der Selbstliebe. Indem Sie sich erlauben, Emotionen zu fühlen und auszudrücken, zeigen Sie, dass Sie es verdienen, insbesondere in schwierigen Momenten, mit Freundlichkeit und Mitgefühl behandelt zu werden. Selbstmitgefühl spielt hier eine entscheidende Rolle und erinnert daran, dass Ihre Emotionen gültig sind und Sie Unterstützung und Pflege im gesamten Heilungsprozess verdienen.

Transformation durch Freisetzung: Das Annehmen des Schmerzes ist ein kraftvoller Schritt auf der Reise der emotionalen Heilung. Indem Sie den Emotionen erlauben, auf natürliche Weise zu fließen, setzen Sie aufgestaute Energie frei und schaffen Raum für Transformation. Bedenken Sie, dass der Schmerz nicht definiert, wer Sie sind; er ist ein vorübergehender Teil Ihrer Reise zur Selbstentdeckung und -entwicklung. Durch das Annehmen des Schmerzes mit Liebe und Akzeptanz schaffen Sie einen fruchtbaren Boden, um in eine stärkere und authentischere Version Ihrer selbst zu erblühen.

Neudefinition von negativen Mustern

Die Neudefinition negativer Muster ist ein entscheidender Schritt im Prozess der emotionalen Heilung. Oft entwickeln sich diese Muster als Schutzmechanismen nach schmerzhaften Erfahrungen, können jedoch zu Hindernissen für das Wachstum und das emotionale Wohlbefinden werden. Hier werden wir untersuchen, wie man diese negativen Muster identifizieren, hinterfragen und neu definieren kann.

Ursprung der negativen Muster: Negative Muster können als eine Form des Selbstschutzes nach traumatischen oder schmerzhaften Erfahrungen entstehen. Sie können sich als endlose Selbstkritik, Angst vor Verlassenwerden, Schwierigkeiten beim Setzen von Grenzen oder die Neigung, sich in toxische Beziehungen zu verwickeln, zeigen. Das Erkennen dieser Muster ist der erste Schritt, um ihre Macht über Ihr Leben zu brechen.

Hinterfragen der Gültigkeit der Muster: Nachdem Sie die negativen Muster erkannt haben, ist es entscheidend, ihre Gültigkeit zu hinterfragen. Oft basieren diese Muster auf begrenzenden Überzeugungen, die aus vergangenen Erfahrungen entstanden sind. Fragen Sie sich, ob diese Muster immer noch relevant sind oder ob sie Überbleibsel von Ereignissen sind, die nicht mehr Teil Ihres aktuellen Lebens sind.

Identifizierung destruktiver Muster: Ein genauer Blick auf Ihre emotionalen Reaktionen und wiederkehrenden Verhaltensweisen kann Ihnen helfen, destruktive Muster zu identifizieren. Fragen Sie sich, welche Situationen diese automatischen Reaktionen auslösen und wie sie Ihr Leben beeinflussen. Indem Sie diese Muster identifizieren, geben Sie sich die Möglichkeit, sie zu durchbrechen und bewusstere Entscheidungen zu treffen.

Ersetzen von Mustern durch neue Narrative: Nachdem Sie die Gültigkeit der negativen Muster hinterfragt haben, ist es an der Zeit, sie durch neue Narrative zu ersetzen. Dies beinhaltet das Kultivieren gesünderer und realistischer Gedanken und Überzeugungen. Zum Beispiel, wenn Sie sich oft selbst übermäßig kritisieren, ersetzen Sie die Selbstkritik durch Selbstmitgefühl und erinnern sich daran, dass Sie Freundlichkeit und Unterstützung verdienen.

Praktizieren der Verhaltensänderung: Die Änderung negativer Muster bezieht sich nicht nur auf die Veränderung von Gedanken, sondern auch auf die Änderung von Verhaltensweisen. Wenn Sie beispielsweise dazu neigen, sich in toxische Beziehungen zu verstricken, arbeiten Sie daran, gesunde Grenzen zu setzen und Beziehungen zu wählen, die auf Respekt und gegenseitiger Unterstützung basieren. Handeln ist ein wesentlicher Schritt bei der Neudefinition von Mustern.

Unterstützung durch Selbstmitgefühl: Die Neudefinition von negativen Mustern erfordert Selbstmitgefühl. Während Sie sich bemühen, sich zu verändern, denken Sie daran, dass es menschlich ist, Fehler zu machen, und dass die Reise, alte Muster zu verändern, herausfordernd sein kann. Seien Sie nachsichtig mit sich selbst und erkennen Sie an, dass jeder Schritt in Richtung Veränderung ein Schritt in die richtige Richtung ist.

Befähigung für eine neue Realität: Die Neudefinition negativer Muster ist ein kraftvoller Akt der

Selbstbefähigung. Sie gibt Ihnen die Kontrolle über Ihr Leben zurück und ermöglicht es Ihnen, Muster zu transformieren, die nicht mehr Ihrem Wachstum und Wohlbefinden dienen. Durch das Hinterfragen, Ersetzen und Ändern dieser Muster schaffen Sie Raum für eine neue Realität, die auf Selbstwertgefühl, gesunden Beziehungen und Authentizität basiert.

Die Suche nach professioneller Unterstützung

Die Erkenntnis, dass Sie professionelle Unterstützung benötigen, um emotionale Wunden zu bewältigen, ist ein Akt der Selbststärkung. Ein qualifizierter Therapeut kann wertvolle Anleitung und einen sicheren Raum bieten, um Ihre tiefsten Emotionen zu erforschen, und spezifische Werkzeuge und Strategien zur Heilung bereitstellen. Lassen Sie uns erkunden, warum die Suche nach professioneller Unterstützung entscheidend ist und wie sie sich positiv auf Ihren Heilungsprozess auswirken kann.

Die Tiefe emotionaler Wunden: Einige Traumata und emotionale Verletzungen können so tief und komplex sein, dass sie einen spezialisierteren Ansatz zur Heilung erfordern. Wenn der Schmerz zu überwältigend erscheint, um alleine bewältigt zu werden, kann ein ausgebildeter Therapeut die notwendige Expertise bieten, um Sie durch den Heilungsprozess auf gesunde und effektive Weise zu führen.

Die Rolle des Therapeuten: Ein Therapeut ist jemand, der darauf geschult ist, die Komplexitäten menschlicher

Emotionen und die verschiedenen verfügbaren therapeutischen Ansätze zur Bewältigung emotionaler Verletzungen zu verstehen. Sie können einen sicheren und nicht urteilenden Raum schaffen, in dem Sie Ihre Emotionen erkunden, negative Denkmuster verstehen und Bewältigungsstrategien entwickeln können.

Individualisierung der Behandlung: Jeder Mensch ist einzigartig, und seine emotionalen Wunden sind ebenso einzigartig. Ein Therapeut kann die Behandlung an Ihre spezifischen Bedürfnisse anpassen. Sie helfen Ihnen dabei, welche therapeutischen Techniken am besten zu Ihnen passen, sei es kognitive Verhaltenstherapie, Expositionstherapie, Akzeptanz- und Commitmenttherapie oder andere Ansätze.

Aufbau von Bewältigungswerkzeugen: Ein Therapeut kann Ihnen Techniken und Bewältigungswerkzeuge beibringen, die Sie im täglichen Leben anwenden können, um mit schwierigen Momenten umzugehen. Dies beinhaltet Strategien zur Angstbewältigung, zur Regulation intensiver Emotionen und zur Umstrukturierung negativer Denkmuster. Diese Werkzeuge sind wertvolle Ressourcen, um emotionalen Herausforderungen auf gesündere Weise zu begegnen.

Tiefgründige Erforschung und Selbstentdeckung: Die Unterstützung durch einen Therapeuten kann eine tiefere Erforschung Ihrer emotionalen Wunden und Ihrer damit verbundenen Geschichte ermöglichen. Sie können helfen, Verbindungen zwischen vergangenen Erfahrungen und aktuellen Verhaltensmustern zu identifizieren, was zu einer reichhaltigeren Selbstentdeckung und einem besseren Verständnis darüber führt, wie Ihre Emotionen miteinander verknüpft sind.

Transformation und Wachstum: Die Suche nach professioneller Unterstützung geht nicht nur darum, emotionale Wunden zu heilen, sondern auch darum, ein höheres Maß an persönlichem Wachstum und Selbsttransformation zu erreichen. Mit der Anleitung eines Therapeuten können Sie negative Muster überwinden, destruktive Zyklen durchbrechen und eine gesündere und positivere Denkweise entwickeln.

Hervorheben Ihrer Widerstandsfähigkeit: Die Suche nach professioneller Unterstützung ist ein Zeichen von Stärke und Widerstandsfähigkeit, nicht von Schwäche. Die Anerkennung, dass Sie Hilfe benötigen, und das Ergreifen von Maßnahmen, um sie zu erhalten, sind mutige Schritte in Richtung Selbstfürsorge und Heilung. Dies zeigt, dass Sie Ihre psychische Gesundheit schätzen und in Ihr emotionales Wohlbefinden investieren möchten.

Eine Partnerschaft im Heilungsprozess: Die Arbeit mit einem Therapeuten ist keine einsame Erfahrung. Es handelt sich um eine Partnerschaft, bei der Sie von einem erfahrenen Fachmann unterstützt werden, der sich für Ihr Wachstum und Ihr emotionales Wohlbefinden engagiert. Diese Zusammenarbeit kann eine sichere und unterstützende Umgebung bieten, um Ihre emotionalen

Wunden zu erforschen, alte Lasten loszulassen und sich für eine leichtere und gesündere Zukunft zu öffnen.

TECHNIKEN ZUM VERGEBEN VON SICH SELBST UND ANDEREN

Vergeben ist eine der größten Formen der emotionalen Befreiung. Dies bedeutet nicht, schädliche Handlungen zu rechtfertigen, sondern vielmehr die emotionale Last loszulassen, die mit solchen Situationen einhergeht. Vergebung ermöglicht es, sich von Groll und Schmerz zu befreien und Raum für Heilung und Wachstum zu schaffen.

Die Praxis der Selbstmitgefühl

Bevor Sie die Reise des Vergebens anderer beginnen, ist es entscheidend, mit der Vergebung von sich selbst zu beginnen. Selbstmitgefühl ist ein mächtiges Werkzeug, das es uns ermöglicht, Schuld, Scham und Groll gegenüber uns selbst loszulassen. Lassen Sie uns tiefer in die Bedeutung des Selbstmitgefühls eintauchen und wie es effektiv praktiziert werden kann.

Anerkennen der gemeinsamen Menschlichkeit: Selbstmitgefühl beginnt mit der Anerkennung, dass wir alle als Menschen Fehler machen und Herausforderungen bewältigen müssen. Dies vereint uns in einer gemeinsamen Menschlichkeit, in der alle schwache Momente, Fehler und Unvollkommenheiten haben. Die

Akzeptanz, dass Sie nicht die einzige Person sind, die Schwierigkeiten hat, ist der erste Schritt zur Kultivierung von Selbstmitgefühl.

Sich selbst mit Freundlichkeit behandeln: Stellen Sie sich vor, wie Sie einen lieben Freund behandeln würden, der gerade durch eine schwierige Zeit geht. Wahrscheinlich würden Sie ihm freundliche Worte, Ermutigung und Unterstützung anbieten. Selbstmitgefühl bedeutet, sich selbst genauso zu behandeln. Anstatt sich selbst streng für vergangene Fehler zu kritisieren, praktizieren Sie freundliche und liebevolle Worte für sich selbst.

Herausfordernde selbstzerstörerische Selbstkritik: Selbstmitgefühl stellt die selbstzerstörerische Selbstkritik in Frage, die uns oft überwältigt. Anstatt uns auf unsere Fehler, Fehler und Unvollkommenheiten zu konzentrieren, ermöglicht uns Selbstmitgefühl, diese Aspekte mit einem sanfteren und mitfühlenderen Blick zu betrachten. Erkennen Sie, dass Selbstkritik nicht konstruktiv ist, und lenken Sie diese Energie stattdessen auf die Kultivierung von Selbstliebe.

Kultivierung bedingungsloser Akzeptanz: Selbstmitgefühl bedeutet, sich bedingungslos selbst zu akzeptieren. Dies bedeutet, Ihre Fehler, Schwächen und schwierigen Momente ohne Urteil anzuerkennen. Anstatt ständig danach zu streben, perfekt zu sein, akzeptieren Sie sich selbst als einen sich ständig entwickelnden Menschen, der Liebe und Respekt verdient.

Überwindung von Scham und Schuld: Scham und Schuld können mächtige Emotionen sein, die uns an die Vergangenheit binden. Selbstmitgefühl hilft uns, diese Emotionen zu überwinden, indem wir erkennen, dass wir alle Fehler machen und dass diese Erfahrungen nicht unsere Gesamtheit definieren. Die Praxis von Selbstmitgefühl ermöglicht es uns, aus unseren Fehlern zu lernen, anstatt in ihnen gefangen zu sein.

Die Rolle der Selbstakzeptanz: Selbstmitgefühl ist eng mit der Selbstakzeptanz verbunden. Dies bedeutet, sich selbst im gegenwärtigen Moment zu akzeptieren, ohne sich mit anderen oder idealisierten Versionen von sich selbst zu vergleichen. Selbstakzeptanz ist die Grundlage, auf der Selbstmitgefühl aufgebaut wird.

Die kontinuierliche Reise des Selbstmitgefühls: Die Praxis des Selbstmitgefühls ist kein endgültiges Ziel, sondern eine kontinuierliche Reise. Wie jede Fähigkeit erfordert sie regelmäßige Übung, um ein integraler Bestandteil Ihres Lebens zu werden. Im Laufe der Zeit werden Sie ein Muster milder Selbstbehandlung entwickeln und lernen, sich in schwierigen Momenten zu unterstützen.

Selbstmitgefühl und Vergebung: Selbstmitgefühl ist eine wesentliche Voraussetzung für das Vergeben anderer. Wenn Sie lernen, sich selbst mit Freundlichkeit und Verständnis zu behandeln, sind Sie besser in der Lage, diese Mitgefühl auf andere auszudehnen. Die Vergebung beginnt intern und erstreckt sich auf Ihre Interaktionen mit der Welt um Sie herum.

Die Kultivierung von Selbstmitgefühl ist eine der mächtigsten Möglichkeiten, Ihre Selbstliebe und emotionale Wohlbefinden zu fördern. Diese Praxis verändert Ihre Selbstwahrnehmung und Beziehung zu sich selbst und schafft einen inneren Raum der Akzeptanz, Vergebung und Heilung.

Vergebung verstehen

Vergebung ist eine tiefgreifende Erfahrung der emotionalen Befreiung, sowohl für Sie als auch für die beteiligten Personen. Oft wird Vergebung falsch verstanden als das Vergessen oder das Minimieren der Auswirkungen schmerzhafter Situationen. Es ist jedoch ein Prozess, bei dem Sie sich bewusst dafür entscheiden, die Negativität und den Groll, die mit diesen Situationen verbunden sind, loszulassen. Lassen Sie uns näher auf die Bedeutung der Vergebung eingehen und wie sie Ihr Leben verändern kann.

Eine bewusste Entscheidung: Vergeben ist eine bewusste Entscheidung, die Sie treffen, um sich von den Fesseln der Vergangenheit zu befreien. Es ist eine Entscheidung, die aus einem Ort der Eigenmächtigkeit kommt und es Ihnen ermöglicht, die Kontrolle über Ihre Emotionen zu übernehmen und nicht länger Gefangener von Wut, Groll oder Schmerz zu sein. Vergebung ist eine Wahl, die Sie für sich selbst treffen, nicht zum Nutzen anderer.

Loslassen der Negativität: Wenn Sie sich dafür entscheiden zu vergeben, entscheiden Sie sich, die mit schmerzhaften Situationen verbundene Negativität freizugeben. Das bedeutet nicht, dass Sie die Auswirkungen dessen, was geschehen ist, leugnen, sondern dass Sie sich entscheiden, diesen Einfluss nicht weiterhin über Ihre Emotionen und Ihr Leben bestimmen zu lassen. Vergebung ist eine Möglichkeit, die Ketten loszulassen, die Sie an die Vergangenheit binden.

Ein Akt der Freiheit: Das Handeln des Vergebens ist im Wesentlichen ein Akt der Freiheit. Sie befreien sich aus dem emotionalen Gefängnis, das Sie an die Vergangenheit bindet. Ressentiments und Wut halten Sie an vergangenen Ereignissen fest und hindern Sie daran, die Gegenwart vollständig zu leben und eine positivere Zukunft zu gestalten. Durch Vergebung wählen Sie die Freiheit von diesen Ketten und einen Schritt hin zu innerem Frieden.

Akzeptanz der Realität: Vergeben beinhaltet auch die Akzeptanz der Realität dessen, was passiert ist. Es geht nicht darum, vorzugeben, dass die Handlungen anderer keine Auswirkungen hatten oder nicht schädlich waren. Im Gegenteil, es ist eine Akzeptanz, dass das, was geschehen ist, nicht geändert werden kann, aber wie Sie damit umgehen können. Vergebung ist ein Akt der Akzeptanz der Vergangenheit, um eine positivere Zukunft zu gestalten.

Der Vergebungsprozess: Der Vergebungsprozess verläuft nicht linear und kann Zeit in Anspruch nehmen. Er kann eine Reihe von Emotionen beinhalten, von anfänglichem Widerstand bis zur Akzeptanz und

Freisetzung. Wichtig ist, während dieses Prozesses sanft mit sich selbst zu sein und Emotionen ohne Urteil aufkommen zu lassen. Vergebung ist ein Akt der Selbstfürsorge, der Geduld und Selbstmitgefühl erfordert.

Die Rolle der Selbstvergebung: Bevor Sie anderen vergeben, ist es entscheidend, Selbstvergebung zu praktizieren. Erkennen Sie an, dass auch Sie Mensch sind und Fehler machen können. Manchmal sind wir strenger zu uns selbst als zu anderen. Selbstvergebung ist eine Erweiterung des Selbstmitgefühls und ermöglicht es Ihnen, sich von Schuldgefühlen und Selbstkritik zu befreien.

Eine transformative Reise: Vergebung ist eine transformative Reise, die die emotionale Last der Vergangenheit freisetzen und Raum für Heilung und Wachstum schaffen kann. Indem Sie sich für Vergebung entscheiden, wählen Sie die Befreiung von den negativen Emotionen, die Sie gefangen halten, und öffnen die Türen zu einer leichteren und hoffnungsvolleren Zukunft. Vergebung ist ein Geschenk, das Sie sich selbst machen, um freier und glücklicher zu leben.

Die Wahl der Vergebung

Verzeihen ist eine zutiefst persönliche Entscheidung, die nur Sie in Ihrem Heilungsprozess treffen können. Es ist wichtig zu verstehen, dass Vergebung nicht sofort geschehen muss und ein Prozess sein kann, der Zeit und Selbstfürsorge erfordert. In diesem Abschnitt werden wir näher darauf eingehen, wie Sie die Entscheidung zur

Vergebung treffen können und wie Sie diesen Weg mit Verständnis und Geduld beschreiten können.

Die Anerkennung von Schmerz und Wut: Der erste Schritt zur Wahl der Vergebung besteht darin, die Emotionen anzuerkennen und zu validieren, die Sie empfinden. Oft beinhaltet dies, den Schmerz, die Wut und den Groll anzuerkennen, die durch die Situation oder die Person verursacht wurden, die Sie in Betracht ziehen zu vergeben. Zu erkennen, dass diese Emotionen legitim sind, und ihre Ursprünge zu verstehen, ist entscheidend, um den Vergebungsprozess zu beginnen.

Emotionen allmählich loslassen: Vergebung erfordert nicht, dass Sie Ihre Emotionen unterdrücken oder ignorieren, sondern dass Sie sie nach und nach loslassen. Es ist ein Prozess, bei dem Sie Ihren Emotionen erlauben, sich zu zeigen, und mit der Zeit ihre Intensität abschwächen. Dies bedeutet nicht, dass Sie vergessen, was passiert ist, sondern dass Sie wählen, diese negativen Emotionen nicht weiterhin Ihr Leben kontrollieren zu lassen.

Auf dem Weg zur persönlichen Heilung: Vergebung ist ein Teil des Prozesses der persönlichen Heilung. Wenn Sie sich für Vergebung entscheiden, wählen Sie, sich zu heilen, anstatt im Schmerzzyklus gefangen zu bleiben. Dies beinhaltet, sich die Erlaubnis zu geben, zu wachsen, sich weiterzuentwickeln und eine gesündere Zukunft aufzubauen. Die Wahl der Vergebung ist eine Aussage Ihres Engagements für Ihr eigenes Wohlergehen und persönliches Wachstum.

Denken Sie daran, dass es für Sie ist: Es ist wichtig, sich daran zu erinnern, dass Vergebung nicht für andere Menschen ist – sie ist für Sie. Oft ist die Person, der Sie vergeben, sich möglicherweise nicht einmal der Intensität Ihrer Emotionen bewusst oder macht sich keine Gedanken darüber. Vergebung ist eine Möglichkeit, die emotionale Last freizusetzen, die Sie tragen, und Ihnen zu erlauben, mit mehr Freiheit und Freude zu leben. Es ist ein Geschenk, das Sie sich selbst machen, um einen gesünderen inneren Raum zu schaffen.

Die Rolle der Zeit: Die Zeit spielt eine wichtige Rolle im Vergebungsprozess. Es gibt keinen festgelegten Zeitplan, wann Sie vergeben müssen. Einige Wunden können länger heilen als andere. Geduld ist entscheidend. Wenn Sie noch nicht bereit sind, sofort zu vergeben, ist das in Ordnung. Erlauben Sie sich die Zeit, die Sie benötigen, um Ihre Emotionen zu verarbeiten, und bewegen Sie sich auf Ihre Weise in Richtung Vergebung, wenn Sie bereit sind.

Die Transformation der Vergebung: Die Wahl der Vergebung ist eine mächtige Transformation. Es ist eine Entscheidung, die Mut, Empathie und Verständnis erfordert. Wenn Sie sich für Vergebung entscheiden, wählen Sie, die Vergangenheit freizugeben und Raum für eine positivere Zukunft zu schaffen. Denken Sie daran, dass Vergebung nicht das Geschehene auslöscht, sondern verändert, wie Sie damit umgehen. Es ist eine Reise der Selbstbefreiung und des persönlichen Wachstums.

Das Lösen der emotionalen Last

Die Vorstellung, dass Vergebung ein Weg ist, um eine emotionale Last loszulassen, ist eine mächtige Metapher, die Ihnen helfen kann, die transformative Wirkung der Vergebung in Ihrem Leben besser zu verstehen. Erfahren Sie mehr darüber, wie diese Metapher angewendet werden kann und wie sie eng mit der Schaffung eines leichteren und selbstliebenden Lebens verbunden ist.

Die Metapher der emotionalen Last: Stellen Sie sich vor, dass der Groll, der Ärger und der Schmerz, die Sie festhalten, wie emotionale Gewichte sind, die Sie mit sich tragen. Diese Gewichte können sich im Laufe der Zeit ansammeln und zu einer Belastung werden, die Ihre Energie, Ihren inneren Frieden und Ihre Fähigkeit, Ihr Leben in vollen Zügen zu genießen, beeinträchtigt. Die Handlung der Vergebung besteht darin, diese Gewichte, einen nach dem anderen, loszulassen, was es Ihnen ermöglicht, sich freier und beweglicher zu fühlen.

Für Leichtigkeit freigeben: Die Vorstellung, dass Vergebung ein Akt des Loslassens einer emotionalen Last ist, kann ein tiefes Gefühl der Erleichterung bringen. Stellen Sie sich vor, dass Sie beim Vergeben diese emotionalen Lasten loslassen, die auf Ihnen gelastet haben. Indem Sie sie loslassen, fühlen Sie sich leichter, als ob eine Last von Ihren Schultern genommen wurde. Dieses Gefühl der Leichtigkeit ist ein Zeichen für den inneren Raum, den die Vergebung schafft.

Auf dem Weg zu einem leichteren Leben: Vergebung befreit nicht nur von der emotionalen Last der Vergangenheit, sondern schafft auch Raum für ein leichteres und fröhlicheres Leben in der Gegenwart und der Zukunft. Wenn Sie die emotionale Belastung von Groll und Ärger loslassen, öffnen Sie Raum für positive Gefühle wie Frieden, Dankbarkeit und Freude. Sie befreien sich von den giftigen Emotionen, die Sie gefangen gehalten haben, und beginnen ein neues Gefühl der emotionalen Freiheit zu erleben.

Selbstliebe und emotionale Freiheit: Die Handlung, die emotionale Last durch Vergebung freizugeben, ist eng mit Selbstliebe verbunden. Indem Sie vergeben, zeigen Sie sich selbst Liebe und Mitgefühl. Sie setzen Ihre emotionale Gesundheit und Ihr Wohlbefinden über die Notwendigkeit, Groll weiterhin zu tragen. Diese Wahl ist ein Zeugnis Ihres Engagements für Ihr eigenes Glück und Wachstum.

Eine neue Perspektive: Die Vorstellung, Vergebung als Freisetzung einer emotionalen Last zu sehen, kann Ihnen auch helfen, eine neue Perspektive auf die Situation oder die Person zu gewinnen, die Sie vergeben. Anstatt sich nur auf den vergangenen Schmerz zu konzentrieren, beginnen Sie, die Handlung der Vergebung als Gelegenheit zu sehen, eine positivere und gesündere Zukunft zu gestalten. Diese Perspektivenänderung kann befreiend und stärkend sein.

Die Pflege von Empathie

Empathie ist eine wertvolle Fähigkeit, die es uns ermöglicht, die Welt durch die Augen anderer zu sehen und ihre Perspektiven, Gefühle und Umstände zu verstehen. Im Kontext der Vergebung kann die Pflege von Empathie eine entscheidende Rolle bei der Befreiung von emotionalen Belastungen und im Vergebungsprozess spielen. Erfahren Sie, wie Empathie ein mächtiges Werkzeug sein kann, um den Weg zur Vergebung und Selbstliebe zu ebnen.

Das Verstehen unterschiedlicher Perspektiven: Ein wesentlicher Bestandteil von Empathie ist der echte Versuch, die Perspektiven anderer zu verstehen. Das bedeutet nicht, dass Sie deren Handlungen zustimmen oder schädliches Verhalten rechtfertigen, sondern die Faktoren verstehen, die zu ihren Entscheidungen beigetragen haben könnten. Manchmal können die Handlungen einer Person von ihren eigenen inneren Kämpfen und emotionalen Verletzungen beeinflusst sein.

Anerkennen der emotionalen Belastung: Jeder von uns trägt seine eigene emotionale Belastung, bestehend aus vergangenen Erfahrungen, Traumata und persönlichen Herausforderungen. Die Pflege von Empathie beinhaltet die Anerkennung, dass, genauso wie Sie, auch andere mit inneren Kämpfen zu kämpfen haben. Dies schmälert nicht die Bedeutung Ihrer eigenen Erfahrungen, sondern hilft dabei, eine tiefere und menschlichere Verbindung zu anderen aufzubauen.

Brücken des Verständnisses bauen: Durch die Praxis der Empathie bauen Sie Brücken des Verständnisses zwischen sich und anderen. Dies kann einen Raum schaffen, in dem Sie beginnen können, die geteilte Menschlichkeit und die zugrunde liegenden

Gemeinsamkeiten zu sehen, die wir alle haben. Empathie fördert nicht nur das Verständnis, sondern hilft auch, Feindseligkeit und Wut zu verringern, was den Vergebungsprozess erleichtert.

Empathie und Neugestaltung von Beziehungen: Die Pflege von Empathie kann besonders hilfreich sein, wenn Sie jemanden vergeben, mit dem Sie eine komplizierte Beziehung hatten. Indem Sie die Perspektiven und Erfahrungen dieser Person verstehen, können Sie die Beziehung in einem umfassenderen und ganzheitlicheren Licht sehen. Dies kann es Ihnen ermöglichen, die Beziehung auf eine Weise neu zu gestalten, die für beide Seiten gesünder ist.

Mitgefühl und Selbstfürsorge: Neben der Unterstützung bei der Vergebung gegenüber anderen ist Empathie auch ein Werkzeug zur Förderung von Selbstliebe. Wenn Sie Empathie gegenüber sich selbst praktizieren, behandeln Sie Ihre eigenen Kämpfe und Herausforderungen mit Freundlichkeit und Mitgefühl. Dies hilft dabei, eine innere Umgebung der Selbstfürsorge und Akzeptanz zu schaffen.

Der Weg zur Heilung

Der Prozess des Loslassens emotionaler Altlasten ist eine Erfahrung der tiefen Heilung und persönlichen Transformation. Es beinhaltet das Erkunden der Tiefen Ihrer Emotionen, die Konfrontation mit vergangenen Traumata und schließlich das Zulassen, die emotionale Last loszulassen, die Sie gefangen gehalten hat. In diesem

Thema werden wir den Weg zur Heilung im Detail betrachten und die Schlüsselelemente hervorheben, die diese Reise des inneren Wachstums ausmachen.

Mut, um Wunden zu konfrontieren: Der Heilungsprozess beginnt mit dem Mut, sich den emotionalen Wunden zu stellen, die Sie getragen haben. Dies beinhaltet, zurückzublicken und die schmerzhaften Erfahrungen anzuerkennen, die Ihre Überzeugungen, Verhaltensweisen und Emotionen geprägt haben. Es ist ein mutiger Akt, diesen Wunden ins Auge zu sehen und sich zu erlauben, den Schmerz und die Traurigkeit zu spüren, die mit ihnen verbunden sind.

Akzeptanz und Verständnis: Während Sie Ihre emotionalen Wunden erkunden, ist es wichtig, Akzeptanz und Verständnis zu kultivieren. Dies bedeutet, anzuerkennen, dass die Erfahrungen der Vergangenheit geformt haben, wer Sie heute sind, aber nicht Ihre Zukunft definieren. Die Akzeptanz der Kämpfe der Vergangenheit und das Verständnis, wie sie Sie beeinflusst haben, sind entscheidende Schritte auf dem Heilungsweg.

Freundlichkeit und Selbstvergebung: Die Heilungsreise beinhaltet auch Freundlichkeit zu sich selbst und die Praxis der Selbstvergebung. Dies bedeutet, Selbstkritik loszulassen und anzuerkennen, dass Sie dieselbe Mitgefühle verdienen, die Sie anderen entgegenbringen. Indem Sie sich selbst für vergangene Entscheidungen und schwierige Emotionen vergeben, schaffen Sie Raum für tiefere Heilung.

Vergebung als Abkürzung zur Heilung: Vergebung ist eine der Hauptabkürzungen zur emotionalen Heilung. Wenn Sie sich selbst und anderen vergeben, lassen Sie die Negativität los, die Sie gefangen gehalten hat. Vergebung ist wie das Entfernen eines emotionalen Ankers, der Ihren Fortschritt behindert hat. Sie schafft Raum für Wachstum, Transformation und Selbstliebe.

Platz für Blüte: Indem Sie die emotionale Last loslassen und den Weg zur Heilung gehen, schaffen Sie Raum für die Blüte der Selbstliebe. Mit der Negativität entfernt sich Raum für Gefühle wie Frieden, Freude und innerer Selbstakzeptanz. Sie werden sich Ihrer selbst bewusster und Ihres unbegrenzten Potenzials, um ein sinnvolles Leben zu gestalten.

Wachstum und emotionale Verbindung: Der Heilungsprozess bezieht sich nicht nur auf die Vergangenheit, sondern auch auf die Zukunft. Während Sie sich heilen, öffnen Sie Türen zu neuen Möglichkeiten des persönlichen Wachstums und der emotionalen Verbindung. Sie legen ein solides Fundament für gesündere Beziehungen, Authentizität und ein tiefes Gefühl des Wohlbefindens.

Ein fortwährender Weg: Der Heilungsweg ist ein kontinuierlicher Pfad, da das Leben sich ständig weiterentwickelt. Wenn Sie wachsen, können neue Schichten von Emotionen und Erfahrungen auftauchen. Der Schlüssel liegt darin, die Werkzeuge anzuwenden, die Sie auf dieser Reise gelernt haben, um emotionale

Altlasten weiterhin loszulassen und Selbstliebe in allen Lebenslagen zu fördern.

Das Loslassen emotionaler Altlasten ist ein Akt der Selbstliebe und Selbstbefähigung. Indem Sie vergangene Traumata konfrontieren, negative Muster durchbrechen und Vergebung praktizieren, schaffen Sie Raum für tiefes Wachstum und positive Transformation. Dies öffnet den Weg zu einem authentischeren Leben, gesünderen Beziehungen und einem leichteren Herzen. Wenn Sie die Vergangenheit loslassen, öffnen Sie sich für die Gegenwart und gestalten eine hellere Zukunft.

KAPITEL 6

AUFBAU VON GESUNDEN BEZIEHUNGEN

Bauen Sie Brücken zur Selbstliebe für Beziehungen, die Ihre Essenz widerspiegeln.

Gesunde Beziehungen bilden die Grundlage für ein erfülltes und glückliches Leben. Sie bieten uns Unterstützung, Liebe, Verbundenheit und ein Gefühl der Zugehörigkeit. In diesem Kapitel werden wir die Feinheiten gesunder Beziehungen erkunden, von ihrer Pflege bis zur langfristigen Aufrechterhaltung. Wir werden lernen, wie man Beziehungen nährt, die zu Ihrem emotionalen Wohlbefinden und persönlichem Wachstum beitragen.

SÄULEN EINER GESUNDEN BEZIEHUNG

Eine gesunde Beziehung ähnelt einem soliden Bauwerk, das auf Säulen ruht, die die Verbindung und das gegenseitige Wachstum unterstützen. Lassen Sie uns jeden dieser Pfeiler genauer betrachten, um zu verstehen, wie sie dazu beitragen, erfolgreiche Beziehungen zu festigen:

Offene Kommunikation und Ehrlichkeit

Stellen Sie sich eine Beziehung wie eine Brücke vor, die zwei Menschen verbindet. Diese Brücke wird von essenziellen Säulen getragen, die sie stabil und sicher halten und es den Partnern ermöglichen, miteinander in Verbindung zu treten. Eine dieser Säulen ist die offene Kommunikation und Ehrlichkeit. Diese beiden Komponenten arbeiten zusammen, um eine starke und bedeutsame Beziehung aufzubauen, die es den Partnern ermöglicht, einander zu verstehen, sich zu unterstützen und gemeinsam zu wachsen. Lassen Sie uns im Detail erkunden, wie offene Kommunikation und Ehrlichkeit das Fundament dieser Brücke bilden:

Offene Kommunikation, die Säule gegenseitigen Verständnisses: Offene Kommunikation ist wie das Fundament einer Brücke. Sie schafft Raum für Partner, sich frei auszudrücken, ihre Gefühle, Gedanken und Bedürfnisse zu teilen. Wenn die Kommunikationskanäle offen sind, entsteht ein Gefühl der Sicherheit, da Sie sich ohne Angst vor Beurteilung ausdrücken können. Offene Kommunikation beinhaltet nicht nur das Sprechen, sondern auch das aufmerksame Zuhören, was Ihr Interesse und Respekt für die Perspektive des Partners zeigt.

Offene Kommunikation ist besonders wertvoll, wenn es um die Lösung von Konflikten geht. Wenn die Partner sich wohl fühlen, ihre Anliegen und Emotionen zu äußern, können Missverständnisse geklärt und Probleme konstruktiv gelöst werden. Fehlende offene Kommunikation kann zu unausgesprochenen Ressentiments und zur Eskalation von Konflikten führen, die durch ein offenes Gespräch vermieden werden könnten.

Ehrlichkeit, der Klebstoff, der die Brücke festhält: Denken Sie an Ehrlichkeit als den Klebstoff, der die Komponenten der Brücke zusammenhält. Ehrlichkeit ist entscheidend, um Vertrauen zwischen den Partnern aufzubauen und aufrechtzuerhalten. Wenn Sie ehrlich über Ihre Gedanken, Gefühle und Erwartungen sind, bauen Sie eine solide Grundlage gegenseitigen Vertrauens auf. Vertrauen ist der Kern jeder gesunden Beziehung – er ermöglicht es den Partnern, sich emotional zu öffnen, sich sicher zu fühlen und eine echte Verbindung aufzubauen.

Ehrlichkeit ist auch entscheidend, um Missverständnisse und Konflikte zu vermeiden. Wenn Sie transparent über Ihre Gedanken und Gefühle sind, vermeiden Sie falsche Annahmen und verzerrte Interpretationen. Dies kann viele Missverständnisse verhindern und die Kommunikation reibungslos gestalten.

Die Symphonie der offenen Kommunikation und Ehrlichkeit: Offene Kommunikation und Ehrlichkeit sind wie eine harmonische Symphonie in einer Beziehung. Offene Kommunikation ist die Melodie, die es den Partnern ermöglicht, sich auszudrücken, zu teilen und eine emotionale Verbindung herzustellen. Ehrlichkeit ist der Rhythmus, der diese Melodie zusammenhält und ausgewogen hält. Wenn die Partner offen miteinander kommunizieren und ehrlich sind, bauen sie eine starke Grundlage, um die Herausforderungen zu bewältigen und die Freuden des gemeinsamen Lebens zu feiern.

In einer Beziehung, in der offene Kommunikation und Ehrlichkeit geschätzt werden, fühlen sich die Partner verstanden, respektiert und unterstützt. Sie wissen, dass sie aufeinander zählen können, um ihre Erfolge und Herausforderungen zu teilen. Sie können gemeinsam Herausforderungen bewältigen, wissend, dass offene

Kommunikation und Ehrlichkeit die Werkzeuge sind, die ihnen helfen werden, jedes Hindernis zu überwinden.

Gegenseitiger Respekt und Empathie

Stellen Sie sich eine Beziehung wie einen sorgfältig gepflegten Garten vor. Der Boden, auf dem dieser Garten wächst, setzt sich aus zwei wesentlichen Elementen zusammen: gegenseitigem Respekt und Empathie. Diese Elemente sind wie fruchtbarer Boden, der es der Beziehung ermöglicht zu blühen und eine Umgebung der Liebe, des Verständnisses und der Unterstützung zu schaffen. Lassen Sie uns die Bedeutung von gegenseitigem Respekt und Empathie im Detail erkunden:

Gegenseitiger Respekt, das Fundament der Verbindung: Respekt ist wie das solide Fundament, auf dem eine gesunde Beziehung aufgebaut ist. Jeder Einzelne wird als einzigartig und wertvoll anerkannt. Dies bedeutet nicht nur, die Individualität des Partners zu akzeptieren, sondern auch seine Meinungen, Gefühle und Wünsche zu schätzen. Wenn Respekt vorhanden ist, fühlen sich beide Partner sicher, authentisch zu sein, in dem Wissen, dass ihre Stimmen gehört und geachtet werden.

Respekt geht über Worte hinaus – er wird durch konsequentes Handeln demonstriert. Dies beinhaltet, den Partner respektvoll zu behandeln, seine Meinungen nicht abzuwerten und gesunde Grenzen zu setzen. Respekt schafft ein Umfeld des Vertrauens und der Sicherheit, in dem beide ihre Bedürfnisse und

Erwartungen ausdrücken können, ohne Angst vor Verurteilung.

Empathie, die Brücke zur tiefen Verbindung: Stellen Sie sich Empathie als eine Brücke vor, die die Herzen und Gedanken der Partner verbindet. Empathie ist die Fähigkeit, sich in die Lage des anderen zu versetzen, seine Perspektiven, Gefühle und Erfahrungen zu verstehen. Wenn Sie Empathie praktizieren, zeigen Sie einen tiefen Respekt für die innere Welt Ihres Partners. Dies schafft eine starke emotionale Verbindung, bei der sich beide wirklich verstanden fühlen.

Empathie ist auch ein mächtiges Werkzeug zur Lösung von Konflikten. Wenn Sie sich bemühen, die Gefühle und Motivationen Ihres Partners zu verstehen, können Lösungen gefunden werden, die die Bedürfnisse beider erfüllen. Empathie hilft dabei, Eskalationen von Konflikten zu vermeiden, da sie einen sicheren Raum für ehrlichen und verwundbaren Austausch schafft.

Die harmonische Wechselwirkung zwischen Respekt und Empathie: Gegenseitiger Respekt und Empathie sind wie ein harmonischer Tanz zwischen den Partnern. Der Respekt bildet die solide Grundlage für die Verbindung, während die Empathie emotionale Brücken zwischen ihnen baut. Wenn beide Elemente vorhanden sind, wird die Beziehung zu einem Raum, in dem die Partner sowohl individuell als auch gemeinsam wachsen können.

Die Praxis von gegenseitigem Respekt und Empathie erfordert kontinuierliche Aufmerksamkeit und

Anstrengung. Dies beinhaltet aktives Zuhören, die Validierung der Gefühle des Partners und das Zeigen eines aufrichtigen Interesses an seinen Erfahrungen. Es erfordert auch Geduld und Verständnis, wenn Herausforderungen auftreten.

Die Schaffung eines Heiligtums aus Liebe und Verständnis: Wenn gegenseitiger Respekt und Empathie in einer Beziehung gepflegt werden, wird sie zu einem Heiligtum aus Liebe und Verständnis. Die Partner fühlen sich sicher, ihre Freuden und Sorgen zu teilen, in dem Wissen, dass sie geschätzt und verstanden werden. Sie feiern die Erfolge des anderen und unterstützen sich in schwierigen Zeiten.

Respekt und Empathie ermöglichen es den Partnern auch, sowohl individuell als auch als Paar zu wachsen. Sie schaffen eine solide Grundlage, um gemeinsam die Herausforderungen des Lebens zu meistern, in dem Wissen, dass sie einen Partner haben, der sie bedingungslos unterstützt. Wenn der Boden des gegenseitigen Respekts und der Empathie gepflegt wird, erblüht der Garten der Beziehung zu einer Landschaft aus Liebe, Vertrauen und authentischer Verbindung.

Vertrauen und Unterstützung

Stellen Sie sich eine Beziehung wie den Bau eines Hauses vor. Das Vertrauen ist wie das Fundament, das die gesamte Struktur trägt, und die Unterstützung sind wie die Balken und Säulen, die alles aufrecht erhalten. Lassen Sie uns die Bedeutung von Vertrauen und Unterstützung in einer Beziehung erkunden und wie sie miteinander verknüpft sind, um eine dauerhafte und widerstandsfähige Bindung zu schaffen.

Vertrauen aufbauen, das Fundament der Beziehung: Vertrauen wird im Laufe der Zeit aufgebaut, durch konsequente Handlungen, offene Kommunikation und gegenseitigen Respekt. Es ist der Glaube, dass Ihr Partner seine Versprechen einhalten wird und an Ihrer Seite sein wird, unabhängig von den Umständen. Vertrauen bezieht sich nicht nur darauf zu glauben, dass Ihr Partner treu sein wird; es geht darum, darauf zu vertrauen, dass sie emotional für Sie da sein werden, Ihre Anliegen teilen und gemeinsam Herausforderungen bewältigen werden.

Einmal gebrochen, kann Vertrauen schwer wieder aufgebaut werden. Daher ist es entscheidend, die Integrität aufrechtzuerhalten, transparent zu sein und Versprechen einzuhalten. Vertrauen wächst, wenn Worte und Taten im Einklang stehen, wenn Geheimnisse keinen Platz haben und wenn beide Partner sich verpflichten, einander zu vertrauen.

Unterstützung, die Balken, die die Beziehung tragen: Unterstützung ist wie die Balken und Säulen, die die Struktur der Beziehung aufrechterhalten. Sie geht über ermutigende Worte hinaus und umfasst emotionale und praktische Unterstützung. Emotionale Unterstützung bedeutet, für Ihren Partner da zu sein, wenn er es am meisten braucht, eine Schulter zum Anlehnen zu bieten, mit Empathie zuzuhören und echte Gefühle zu teilen. Emotionale Unterstützung schafft eine Umgebung, in der sich beide Partner akzeptiert und geliebt fühlen, auch wenn sie Schwierigkeiten haben.

Praktische Unterstützung hingegen bedeutet, im Sinne der Beziehung zu handeln. Dies kann bedeuten, im Alltag zu helfen, die Träume und Ziele des Partners zu unterstützen oder zusammenzuarbeiten, um Hindernisse zu überwinden. Praktische Unterstützung zeigt, dass Sie sich dem gegenseitigen Wachstum verpflichtet fühlen und bereit sind, zusammen ein besseres Leben zu gestalten.

Die Kombination von Vertrauen und Unterstützung: Vertrauen und Unterstützung sind tief miteinander verwoben. Vertrauen bildet die Grundlage, auf der die Unterstützung aufgebaut wird, während die Unterstützung das Vertrauen stärkt, indem sie zeigt, dass Sie in guten und schlechten Zeiten für Ihren Partner da sind. Wenn das Vertrauen erschüttert ist, ist Unterstützung unerlässlich, um beim Wiederaufbau zu helfen. Und wenn Unterstützung benötigt wird, ist Vertrauen das, was es beiden Partnern ermöglicht, sich wohl zu fühlen, einander um Hilfe zu bitten.

Die Kombination von Vertrauen und Unterstützung schafft eine Umgebung, in der die Partner verletzlich und authentisch sein können. Sie wissen, dass sie aufeinander zählen können, um Herausforderungen zu bewältigen und Erfolge zu feiern. Wenn die Pfeiler des Vertrauens und der Unterstützung stark sind, wird die Beziehung zu einer Quelle von Sicherheit, Liebe und Wachstum. Es ist eine geteilte Reise, bei der sich beide Partner gegenseitig unterstützen, um gemeinsam ein bedeutungsvolles Leben aufzubauen.

Definition gesunder Grenzen

Stellen Sie sich eine gesunde Beziehung wie ein gut gestaltetes Haus vor. Gesunde Grenzen sind die Wände, die die individuellen Räume trennen und schützen, während sie auch die Verbindung zwischen den Partnern aufrechterhalten. Lassen Sie uns erkunden, wie die Definition gesunder Grenzen entscheidend ist, um eine respektvolle und harmonische Beziehung aufrechtzuerhalten.

Grenzen, wo Individualität blüht: Genauso einzigartig wie jeder Mensch ist, sind auch seine Bedürfnisse, Wünsche und persönlichen Räume. Das Festlegen gesunder Grenzen bedeutet zu verstehen und klar zu kommunizieren, wo Ihre Individualität endet und die Ihres Partners beginnt. Dies fördert nicht nur gegenseitigen Respekt, sondern schützt auch die Identität jedes Einzelnen.

Gesunde Grenzen zu haben, ist eine Möglichkeit, Ihre Selbstachtung und Selbstachtung zu bekräftigen. Dies beinhaltet die Anerkennung Ihrer eigenen emotionalen, physischen und mentalen Bedürfnisse und die offene Kommunikation mit Ihrem Partner. Indem Sie Grenzen setzen, zeigen Sie, dass Sie bereit sind, sich selbst zu schützen und Ihre Identität, auch innerhalb der Beziehung, zu bewahren.

Brücken bauen, keine Mauern: Das Festlegen gesunder Grenzen bedeutet nicht, Mauern zu errichten, die Sie von Ihrem Partner isolieren. Im Gegenteil, es geht darum, Brücken der Kommunikation und des Verständnisses zu bauen. Wenn beide Partner die Grenzen des anderen verstehen und respektieren, entsteht eine Umgebung, in der sich beide wohl fühlen, authentisch und verletzlich zu sein.

Das Festlegen von Grenzen verhindert auch unnötige Konflikte. Wenn beide wissen, wie weit sie gehen können, ohne die Gefühle des anderen zu verletzen, werden Missverständnisse reduziert und Meinungsverschiedenheiten sensibel behandelt. Dies fördert eine Atmosphäre von Sicherheit und Vertrauen, in der beide individuell wachsen und als Paar gedeihen können.

Respektierung der Individualität des Partners: Das Festlegen gesunder Grenzen ist ein Ausdruck des Respekts für die Individualität des Partners. Dies bedeutet, zu erkennen, dass jeder seine eigenen Bedürfnisse und Grenzen hat und dass diese Unterschiede nicht nur akzeptiert, sondern auch geschätzt werden sollten. Durch das Festlegen und Respektieren der Grenzen des anderen pflegen Sie eine Beziehung, die auf Akzeptanz und echter Liebe basiert.

Das Festlegen gesunder Grenzen ist ein fortlaufender Prozess. Wenn Sie und Ihr Partner sich entwickeln und wachsen, ist es wichtig, die Grenzen nach Bedarf zu überprüfen und anzupassen. Dies zeigt, dass Sie sich verpflichtet fühlen, eine gesunde und harmonische Beziehung aufrechtzuerhalten, in der beide individuell und als Paar gedeihen können. Wenn die Mauern der Grenzen mit Respekt und Liebe errichtet werden, werden sie zu den Grundlagen einer dauerhaften und bedeutungsvollen Beziehung.

Werte und Ziele teilen

Stellen Sie sich vor, eine Beziehung sei wie ein Haus. Das Fundament, die Wände und nun das Dach, das die Vereinigung durch gemeinsame Werte und Ziele darstellt. Lassen Sie uns erkunden, wie das Teilen von Werten und Zielen von entscheidender Bedeutung für eine gesunde und dauerhafte Beziehung ist.

Den Kompatibilitätsdach bauen: Genau wie ein Dach Schutz vor den Elementen bietet, bietet das Teilen von Werten und Zielen einen emotionalen Schutz in der Beziehung. Eine solide Basis gemeinsamer Überzeugungen und Ziele schafft eine Struktur, die beide Partner auf dem Weg zu einer gemeinsamen Zukunft führt. Obwohl jeder eine einzigartige Individualität ist, ist diese vereinte Basis ein Schlüsselelement, um die Verbindung und Harmonie aufrechtzuerhalten.

Es ist wichtig zu beachten, dass das Teilen von Werten nicht bedeutet, dass Sie in allem übereinstimmen müssen. Im Gegenteil, es geht darum, die grundlegenden Überzeugungen anzuerkennen, die Ihre Entscheidungen und Handlungen leiten. Dies schafft einen fruchtbaren

Boden für gegenseitiges Verständnis und Konfliktlösung, da beide in die gleiche Richtung arbeiten.

Einfluss auf Entscheidungsfindung: Genau wie ein Dach vor unvereinbaren Entscheidungen schützt, schützt die Kompatibilität in Werten vor Konflikten. Wenn beide Partner grundlegende Werte teilen, können sie wichtige Entscheidungen harmonischer treffen. Dies hilft, Konflikte zu vermeiden, die aufgrund grundlegender Meinungsverschiedenheiten entstehen könnten.

Darüber hinaus bietet das Teilen von Werten und Zielen eine Struktur für die Konfliktlösung. Wenn Unterschiede auftreten, können beide auf diese gemeinsamen Werte zurückgreifen, um Lösungen zu finden, die für beide zufriedenstellend sind. Dies schafft eine Atmosphäre der Zusammenarbeit und des Respekts anstelle von Wettbewerb oder Konfrontation.

Wachstum im Laufe der Zeit: Mit der Zeit entwickeln und ändern sich Beziehungen. Das Teilen von Werten und Zielen hilft der Beziehung, sich in positiver Weise zu entwickeln. Beide Partner haben eine klare Vorstellung davon, was sie gemeinsam erreichen möchten, und sind bestrebt, das Wachstum des anderen zu unterstützen. Dies erhält nicht nur die emotionale Bindung, sondern fördert auch ein gemeinsames Gefühl des Zwecks.

Das Teilen von Werten und Zielen stärkt nicht nur die Beziehung, sondern trägt auch zu einem Gefühl der individuellen und gemeinsamen Erfüllung bei. Wenn Sie sich gegenseitig bei der Verfolgung gemeinsamer Ziele unterstützen, schaffen Sie eine Umgebung der Liebe und Unterstützung, in der sich beide entfalten können. Ähnlich wie ein Dach ein Haus schützt, schützt das Teilen von Werten und Zielen die emotionale Verbindung und bereichert sie, die Sie füreinander haben.

Konstruktive Konfliktlösung

Stellen Sie sich Konflikte als vorübergehende Stürme vor, die die Widerstandsfähigkeit eines Hauses testen. Konstruktive Konfliktlösung ist die Strategie, um die Wände Ihrer Beziehung zu stärken und sicherzustellen, dass sie solide und sicher bleibt.

Gelegentliche Stürme und die Kraft konstruktiver Lösungen: Genauso wie Stürme die Stabilität einer Struktur testen, prüfen Konflikte die Stärke einer Beziehung. Konflikte sind in jeder Beziehung natürlich, und konstruktive Lösungen sind die Methode, um Herausforderungen in Wachstumschancen zu verwandeln. Es handelt sich um einen partnerschaftlichen Ansatz, bei dem sich beide Partner bemühen, aufmerksam zuzuhören und die Perspektive des anderen zu verstehen.

Die Kraft des aktiven Zuhörens: Zuhören ist das Fundament konstruktiver Konfliktlösung. Wenn beide Partner aktiv und einfühlsam zuhören, schaffen sie Raum für gegenseitiges Verständnis. Das bedeutet nicht nur, Worte zu hören, sondern auch die zugrunde liegenden Emotionen zu verstehen. Aufmerksames Zuhören zeigt

Respekt und schafft eine sichere Umgebung, in der beide ihre Anliegen ausdrücken können.

Respektvolles Äußern von Anliegen: Genau wie ein Haus regelmäßige Wartung benötigt, benötigen Beziehungen auch Überprüfungen. Anliegen respektvoll auszudrücken, ist eine Möglichkeit, die Beziehung gesund zu halten. Dies beinhaltet die Kommunikation ohne Kritik oder Schuldzuweisungen, wobei der Fokus auf Handlungen und Gefühlen liegt, anstatt mit dem Finger zu zeigen. Gewaltfreie und respektvolle Kommunikation erhält die Wände der Beziehung stabil.

Zusammenarbeit bei der Suche nach Lösungen: Die konstruktive Konfliktlösung ist ein Ansatz der Zusammenarbeit, nicht des Wettbewerbs. Beide Partner sind bereit, Lösungen zu finden, die für beide funktionieren, anstatt darum zu kämpfen, wer Recht hat. Dies beinhaltet die Bereitschaft, Kompromisse einzugehen, Mittelwege zu finden und Möglichkeiten zu entdecken, Herausforderungen gemeinsam zu bewältigen. Die Zusammenarbeit bei der Konfliktlösung stärkt die Grundlagen der Beziehung.

Geduld und Einfühlungsvermögen pflegen: Genauso wie ein Haus ständige Pflege benötigt, erfordern auch Beziehungen kontinuierliche Anstrengungen. Geduld ist während der Konfliktlösung entscheidend, da nicht alle Probleme sofort gelöst werden können. Einfühlungsvermögen ist das Werkzeug, das es Ihnen ermöglicht, die Situation aus der Perspektive des anderen zu sehen und eine tiefere Verbindung und gegenseitiges Verständnis zu schaffen.

Langfristige Vorteile konstruktiver Konfliktlösung: Konstruktive Konfliktlösung löst nicht nur akute Probleme, sondern schafft auch langanhaltendes Vertrauen und Verständnis. Wenn beide Partner Herausforderungen respektvoll und kooperativ angehen, stärken sie die Struktur der Beziehung. Konstruktiv gelöste Konflikte werden zu Chancen für persönliches und gemeinsames Wachstum und festigen die Wände Ihrer Beziehung, um jedem Sturm standzuhalten.

Die Grundpfeiler einer gesunden Beziehung bilden das solide Fundament, auf dem Sie eine tiefe und bedeutungsvolle Verbindung aufbauen. Jeder Pfeiler ist entscheidend und miteinander verknüpft, und sie alle arbeiten zusammen, um die Beziehung im Laufe der Zeit zu stützen. Indem Sie diese Pfeiler verstehen und pflegen, investieren Sie in das Wachstum und den Wohlstand Ihrer Beziehung und machen sie widerstandsfähiger gegen die Herausforderungen, die auftauchen können.

DIE EINFLUSS DES SELBSTWERTGEFÜHLS AUF DIE PARTNERWAHL

Selbstwertgefühl ist wie ein Filter, der die Partnerwahl direkt beeinflusst. Wenn Sie eine gesunde Beziehung zu sich selbst haben, neigen Sie eher dazu, Entscheidungen zu treffen, die Ihr Glück und Wohlbefinden wertschätzen.

Hier sind Möglichkeiten, wie das Selbstwertgefühl Ihre Partnerwahl beeinflusst:

Selbstkenntnis

Stellen Sie sich die Selbstkenntnis als den Kompass vor, der Sie auf Ihrer Reise durch die Beziehungswelt leitet. Je besser Sie sich selbst verstehen, desto klarer wird der Weg, den Sie in den Gewässern der Intimität und Verbindung gehen möchten.

Die innere Entdeckungsreise: Selbstkenntnis ist eine innere Reise, die Bereitschaft erfordert, alle Facetten Ihrer selbst zu erkunden. Es ist, als würden Sie eine Karte Ihrer eigenen Gedanken, Ihres Herzens und Ihrer Seele zeichnen. Was sind Ihre tiefsten Leidenschaften? Welche grundlegenden Werte lenken Ihre Entscheidungen? Was sind Ihre Träume und Grenzen? Je tiefer Sie gehen, desto mehr entdecken Sie über Ihre wahre Identität.

Der Spiegel des Selbstwertgefühls: Selbstwertgefühl ist der Spiegel, der Ihre wahre Essenz widerspiegelt. Wenn Sie eine gesunde Beziehung zu sich selbst haben, erkennen Sie klar Ihre Wünsche und Bedürfnisse. Dieser Spiegel reflektiert die Eigenschaften, die Ihnen in einer Beziehung wichtig sind, wie Respekt, offene Kommunikation und gegenseitige Unterstützung. Selbstwertgefühl ist wie das Polieren dieses Spiegels, um sicherzustellen, dass er genau zeigt, wer Sie sind und was Sie suchen.

Erkennen von Kompatibilität und Inkompatibilität: Durch die Entwicklung einer gesunden Beziehung zu sich selbst sind Sie besser in der Lage, die Kompatibilität mit einem potenziellen Partner zu erkennen. Sie können feststellen, ob Ihre Leidenschaften und Werte übereinstimmen, ob es eine echte emotionale Verbindung gibt und ob die Beziehung zu Ihrem persönlichen Wachstum beiträgt. Andererseits werden Sie sich auch mehr bewusst über Anzeichen von Inkompatibilität und schädlichen Mustern.

Aufbau des Beziehungsfundaments: Wenn Sie ein solides Fundament des Selbstwertgefühls aufbauen, schaffen Sie die Grundlage für eine gesunde Beziehung. Sie treten nicht in eine Beziehung ein, um emotionale Lücken zu füllen oder nach externer Bestätigung zu suchen. Stattdessen schließen Sie sich einem Partner an, um Liebe, Wachstum und Freude zu teilen. Selbstwertgefühl hilft Ihnen dabei, gesunde Grenzen zu setzen und Partner auszuwählen, die Ihre Authentizität schätzen.

Der Leuchtturm, der den Weg weist: Stellen Sie sich vor, Ihre Reise durch das Beziehungsozean wird von einem Leuchtturm geleitet. Dieser Leuchtturm ist die Selbstkenntnis, der hell über unsichere Gewässer leuchtet. Er führt Sie bei der Auswahl von Partnern, die an Ihrer Seite in Richtung eines gemeinsamen Horizonts segeln. Je stärker dieser Leuchtturm des Selbstwertgefühls ist, desto klarer erkennen Sie die Konturen von Beziehungen, die wirklich bereichernd sind und mit Ihrem Wesen übereinstimmen.

Vermeiden von toxischen Beziehungen

Stellen Sie sich das Selbstwertgefühl als einen inneren Kompass vor, der Sie durch ein komplexes und oft nebeliges Gelände führt: die Welt der Beziehungen. Dieser Kompass ist entscheidend, um toxische Beziehungen zu identifizieren und zu vermeiden, indem er Ihnen hilft, auf dem richtigen Kurs zu bleiben und Ihre emotionale Gesundheit zu schützen.

Erkennen von Toxizität: Selbstwertgefühl ist wie ein besonderes Paar Brille, das es Ihnen ermöglicht, die Anzeichen toxischer Beziehungen klar zu sehen. Sie sind mit Ihren eigenen Emotionen und Bedürfnissen abgestimmt, was bedeutet, dass Sie erkennen können, wenn etwas nicht stimmt. Diese besonderen Gläser ermöglichen es Ihnen, über die Oberfläche hinauszublicken und Verhaltensmuster zu identifizieren, die langfristig schädlich sein können.

Verbindung mit Ihrer Intuition: Mit Selbstwertgefühl stärken Sie Ihre Verbindung zur Intuition. Diese weise innere Stimme signalisiert oft, wenn etwas in einer Beziehung nicht stimmt. Sie lernen, Ihrer Intuition zu vertrauen und die Zeichen von Unbehagen zu erkennen, die auf eine toxische Umgebung hinweisen können. Diese enge Verbindung zur Intuition ist wie ein Schild, der Sie vor Beziehungen schützt, die Ihr Glück und Wohlbefinden beeinträchtigen können.

Die Courage, sich zurückzuziehen: Selbstwertgefühl gibt Ihnen den Mut, sich von Beziehungen zurückzuziehen, die Sie nicht schätzen oder die schädlich sind. Sie verstehen, dass Sie Respekt, Empathie und Unterstützung verdienen. Dieses tief verwurzelte Verständnis stärkt Ihre Fähigkeit, "Nein" zu Situationen zu sagen, die nicht mit Ihren Werten und Bedürfnissen in Einklang stehen. Sie gefährden nicht Ihr Selbstwertgefühl, um eine Beziehung aufrechtzuerhalten, die Ihre Erwartungen nicht erfüllt.

Festlegen starker Grenzen: Selbstwertgefühl bedeutet, dass Sie klare Grenzen setzen, um Ihr emotionales Wohlbefinden zu schützen. Sie lassen nicht zu, dass jemand diese Grenzen überschreitet, selbst wenn dies bedeutet, sich von einer ungesunden Beziehung zu distanzieren. Klare Grenzen sind ein direkter Ausdruck von Selbstwertgefühl, da sie zeigen, dass Sie Ihr eigenes Wohl an erster Stelle setzen.

Priorisierung Ihres Wohlbefindens: Selbstwertgefühl stellt Ihr Wohlbefinden an vorderster Stelle. Das bedeutet, dass Sie sich weigern, in einer Beziehung zu verharren, die ständig Ihre Energie aufbraucht, Ihr Selbstvertrauen untergräbt oder Sie an Ihrem eigenen Wert zweifeln lässt. Selbstwertgefühl bedeutet, dass Sie der Hüter Ihres eigenen Glücks sind und bereit sind, Maßnahmen zu ergreifen, um es intakt zu halten.

Auswahl nährender Beziehungen: Mit Selbstwertgefühl wählen Sie Beziehungen, die Ihre Seele nähren. Sie suchen Partner, die Sie schätzen, Ihre Ziele unterstützen und eine gesunde emotionale Umgebung teilen. Sie erkennen, dass Sie eine Beziehung verdienen, in der Ihre Authentizität gefeiert wird, Ihre Emotionen respektiert werden und Ihr Wachstum gefördert wird.

Indem Sie mit Selbstwertgefühl durch die Gewässer des Lebens navigieren, schützen Sie Ihren inneren Frieden, stärken Ihr Selbstwertgefühl und stellen sicher, dass Ihre Beziehungen Quellen von Freude, Wachstum und gegenseitigem Respekt sind.

Die Wahl kompatibler Partner

Wenn es darum geht, kompatible Partner auszuwählen, fungiert Selbstliebe als zuverlässiger Leitfaden, der Sie zu Beziehungen lenkt, die Ihrem Leben wirklich Mehrwert bieten. Selbstliebe ist das feste Fundament, auf dem Sie die Grundlagen für eine gesunde und dauerhafte Beziehung aufbauen.

Wertschätzung gesunder Beziehungen: Mit verwurzelter Selbstliebe schätzen Sie Beziehungen, die auf gegenseitigem Respekt, Vertrauen und Wachstum aufbauen. Anstatt externe Bestätigung zu suchen, suchen Sie eine Partnerschaft, die zu Ihrem emotionalen Wohlbefinden beiträgt und Ihre Lebensziele unterstützt. Selbstliebe ermöglicht es Ihnen zu erkennen, dass Sie eine Beziehung verdienen, die feiert, wer Sie sind, anstatt emotionale Lücken oder Unsicherheiten zu füllen.

Die Suche nach tiefer Kompatibilität: Selbstliebe schärft Ihre Fähigkeit, auf tiefgreifender Ebene nach Kompatibilität zu suchen. Sie sind nicht nur an Oberflächlichkeiten interessiert, sondern suchen nach jemandem, der grundlegende Werte, Ziele und

Bestrebungen mit Ihnen teilt. Dieser Wunsch nach tiefer Kompatibilität spiegelt die Selbstliebe wider, da er zeigt, dass Sie nicht bereit sind, sich mit Beziehungen zufriedenzugeben, die nicht mit Ihrer wahren Essenz übereinstimmen.

Erhöhung des Standards für Beziehungen: Selbstliebe erhöht Ihren Standard, wenn es um Beziehungen geht. Sie akzeptieren nicht weniger, als Sie verdienen, und sind bereit, auf den richtigen Partner zu warten, anstatt sich mit jemandem zufriedenzugeben, der Ihre emotionalen und persönlichen Bedürfnisse nicht erfüllt. Selbstliebe ermöglicht es Ihnen zu erkennen, dass Sie eine Beziehung verdienen, die Ihr Leben bereichert und zu Ihrem kontinuierlichen Wachstum beiträgt.

Fokus auf gegenseitigem Wachstum: Bei der Auswahl kompatibler Partner sind Sie mehr am gegenseitigen Wachstum interessiert als an einfacher Bestätigung. Selbstliebe gibt Ihnen die Klarheit zu verstehen, dass eine gesunde Beziehung nicht darin besteht, jemanden zu finden, der alle Ihre Lücken füllt, sondern darin, jemanden zu finden, mit dem Sie gemeinsam wachsen, lernen und sich weiterentwickeln können. Sie möchten einen Partner, der Sie positiv herausfordert und sich für einen kontinuierlichen Wachstumsprozess engagiert.

Vermeidung von Beziehungen aus Bedürftigkeit: Mit Selbstliebe vermeiden Sie die Falle, Beziehungen aus rein emotionaler Bedürftigkeit einzugehen. Anstatt jemanden zu suchen, der Sie "vervollständigt", suchen Sie jemanden, der Ihre Reise ergänzt und Ihr Leben bereichert. Das bedeutet, dass Sie nicht überstürzt in Beziehungen aus Einsamkeit oder Bedürftigkeit eilen, sondern bewusste Entscheidungen treffen, die auf dem basieren, was wirklich zu Ihrem Glück und Wohlbefinden beiträgt.

Die Wahl kompatibler Partner mit Selbstliebe stärkt nicht nur Ihr Selbstwertgefühl, sondern schafft auch die Grundlage für Beziehungen, die bereichernd, respektvoll und erfüllend sind. Selbstliebe ist der Schlüssel zum Aufbau einer liebevollen und gesunden Zukunft, in der Ihre Entscheidungen von Ihrer Fähigkeit geleitet werden, zu erkennen und zu schätzen, was in einer Beziehung wirklich wichtig ist.

Das Festlegen klarer Grenzen

In Beziehungen das Festlegen gesunder Grenzen ist ein direkter Ausdruck von Selbstliebe. Ein klares Verständnis von sich selbst und Ihren Bedürfnissen ermöglicht es Ihnen, Grenzen festzulegen, die Ihr emotionales Wohlbefinden schützen und Ihre Individualität respektieren.

Die Individualität bewahren: Selbstliebe ermöglicht es Ihnen zu erkennen, dass Sie eine einzigartige Person sind, mit individuellen Bedürfnissen, Wünschen und Grenzen. Das Festlegen gesunder Grenzen ist eine Möglichkeit, Ihre Individualität zu schützen und sicherzustellen, dass Sie sich nicht für die Beziehung aufopfern. Dies schafft ein Gleichgewicht, bei dem Sie Ihr Leben mit jemandem teilen können, ohne Ihre Identität zu verlieren.

Ihre eigenen Bedürfnisse respektieren: Selbstliebe bedeutet, dass Sie Ihre eigenen Bedürfnisse genauso schätzen wie die Bedürfnisse Ihres Partners. Durch das Festlegen klarer Grenzen kommunizieren Sie Ihre emotionalen, physischen und mentalen Bedürfnisse. Dies stellt sicher, dass Ihre Bedürfnisse nicht vernachlässigt werden und dass Sie sich selbst pflegen, während Sie in die Beziehung investieren.

Selbstbewusste Kommunikation: Selbstliebe ist entscheidend für selbstbewusste Kommunikation. Sie verstehen, dass Ihre Stimme und Meinungen wichtig sind und gehört werden sollten. Indem Sie Grenzen festlegen, kommunizieren Sie Ihre Grenzen respektvoll und selbstbewusst, was Ihrem Partner hilft, Ihre Erwartungen zu verstehen und Missverständnisse in der Zukunft zu vermeiden.

Realistische Erwartungen: Mit Selbstliebe gehen Sie realistische Erwartungen in eine Beziehung ein. Sie wissen, was Sie akzeptieren und was nicht. Dies schafft von Anfang an eine solide Grundlage für die Beziehung und vermeidet spätere Missverständnisse. Das Festlegen klarer Grenzen hilft auch, die Bildung von Ressentiments aufgrund unerfüllter Erwartungen zu vermeiden.

Verhindern unnötiger Konflikte: Das Festlegen gesunder Grenzen ist eine effektive Möglichkeit, unnötige Konflikte zu verhindern. Indem Sie Ihre Grenzen und Bedürfnisse klar definieren, setzen Sie die Regeln für die Beziehung fest. Dies kann die Wahrscheinlichkeit von Missverständnissen oder dem unbeabsichtigten Überschreiten von Grenzen verringern, was oft zu Konflikten führt.

Förderung gegenseitigen Respekts: Gesunde Grenzen sind ein Ausdruck gegenseitigen Respekts. Sie zeigen, dass Sie Ihre eigenen Bedürfnisse und Erwartungen genauso respektieren wie die Ihres Partners. Wenn beide Partner klare Grenzen haben, entsteht eine Atmosphäre des Respekts, des Verständnisses und der gegenseitigen Rücksichtnahme, was die emotionale Verbindung stärkt.

Das Festlegen gesunder Grenzen ist ein Akt der Selbstliebe, der die Beziehung stärkt und gleichzeitig Ihr eigenes emotionales Wohlbefinden und Wohlergehen schützt. Mit Selbstliebe als Leitfaden können Sie eine Beziehung schaffen, in der sich beide Seiten geschätzt, respektiert und auf ihren individuellen und gemeinsamen Reisen unterstützt fühlen.

Sei authentisch sein

Authentizität ist wie das Licht, das eine Beziehung erhellt und ihre wahren und einzigartigen Farben offenbart. Selbstliebe ist der Schlüssel, um diese Authentizität zu pflegen und aufrechtzuerhalten, was es Ihnen und Ihrem Partner ermöglicht, auf echte und bedeutsame Weise in Beziehung zu treten.

Die Freiheit, Sie selbst zu sein: Wenn Sie sich selbst lieben, verspüren Sie nicht das Bedürfnis, Ihre wahre Identität zu verbergen. Das bedeutet, dass Sie die Freiheit haben, Ihre Gedanken, Emotionen und Ziele ohne Angst vor Bewertung oder Ablehnung zu teilen. Authentizität gedeiht, wenn Sie sich wohl fühlen, Ihr wahres Ich zu zeigen, einschließlich Ihrer Verletzlichkeit und Eigenheiten.

Beseitigung des Bedürfnisses, es jedem Recht zu machen: Selbstliebe befreit Sie von dem Zwang, um jeden Preis zu gefallen. Sie müssen Ihre Persönlichkeit, Interessen oder Werte nicht ändern, um den Erwartungen Ihres Partners gerecht zu werden. Stattdessen schätzen Sie Authentizität und streben eine Beziehung an, in der sich beide Partner unterstützen und akzeptieren, wie sie sind.

Echte Verbindungen: Authentische Beziehungen sind durch echte Verbindungen gekennzeichnet. Wenn Sie und Ihr Partner authentisch sind, teilen Sie echte Teile von sich selbst. Dies schafft eine tiefere Verbindung, da sich beide wirklich gekannt und verstanden fühlen. Authentizität fördert die emotionale Intimität und stärkt die Bindungen.

Wertschätzung der Vielfalt: Selbstliebe hilft Ihnen, die Vielfalt in der Beziehung zu schätzen und zu respektieren. Sie müssen nicht wollen, dass Ihr Partner in jeder Hinsicht genauso ist wie Sie. Stattdessen schätzen Sie die individuellen Unterschiede und sehen diese Unterschiede als Gelegenheiten zum Lernen und gemeinsamen Wachsen.

Verhinderung von Groll: Authentizität verhindert die Bildung von Groll. Wenn Sie Teile von sich selbst verbergen oder entgegen Ihren Werten handeln, kann dies zu Frustration und Grollgefühlen führen. Authentizität verhindert, dass sich diese Grollgefühle aufbauen, da Sie von Anfang an ehrlich sind.

Vertrauen aufbauen: Authentizität ist die Grundlage des Vertrauens. Wenn Sie authentisch sind, zeigen Sie, dass Sie vertrauenswürdig sind, da Sie nichts vor Ihrem Partner verbergen. Dies schafft gegenseitiges Vertrauen, das es beiden ermöglicht, sich sicher zu fühlen, sie selbst zu sein und ihre intimsten Gedanken und Gefühle zu teilen.

Die Kultivierung der Authentizität in einer Beziehung ist ein Akt der Selbstliebe, der sowohl Ihnen als auch Ihrem Partner zugute kommt. Wenn beide wirklich sie selbst sein können, wird die Beziehung zu einem Raum des Wachstums, tiefer Verbindung und bedingungslosen Akzeptanz. Selbstliebe ist der Schlüssel, der die Tür zu einer authentischen und bedeutungsvollen Beziehung öffnet.

Suche nach ergänzenden Beziehungen

Wenn es um Beziehungen geht, ist die Suche nach ergänzenden Beziehungen ein Spiegelbild der Selbstliebe und des tiefen Verständnisses für Ihre eigenen Bedürfnisse und Werte. Hier ist ein genauerer Einblick, wie die Selbstliebe die Suche nach ergänzenden Beziehungen beeinflusst:

Ergänzen, nicht auffüllen: Selbstliebe bedeutet, dass Sie nicht in eine Beziehung eintreten, um emotionale Lücken zu füllen. Stattdessen suchen Sie einen Partner, der Ihr Leben positiv ergänzt. Sie besitzen bereits ein Gefühl der Vollkommenheit in sich selbst und möchten Ihre Reise mit jemandem teilen, der Wert und Freude zu Ihrem Leben hinzufügen kann.

Gegenseitiges Wachstum und Unterstützung: Ergänzende Beziehungen beruhen auf gegenseitigem Wachstum. Wenn Sie sich selbst lieben, möchten Sie bei jemandem sein, der Sie herausfordert zu wachsen und sich weiterzuentwickeln. Sie betrachten die Beziehung als eine Gelegenheit zum Lernen und Bereicherung, wo beide Partner sich gegenseitig in ihren Bestrebungen und Zielen unterstützen können.

Verbindungen auf der Grundlage von Werten: Selbstliebe beeinflusst Sie, nach einem Partner zu suchen, der ähnliche grundlegende Werte teilt. Dies schafft eine solide Grundlage für die Beziehung, da beide in Bezug auf Ethik, Ziele und Lebensansichten auf der gleichen Seite sind. Ergänzende Beziehungen werden auf starken Fundamenten gemeinsamer Werte aufgebaut.

Unabhängigkeit und Intimität: Die Suche nach ergänzenden Beziehungen ist ein Zeichen für emotionale Reife und Selbstliebe. Sie verstehen die Bedeutung der Aufrechterhaltung Ihrer Unabhängigkeit und Identität, selbst wenn Sie Ihr Leben mit jemandem teilen. Dies ermöglicht es beiden Partnern, Momente der Intimität und tiefen Verbindung zu genießen, während sie den Raum und die Individualität des anderen respektieren.

Reduzieren unrealistischer Erwartungen: Wenn Sie sich selbst lieben, neigen Sie weniger dazu, unrealistische Erwartungen an die Beziehung oder den Partner zu stellen. Sie erwarten nicht, dass die andere Person für Ihr Glück verantwortlich ist oder alle Lücken in Ihrem Leben füllt. Dies verringert den Druck auf die Beziehung und schafft einen Raum, in dem sich beide Partner wohl fühlen können, authentisch zu sein.

Harmonie und Wohlbefinden: Ergänzende Beziehungen führen zu einem allgemeinen Gefühl des Wohlbefindens und der Harmonie. Sie fühlen sich nicht emotional überwältigt oder ausgelaugt von der Beziehung, da beide Partner positiv zum Wohlbefinden des anderen beitragen. Das Vorhandensein von Selbstliebe ermöglicht es Ihnen, einen Partner auszuwählen, der zu Ihrem Glück beiträgt, anstatt es zu erschöpfen.

Die Suche nach ergänzenden Beziehungen ist ein Ausdruck des Respekts und der Selbstliebe, die Sie für sich selbst haben. Diese Herangehensweise führt zu ausgewogenen, nährenden und bereichernden Beziehungen, in denen beide Partner in der Lage sind, individuell und gemeinsam zu wachsen. Selbstliebe ist der Kompass, der Sie in Richtung einer Beziehung führt, die Ihr Leben bereichert und echte Freude bringt.

Zu einem gesunden Beziehungsumfeld beitragen

Selbstliebe spielt eine entscheidende Rolle bei Ihrem Beitrag zu einer gesunden Beziehung. Wie Selbstliebe Ihre

Art und Weise, sich in einer Beziehung zu engagieren, beeinflusst:

Liebe teilen, nicht nach Validierung suchen: Wenn Sie Selbstliebe haben, treten Sie in eine Beziehung ein, um nicht nach Validierung zu suchen oder emotionale Lücken zu füllen, sondern um Ihre Liebe und Freude zu teilen. Sie legen nicht die Verantwortung für Ihr Selbstwertgefühl in die Hände Ihres Partners, sondern teilen bedingungslose Liebe und Positivität.

Zum gegenseitigen Wachstum beitragen: Selbstliebe ermöglicht es Ihnen, ein Partner zu sein, der zum gegenseitigen Wachstum beiträgt. Sie streben nicht nur nach persönlichem Wachstum, sondern fördern und unterstützen auch das Wachstum Ihres Partners. Dies schafft eine Umgebung, in der beide lernen, sich weiterentwickeln und die beste Version ihrer selbst werden können.

Geteilte Verantwortung für das Glück: Selbstliebe beeinflusst Ihr Verständnis, dass das Glück nicht allein die Verantwortung Ihres Partners ist. Sie erkennen die Bedeutung, Ihr eigenes Glück und Wohlbefinden aufrechtzuerhalten, anstatt ausschließlich von der Beziehung abhängig zu sein. Dies verringert den Druck auf den Partner und schafft eine Umgebung gegenseitiger emotionaler Unterstützung.

Ausgewogenheit im Geben und Nehmen: Selbstliebe ermöglicht es Ihnen, ein gesundes Gleichgewicht zwischen Geben und Nehmen in der Beziehung zu finden.

Sie verzichten nicht darauf, Ihre eigenen Bedürfnisse zu opfern, um die Ihres Partners zu erfüllen, und erwarten nicht, dass Ihr Partner dasselbe tut. Dies schafft eine Dynamik, in der beide Partner Raum haben, um individuell zu wachsen und Momente der Verbundenheit zu teilen.

Förderung der Selbstakzeptanz: Wenn Sie sich selbst lieben, ist es wahrscheinlicher, dass Sie die Selbstakzeptanz in Ihrer Beziehung fördern. Sie sind bereit, Ihren Partner so zu akzeptieren, wie er ist, ohne ihn versuchen zu ändern, um Ihren eigenen Erwartungen zu entsprechen. Dies schafft einen Raum, in dem beide authentisch und ehrlich zueinander sein können.

Sich selbst pflegen, um die Beziehung zu pflegen: Selbstliebe beinhaltet kontinuierliche Selbstpflege, sowohl emotional als auch physisch. Selbstsorge bedeutet, dass Sie sich in einem gesunden emotionalen und mentalen Zustand befinden, um positiv zur Beziehung beizutragen. Dies hilft, emotionale Erschöpfung zu vermeiden und die Fähigkeit zur konstruktiven Bewältigung der Herausforderungen in der Beziehung zu fördern.

Kommunikation und Verletzlichkeit: Selbstliebe spielt auch eine Rolle in der Art und Weise, wie Sie in einer Beziehung kommunizieren und sich öffnen. Wenn Sie sich selbst lieben, sind Sie eher bereit, verletzlich zu sein und Ihre Gefühle, Gedanken und Ängste mit Ihrem Partner zu teilen. Dies schafft ein Umfeld des Vertrauens und der Intimität, in dem beide auf einer tieferen Ebene in Verbindung treten können.

Gesunde Beziehungen aufzubauen erfordert eine fortlaufende Investition in Liebe, Respekt und Kommunikation. Wenn Sie Selbstliebe besitzen, wählen Sie wahrscheinlich Partner, die Ihr Leben ergänzen, anstatt es zu vervollständigen. Denken Sie daran, dass die Beziehung bei Ihnen selbst beginnt – je mehr Sie sich selbst lieben, desto fähiger sind Sie, Verbindungen zu schaffen, die Ihr emotionales Wachstum und Wohlbefinden fördern.

KAPITEL 7
DEFINIERUNG VON GRENZEN UND DAS AUSSPRECHEN VON "NEIN"

Setzen Sie Grenzen mit Selbstliebe als Leitfaden und sagen Sie "Nein" mit der Stärke eines widerstandsfähigen Herzens.

Das Festlegen von Grenzen und das Aussprechen von "Nein" sind entscheidende Fähigkeiten zur Pflege Ihres emotionalen, mentalen und physischen Wohlbefindens. In diesem Kapitel werden wir die Bedeutung der Festlegung gesunder Grenzen in verschiedenen Lebensbereichen erkunden, verstehen, warum das Aussprechen von "Nein" eine Form der Selbstfürsorge ist, und Strategien zur effektiven Kommunikation Ihrer Grenzen erörtern.

DIE BEDEUTUNG DER FESTLEGUNG VON GRENZEN

Stellen Sie sich Ihre Grenzen wie die Ufer eines Flusses vor, die Ihre inneren Gewässer schützen. Ebenso schützt das Festlegen von Grenzen Ihr Selbstwertgefühl und Ihr emotionales Wohlbefinden. Wenn Sie klare Grenzen setzen, kommunizieren Sie sich selbst und anderen, was in Bezug auf Verhalten, Interaktionen und Erwartungen akzeptabel und respektvoll ist. Hier sind Gründe, warum das Festlegen von Grenzen entscheidend ist, um Ihr Selbstwertgefühl zu bewahren:

Anerkennung Ihres eigenen Selbstwerts: Der Prozess des Festlegens von Grenzen geht weit über das Schaffen physischer oder emotionaler Barrieren hinaus. Er ist tief verwurzelt in der Anerkennung Ihres eigenen Selbstwerts und dem Bewusstsein darüber, was Sie als einzigartiger und wertvoller Mensch verdienen. Indem Sie Grenzen setzen, senden Sie sich selbst und der Welt eine klare

Botschaft: "Ich verdiene Respekt und höfliche Behandlung."

Selbstmitgefühl als Grundlage: Die Anerkennung des eigenen Selbstwerts ist mit Selbstmitgefühl verbunden, das die Praxis beinhaltet, sich selbst mit Freundlichkeit und Mitgefühl zu behandeln, genauso wie Sie es mit einem geliebten Freund tun würden. Wenn Sie Ihre eigenen Grenzen erkennen und sie auf eine bestimmte Art und Weise assertiv kommunizieren, zeigen Sie Selbstmitgefühl und setzen Ihre eigenen Bedürfnisse und Ihr Wohlbefinden an die erste Stelle.

Die Auswirkung auf das Selbstwertgefühl: Das Zulassen, dass andere Ihre Grenzen überschreiten, kann sich nachteilig auf Ihr Selbstwertgefühl auswirken. Dies kann dazu führen, dass Sie sich entwertet, unzureichend und sogar unsichtbar fühlen. Das Festlegen gesunder Grenzen hingegen fördert ein Gefühl von Würde und Selbstwertgefühl. Wenn Sie sich gegen Situationen verteidigen, die Ihre Grenzen nicht respektieren, schützen Sie Ihr Selbstwertgefühl und bewahren Ihre Integrität.

Die Beziehung zwischen Grenzen und Selbststärkung: Das Festlegen von Grenzen ist auch ein Akt der persönlichen Selbststärkung. Es ermöglicht Ihnen, die Kontrolle über die Situationen in Ihrem Leben zu übernehmen und zu wählen, wie Sie behandelt werden möchten. Wenn Sie Grenzen setzen, bekräftigen Sie Ihre Fähigkeit, Entscheidungen zu treffen und Ihre Interaktionen zu gestalten. Dies führt zu einem größeren

Gefühl der Kontrolle über Ihr eigenes Leben und Wohlbefinden.

Durchbrechen alter Muster: Für viele Menschen bedeutet das Festlegen von Grenzen, alte Verhaltensmuster zu durchbrechen. Dies kann die Überwindung tiefsitzender Überzeugungen beinhalten, dass Sie immer versuchen müssen, es anderen Recht zu machen oder Ihre eigenen Bedürfnisse opfern müssen, um akzeptiert zu werden. Indem Sie Ihren eigenen Selbstwert erkennen und Grenzen setzen, fordern Sie diese alten Muster heraus und schaffen ein neues Paradigma, das auf Selbstachtung basiert.

Das Festlegen von Grenzen dient nicht nur dazu, sich vor negativen Situationen zu schützen, sondern ist auch eine Aussage über Selbstliebe und persönlichen Wert. Indem Sie erkennen, dass Sie Respekt und Höflichkeit verdienen, schaffen Sie eine Umgebung, die Ihr Selbstwertgefühl, Ihr emotionales Wohlbefinden und Ihr persönliches Wachstum fördert. Die kontinuierliche Praxis des Festlegens gesunder Grenzen ist ein Akt der Selbstfürsorge, der Ihre Einzigartigkeit ehrt und zu einem ausgewogeneren und erfüllteren Leben beiträgt.

Schutz vor Ausbeutung und Missbrauch

Das Festlegen gesunder Grenzen ist eine grundlegende Verteidigungslinie gegen Ausbeutung, Manipulation und Missbrauch durch andere. Wenn Sie klare Grenzen setzen, umreißen Sie das Gebiet, in dem Sie sich sicher, respektiert und wertgeschätzt fühlen. Dies ist besonders entscheidend in persönlichen, beruflichen und sogar sozialen Beziehungen. Hier sind Schlüsselpunkte darüber, wie gesunde Grenzen Schutz vor Ausbeutung und Missbrauch bieten:

Ermächtigung und Anerkennung des eigenen Werts: Indem Sie Grenzen setzen, bestätigen Sie Ihren eigenen Wert und Ihre Würde. Dies sendet eine klare Botschaft, dass Sie Verhaltensweisen, die Ihre Integrität und Ihr Wohlbefinden verletzen, nicht akzeptieren werden. Diese selbstbewusste Haltung ist ein natürlicher Abschreckungsfaktor für diejenigen, die versuchen könnten, Sie auszunutzen oder zu missbrauchen.

Identifizierung unangemessenen Verhaltens: Das Festlegen von Grenzen hilft Ihnen dabei, unangemessenes Verhalten sofort zu erkennen. Wenn Sie Ihre eigenen Grenzen kennen, können Sie feststellen, wenn jemand diese Grenzen auf unfair oder schädliche Weise überschreitet. Dies gibt Ihnen die Möglichkeit, sofort einzugreifen und sich vor möglicher Ausbeutung zu schützen.

Widerstand gegen Manipulation: Manipulative Menschen suchen oft nach Personen, die Schwierigkeiten haben, Grenzen zu setzen. Auf diese Weise versuchen sie, den Willen der Person zu nutzen, um ihre eigenen Bedürfnisse zu befriedigen. Wenn Sie jedoch geschickt darin sind, klare Grenzen zu setzen, sind Sie weniger anfällig für Manipulation, da Sie nicht zulassen, dass andere Sie dazu bringen, gegen Ihre Wünsche oder Werte zu handeln.

Stärkung Ihrer Autonomie: Gesunde Grenzen fördern Ihre persönliche Autonomie. Sie treffen informierte Entscheidungen darüber, was für Sie akzeptabel ist und was nicht. Dies gewährleistet, dass Sie die Kontrolle über Ihre Handlungen und Entscheidungen haben, anstatt von externen Einflüssen manipuliert zu werden. Wenn Sie die Macht haben, Grenzen zu setzen, verteidigen Sie Ihre Unabhängigkeit.

Schutz für die emotionale und mentale Gesundheit: Ausbeutung und Missbrauch beschränken sich nicht nur auf physische Bereiche. Sie können auch emotional und mental auftreten. Das Festlegen von Grenzen trägt dazu bei, Ihre psychische und emotionale Gesundheit zu schützen, indem sichergestellt wird, dass Sie keinem Verhalten ausgesetzt sind, das Ihr Selbstwertgefühl, Ihr Selbstvertrauen oder Ihr psychisches Wohlbefinden schädigen könnte.

Das Festlegen gesunder Grenzen ist ein wesentlicher Bestandteil zum Schutz Ihres emotionalen, mentalen und physischen Wohlbefindens. Indem Sie Ihre eigenen Grenzen definieren, stellen Sie sich als Hüter Ihrer eigenen Integrität dar. Dies bietet Schutz vor möglicher Ausbeutung, Manipulation oder Missbrauch in verschiedenen Lebensbereichen. Durch das Aufrechterhalten Ihrer Grenzen zeigen Sie, dass Ihr Selbstwertgefühl und Ihre Selbstwertgefühl im Vordergrund stehen und schaffen so eine Umgebung, in der Sie mit Respekt und Würde behandelt werden.

Stärkung des Selbstvertrauens

Die konsequente Praxis, gesunde Grenzen zu setzen und aufrechtzuerhalten, schützt Sie nicht nur vor Ausbeutung und Missbrauch, sondern spielt auch eine entscheidende Rolle bei der Stärkung Ihres Selbstvertrauens. Dieser Prozess der Ermächtigung trägt zu einem positiven Selbstbild und einem Gefühl der Selbstwirksamkeit bei. Hier sind einige Möglichkeiten, wie das Festlegen von Grenzen Ihr Selbstvertrauen stärkt:

Bekräftigung der Authentizität: Wenn Sie Grenzen setzen, bekräftigen Sie tatsächlich Ihre Authentizität und Individualität. Sie kommunizieren der Welt, wer Sie sind und was für Sie wichtig ist. Diese Klarheit und Authentizität erzeugt ein Gefühl des Vertrauens, da Sie sowohl gegenüber sich selbst als auch anderen ehrlich sind.

Praxis der Selbstfürsorge: Das Setzen von Grenzen ist eine greifbare Form der Selbstfürsorge. Sie priorisieren Ihre eigenen Bedürfnisse und Ihr Wohlbefinden, was zeigt, dass Sie es verdienen, mit Respekt behandelt zu werden. Die Selbstfürsorge, selbst wenn dies bedeutet, anderen Personen zu sagen, dass sie Nein sagen müssen, trägt zu einem gesunden Selbstwertgefühl und einem Gefühl des Selbstwertes bei.

Ausübung der Selbstbefähigung: Wenn Sie Grenzen setzen, üben Sie Ihre persönliche Macht aus. Sie erkennen an, dass Sie das Recht und die Autorität haben, Grenzen zu schaffen, die Ihren Frieden, Ihre Energie und Ihre

Werte schützen. Diese Übung der Selbstbefähigung stärkt Ihr Vertrauen, da Sie als aktiver Verfechter Ihrer eigenen Bedürfnisse handeln.

Anerkennung Ihres eigenen Werts: Das Setzen von Grenzen sendet eine kraftvolle Botschaft an sich selbst und andere: Sie schätzen sich selbst. Wenn Sie sich selbst genug schätzen, um nicht zuzulassen, dass andere Sie respektlos behandeln oder Ihre Privatsphäre verletzen, verstärken Sie intern die Idee, dass Sie mit Würde und Respekt behandelt werden sollten.

Entwicklung von Durchsetzungsvermögen: Das Setzen von Grenzen beinhaltet die Praxis von Durchsetzungsvermögen, was die Fähigkeit ist, Ihre Bedürfnisse und Meinungen respektvoll und klar auszudrücken. Je mehr Sie sich in diesen Prozess einbringen, desto mehr verfeinern Sie Ihre Kommunikations- und Durchsetzungsfähigkeiten. Dies stärkt nicht nur Ihr Selbstvertrauen, sondern macht Sie auch besser in der Lage, herausfordernden Situationen zu begegnen.

Schaffung positiver Erfahrungen: Wenn Sie Grenzen setzen und Ihre Bedürfnisse verteidigen, schaffen Sie positivere Erfahrungen für sich selbst. Dazu gehören gesunde Beziehungen, Stress- und Angstreduktion sowie ein größeres Gefühl der Ausgeglichenheit. Diese positiven Erfahrungen tragen zur Entwicklung von Vertrauen bei, da Sie die positiven Ergebnisse sehen, die sich aus Handlungen für Ihr eigenes Wohlbefinden ergeben.

Kreislauf positiver Verstärkung: Das erfolgreiche Setzen von Grenzen schafft einen Kreislauf positiver Verstärkung. Je mehr Sie erkennen, dass Ihr Selbstvertrauen steigt, desto motivierter sind Sie, gesunde Grenzen zu praktizieren. Dieser Kreislauf der Verstärkung festigt weiterhin den Glauben an Ihre eigenen Fähigkeiten und Ihren Wert.

Die Stärkung des Selbstvertrauens ist einer der bedeutendsten Vorteile des Setzens von gesunden Grenzen. Indem Sie Ihre Authentizität bekräftigen, Selbstfürsorge praktizieren, Selbstbefähigung ausüben und Ihren eigenen Wert anerkennen, schaffen Sie eine solide Grundlage für ein positives Selbstbild und langanhaltendes Selbstvertrauen. Mit jeder Grenzfestlegung nähren Sie tatsächlich Ihr Selbstvertrauen und bestätigen Ihre Fähigkeit, Entscheidungen zu treffen, die Ihr Wohlbefinden fördern und Ihre wahre Identität respektieren.

Vermeidung von Überlastung und Ressentiments

Das Festlegen gesunder Grenzen ist nicht nur eine Form des emotionalen Selbstschutzes, sondern spielt auch eine entscheidende Rolle bei der Vermeidung von Überlastung und der Entstehung von Ressentiments. Wenn Sie klare Grenzen setzen und Ihre Bedürfnisse auf assertive Weise kommunizieren, schützen Sie effektiv Ihre Energie und Ihr Wohlbefinden. Hier sind Möglichkeiten, wie das Festlegen von Grenzen Überlastung und Ressentiments verhindert:

Energieerhalt: Das Festlegen von Grenzen ist wie das Schaffen eines Schutzschildes, das Ihre Energie erhält. Sie legen vernünftige Mengen an Zeit und Ressourcen für Aktivitäten und Verpflichtungen fest, die für Sie am wichtigsten sind. Durch die Vermeidung von Überlastung durch übermäßige Verpflichtungen steht Ihnen mehr Energie zur Verfügung, um in Bereiche zu investieren, die wirklich wichtig sind, was das Gefühl ständiger Erschöpfung reduziert.

Fokus auf Prioritäten: Das Festlegen von Grenzen priorisiert Ihre eigenen Bedürfnisse und Ziele. Dies hilft Ihnen, Ihre Aufmerksamkeit auf das zu lenken, was wirklich wichtig ist, anstatt sich in viele verschiedene Richtungen zu verzetteln. Dies verhindert die geistige Überlastung, die entsteht, wenn man versucht, alles gleichzeitig zu erledigen, und hilft Ihnen, den Fokus auf Ihre wirklichen Ziele zu behalten.

Vermeidung von übermäßigen Verpflichtungen: Wenn Sie keine klaren Grenzen setzen, besteht die Tendenz, zu viele Verpflichtungen einzugehen, oft aus Angst, andere zu enttäuschen. Dies kann zu einer Überlastung an Aufgaben und Verantwortlichkeiten führen, die Ihre Lebensqualität beeinträchtigen können. Durch das Festlegen von Grenzen vermeiden Sie übermäßige Verpflichtungen und treffen Entscheidungen, die besser mit Ihren Prioritäten in Einklang stehen.

Reduzierung von Stress und Angst: Die Überlastung aufgrund des Mangels an Grenzen kann zu hohem Stress und Angst führen. Wenn Sie sich ständig unter Druck fühlen, Verpflichtungen und Forderungen zu erfüllen, wirkt sich dies negativ auf Ihre geistige und emotionale Gesundheit aus. Das Festlegen klarer Grenzen verringert den Druck und schafft Raum für Selbstfürsorge und Gelassenheit.

Aufrechterhaltung des Gleichgewichts: Das Festlegen von Grenzen hilft, ein gesundes Gleichgewicht zwischen Arbeit, persönlichem Leben und Beziehungen aufrechtzuerhalten. Durch die Vermeidung einer Überlastung in einem bestimmten Bereich kümmern Sie sich um alle wichtigen Bereiche Ihres Lebens. Dies verhindert, dass ein Bereich übermäßig viel Ihrer Energie beansprucht, und trägt zu Ihrem allgemeinen Wohlbefinden bei.

Vermeidung von Ressentiments: Wenn Sie Ihre eigenen Grenzen immer wieder überschreiten, um den Bedürfnissen anderer gerecht zu werden, laufen Sie Gefahr, Ressentiments zu entwickeln. Ressentiments entstehen, wenn Sie sich ungerecht behandelt oder nicht geschätzt fühlen, weil Sie immer nachgeben. Durch das Festlegen von Grenzen und die Kommunikation Ihrer Bedürfnisse vermeiden Sie die Ansammlung von Ressentiments, die Beziehungen und Ihre emotionale Gesundheit beeinträchtigen können.

Schaffung von Raum für Selbstfürsorge: Das Festlegen von Grenzen schafft Raum für Selbstfürsorge. Wenn Sie die Überlastung durch Verpflichtungen und Verantwortlichkeiten vermeiden, haben Sie mehr Zeit und Energie, um Aktivitäten zu widmen, die Ihre Energie aufladen, wie Hobbys, Meditation oder einfach nur Entspannung. Dies trägt zu einer größeren emotionalen Ausgeglichenheit bei und reduziert das Risiko von Erschöpfung.

Das Festlegen gesunder Grenzen ist eine effektive Strategie, um Überlastung und Ressentiments in Ihrem Leben zu vermeiden. Sie schützen Ihr emotionales und mentales Wohlbefinden, bewahren Ihre Energie und richten Ihre Aufmerksamkeit auf Ihre Prioritäten. Darüber hinaus schützen Sie Ihr Selbstwertgefühl und stellen sicher, dass Ihre Bedürfnisse und Werte respektiert werden. Das Ergebnis ist ein ausgewogeneres, befriedigenderes Leben, das Ihren persönlichen Zielen besser entspricht.

Verbesserung der Beziehungen

Das Festlegen gesunder Grenzen stärkt nicht nur Ihr Selbstwertgefühl und Ihr Wohlbefinden, sondern hat auch einen signifikanten Einfluss auf die Verbesserung der zwischenmenschlichen Beziehungen. Wenn Sie auf klare und durchsetzungsfähige Weise über Ihre Bedürfnisse und Erwartungen kommunizieren, schaffen Sie eine Umgebung des gegenseitigen Respekts und des Verständnisses. Hier sind Möglichkeiten, wie das

Festlegen gesunder Grenzen Ihre Beziehungen verbessern kann:

Transparente Kommunikation: Durch das Festlegen von Grenzen fördern Sie eine transparente und offene Kommunikation. Dies verhindert Missverständnisse und Verwirrungen, die auftreten können, wenn Erwartungen nicht klar sind. Wenn Sie Ihre Bedürfnisse und Grenzen direkt ausdrücken, schaffen Sie Raum für ehrlichen Dialog und eine solide Grundlage für die Beziehung.

Gegenseitiger Respekt: Das Festlegen von Grenzen ist ein Akt der Selbstachtung, zeigt aber auch Respekt gegenüber anderen. Wenn Sie Ihre Grenzen kommunizieren, geben Sie anderen eine klare Vorstellung davon, wie Sie behandelt werden möchten. Dies schafft eine Atmosphäre gegenseitigen Respekts, in der sich beide Seiten wertgeschätzt und gehört fühlen.

Vermeidung unnötiger Konflikte: Viele Konflikte in Beziehungen entstehen aus unerfüllten Erwartungen und überschrittenen Grenzen. Wenn Sie von Anfang an klare Grenzen setzen und sie deutlich kommunizieren, verringern Sie die Wahrscheinlichkeit unnötiger Konflikte. Dies schafft eine harmonischere Umgebung, in der Meinungsverschiedenheiten vermieden oder konstruktiver gelöst werden können.

Vertrauensbildung: Wenn Sie Ihre Grenzen setzen und einhalten, bauen Sie Vertrauen bei anderen auf. Sie wissen, dass sie sich auf Sie verlassen können, um ehrlich über Ihre Bedürfnisse und Erwartungen zu sein, was eine solide Vertrauensbasis schafft. Dies ermutigt andere dazu, auch ihre eigenen Bedürfnisse und Anliegen zu teilen.

Förderung authentischer Beziehungen: Das Festlegen gesunder Grenzen fördert authentische Beziehungen. Wenn Sie auf ehrliche und durchsetzungsfähige Weise kommunizieren, ermöglichen Sie anderen, Sie wirklich kennenzulernen. Dies trägt dazu bei, tiefere und bedeutsamere Verbindungen zu schaffen, in denen beide Seiten authentisch und verwundbar sein können, ohne Angst vor Beurteilung.

Anerkennung individueller Unterschiede: Das Festlegen von Grenzen erkennt auch individuelle Unterschiede an. Jeder Mensch hat seine eigenen Bedürfnisse, Werte und Grenzen, und indem Sie Grenzen setzen, zeigen Sie Akzeptanz und Verständnis für diese Unterschiede. Dies schafft eine inklusive Umgebung, in der sich alle für das geschätzt fühlen, was sie sind.

Förderung der Harmonie: Beziehungen, die auf gesunden Grenzen aufbauen, neigen dazu, harmonischer zu sein. Die beteiligten Parteien verstehen ihre Verantwortlichkeiten und Erwartungen, was die Wahrscheinlichkeit von Missverständnissen minimiert. Dies fördert eine ruhigere und kooperative Umgebung, in der sich alle auf die gemeinsame Zeit konzentrieren können.

Förderung des gemeinsamen Wachstums: Das Festlegen gesunder Grenzen ermöglicht ein gemeinsames Wachstum. Wenn Grenzen respektiert werden, hat jede Person Raum für individuelles Wachstum, während die Beziehung als Ganzes ebenfalls wächst. Dies schafft eine positive Dynamik, in der sich beide Seiten bei der Verfolgung ihrer Ziele und Bestrebungen unterstützen.

Das Festlegen gesunder Grenzen ist nicht nur eine Frage des Selbstwertgefühls, sondern hat auch einen signifikanten Einfluss auf zwischenmenschliche Beziehungen. Die klare Kommunikation von Bedürfnissen und Erwartungen schafft eine Umgebung des Respekts, des Vertrauens und der Harmonie. Dies fördert den Aufbau authentischer und bedeutsamer Beziehungen, in denen beide Seiten gemeinsam wachsen und sich entwickeln können. Denken Sie daran, dass das Festlegen von Grenzen nicht nur dazu dient, sich selbst zu schützen, sondern auch dazu, stärkere und gesündere Verbindungen zu anderen Menschen aufzubauen.

KOMMUNIZIEREN SIE IHRE BEDÜRFNISSE AUF EINE SELBSTBEWUSSTE WEISE

Selbstbewusste Kommunikation ist eine Fähigkeit, die es ermöglicht, Ihre Bedürfnisse und Wünsche klar und respektvoll auszudrücken, ohne Aggressivität oder Passivität. Hier sind Strategien zur selbstbewussten Kommunikation Ihrer Bedürfnisse:

Kennen Sie Ihre Bedürfnisse und Grenzen

Bevor Sie ein Gespräch über die Festlegung von Grenzen und die Kommunikation Ihrer Bedürfnisse beginnen, ist es entscheidend, dass Sie ein tiefes Verständnis Ihrer eigenen Bedürfnisse und Grenzen haben. Dieses Selbstverständnis bildet die Grundlage für eine selbstbewusste und effektive Kommunikation. Hier sind Wege, wie Sie Ihre Bedürfnisse und Grenzen erkennen können:

Erkunden Ihrer Bedürfnisse: Um Grenzen zu setzen und Ihre Bedürfnisse zu kommunizieren, ist es entscheidend, dass Sie zunächst identifizieren, was Sie brauchen. Dies erfordert eine innere Erkundung Ihrer Emotionen, Wünsche, Werte und Prioritäten. Nehmen Sie sich Zeit, um sich mit Ihren Gefühlen zu verbinden und zu verstehen, was für Sie in einer Beziehung, sei es emotional, körperlich, mental oder spirituell, wirklich wichtig ist.

Reflektieren über Ihre Grenzen: Neben dem Kennen Ihrer Bedürfnisse ist es ebenso wichtig, Ihre Grenzen festzulegen. Dies beinhaltet das Verständnis darüber, wie weit Sie in Bezug auf Verpflichtungen, die Verfügbarkeit von Zeit, das Niveau der Intimität und die Toleranz gegenüber bestimmten Verhaltensweisen gehen möchten. Fragen Sie sich, was für Sie akzeptabel ist und Ihre persönlichen Grenzen überschreiten würde.

Selbsterkenntnis und Selbstwertgefühl: Der Prozess des Erkennens Ihrer Bedürfnisse und Grenzen ist eng mit

Ihrem Selbstwertgefühl verbunden. Je mehr Sie sich selbst kennen, desto mehr zeigen Sie den Respekt, den Sie vor sich selbst haben. Dies stärkt Ihr Selbstwertgefühl und ermöglicht es Ihnen, mit Vertrauen und Selbstbewusstsein in Beziehungen einzutreten. Wenn Sie sich Ihrer Verdienste und Bedürfnisse bewusst sind, sind Sie in der Lage, dies anderen respektvoll mitzuteilen.

Erkunden von vergangenen Erfahrungen: Das Betrachten Ihrer vergangenen Erfahrungen kann auch bei der Identifizierung Ihrer Bedürfnisse und Grenzen helfen. Denken Sie über frühere Beziehungen und Situationen nach, die Sie sich unwohl, unglücklich oder respektlos gefühlt haben. Dies kann wertvolle Erkenntnisse über die Arten von Situationen oder Verhaltensweisen liefern, die Sie in Zukunft vermeiden oder anders angehen möchten.

Die Bedeutung von Selbstempathie: Während Sie Ihre Bedürfnisse und Grenzen erkunden, ist es entscheidend, Selbstempathie zu praktizieren. Dies bedeutet, sich selbst mit Freundlichkeit und Verständnis zu behandeln, anstatt sich für Ihre Entscheidungen und Gefühle zu verurteilen oder zu kritisieren. Verstehen Sie, dass Ihre Bedürfnisse gültig sind und Beachtung finden sollten. Selbstempathie trägt dazu bei, Ihre Fähigkeit zu stärken, Ihre Bedürfnisse ruhig und respektvoll zu kommunizieren.

Regelmäßige Reflexion üben: Selbstkenntnis und das Verständnis Ihrer Bedürfnisse und Grenzen sind ein fortlaufender Prozess. Mit der Zeit und Entwicklung können sich Ihre Bedürfnisse ändern. Daher ist es wichtig, regelmäßig Zeit für Selbstbewertung zu reservieren, über Ihre Beziehungen nachzudenken und Ihre Grenzen bei Bedarf anzupassen.

Die Kenntnis Ihrer Bedürfnisse und Grenzen gibt Ihnen nicht nur eine solide Grundlage für eine selbstbewusste Kommunikation, sondern fördert auch eine gesündere Beziehung zu sich selbst. Dies ist entscheidend für das Festlegen effektiver Grenzen und das klare und respektvolle Kommunizieren Ihrer Bedürfnisse gegenüber anderen. Durch Hingabe an diesen Prozess der Selbsterkundung werden Sie ermächtigt, authentischere und erfüllendere Beziehungen aufzubauen.

Wählen Sie den passenden Zeitpunkt

Die Wahl des richtigen Zeitpunkts, um Ihre Bedürfnisse zu kommunizieren, ist ein wesentlicher Teil der selbstbewussten Kommunikation. Dies beeinflusst nicht nur, wie Ihre Nachrichten aufgenommen werden, sondern kann auch den Erfolg des Gesprächs bestimmen. Die Bedeutung der Wahl des richtigen Zeitpunkts:

Berücksichtigung von Emotionen und Umständen: Einer der wichtigsten Faktoren bei der Wahl des richtigen Zeitpunkts, um Ihre Bedürfnisse anzusprechen, ist die Berücksichtigung der Emotionen und Umstände sowohl Ihrer selbst als auch der anderen Person. Vermeiden Sie es, sensible oder wichtige Themen anzusprechen, wenn Sie oder die andere Person emotional aufgeladen, gestresst oder verärgert sind. In solchen Momenten sind die Chancen auf eine konstruktive Kommunikation gering, und das Gespräch kann leicht in einen Konflikt übergehen.

Suchen eines geeigneten Umfelds: Das Finden einer geeigneten Umgebung für das Gespräch ist gleichermaßen wichtig. Ein ruhiger, privater Ort, an dem sich beide auf das Gespräch konzentrieren können, eignet sich am besten, um wichtige Bedürfnisse zu kommunizieren. Vermeiden Sie Ablenkungen oder Unterbrechungen, die die Qualität des Gesprächs beeinträchtigen können. Wenn möglich, wählen Sie einen Zeitpunkt, an dem beide entspannt sind und Zeit für die Diskussion haben.

Vermeiden öffentlicher Konfrontationen: Vermeiden Sie es, heikle oder persönliche Themen in der Öffentlichkeit oder in Anwesenheit anderer anzusprechen. Dies kann Unbehagen verursachen und den emotionalen Stress erhöhen, was es für beide Seiten schwierig macht, sich offen und verständnisvoll auszudrücken.

Verwendung von Bereitschaftssignalen: In einigen Fällen ist es hilfreich, auf Anzeichen zu achten, dass die andere Person bereit ist, an einem ernsthaften Gespräch teilzunehmen. Wenn die Person offen, entspannt und bereit erscheint, zu kommunizieren, kann dies ein gutes Zeichen dafür sein, dass der Zeitpunkt angemessen ist. Andererseits, wenn die Person beschäftigt, abgelenkt oder angespannt wirkt, ist es ratsam, das Gespräch auf einen günstigeren Zeitpunkt zu verschieben.

Vorausplanung: Die Planung des Gesprächs im Voraus kann ebenfalls dabei helfen, den richtigen Zeitpunkt auszuwählen. Sie können sogar der anderen Person mitteilen, dass Sie darüber sprechen möchten, und fragen, wann es für sie günstig wäre. Dies zeigt Respekt für die Zeit und den emotionalen Zustand der anderen Person und schafft eine empfänglichere Gesprächsatmosphäre.

Erinnerung an den Zweck des Gesprächs: Das Festhalten an dem Zweck des Gesprächs ist entscheidend bei der Auswahl des richtigen Zeitpunkts. Fragen Sie sich, warum Sie diese Bedürfnisse kommunizieren und was Sie mit dem Gespräch erreichen möchten. Dies kann Ihnen helfen, zu bewerten, ob der aktuelle Zeitpunkt angemessen ist oder ob es besser wäre, auf eine günstigere Gelegenheit zu warten.

Die Wahl des richtigen Zeitpunkts, um Ihre Bedürfnisse zu kommunizieren, zeigt Ihre Rücksichtnahme auf das emotionale Wohlbefinden beider Seiten. Dies erhöht die Wahrscheinlichkeit, dass das Gespräch positiv aufgenommen wird und konstruktiv verläuft. Denken Sie daran, dass selbstbewusste Kommunikation nicht nur darauf abzielt, was Sie sagen, sondern auch auf den Kontext, in dem Sie wählen, Ihre Bedürfnisse auszudrücken.

Verwenden Sie klare und direkte Sprache

Die Art und Weise, wie Sie Ihre Bedürfnisse ausdrücken, spielt eine entscheidende Rolle für die

Wirksamkeit der selbstbewussten Kommunikation. Die Verwendung klarer und direkter Sprache ist entscheidend, um sicherzustellen, dass Ihre Botschaften ohne Missverständnisse verstanden werden. Die Bedeutung der Verwendung klarer und direkter Sprache:

Vermeidung von Mehrdeutigkeiten: Bei der Kommunikation ist es entscheidend, Mehrdeutigkeiten zu vermeiden. Verwenden Sie klare und eindeutige Wörter und Phrasen. Vermeiden Sie übermäßig komplexe Sprache, Fachjargon oder vage Ausdrücke, die Raum für Missverständnisse lassen könnten. Je klarer Ihre Sprache ist, desto weniger Raum gibt es für Missverständnisse.

Seien Sie präzise und prägnant: Kommunizieren Sie präzise und prägnant. Anstatt viele Worte zu verwenden, kommen Sie direkt zur Sache. Dies erleichtert nicht nur das Verständnis, sondern hält auch den Fokus auf der Hauptnachricht. Verwenden Sie kurze und einfache Sätze, um Ihre Bedürfnisse effektiv zu vermitteln.

Verwenden von konkreten Beispielen: Bei der Kommunikation Ihrer Bedürfnisse sollten Sie konkrete Beispiele verwenden, um das zu veranschaulichen, was Sie sagen. Dies macht die Kommunikation greifbarer und hilft der anderen Person, die Situation besser zu verstehen. Beispiele können auch dazu beitragen, Missverständnisse zu vermeiden, da konkrete Situationen leichter verständlich sind.

Vermeidung von Vagheit und Verallgemeinerungen: Vermeiden Sie vage Begriffe oder Verallgemeinerungen, die Verwirrung stiften könnten. Anstatt etwas zu sagen wie "Manchmal habe ich das Gefühl, dass du mich nicht verstehst", sollten Sie konkreter sein, zum Beispiel: "Wenn wir über meine Arbeit sprechen, habe ich das Gefühl, dass du meine Anliegen nicht hörst."

Überprüfen des Verständnisses: Nachdem Sie Ihre Bedürfnisse kommuniziert haben, ist es eine gute Praxis, zu überprüfen, ob die andere Person Ihr Anliegen richtig verstanden hat. Sie können dies tun, indem Sie fragen: "Macht das für dich Sinn?" oder "Verstehst du, was ich zu vermitteln versuche?". Dies gibt der anderen Person die Möglichkeit, etwaige Unklarheiten zu klären.

Vermeidung von aggressiver Sprache: Obwohl Klarheit wichtig ist, ist es ebenso wichtig, aggressive oder dominante Sprache zu vermeiden. Bedenken Sie, dass das Ziel der selbstbewussten Kommunikation darin besteht, Ihre Bedürfnisse respektvoll und konstruktiv auszudrücken. Aggressive Sprache kann Abwehrreaktionen bei der anderen Person auslösen und die Qualität des Gesprächs beeinträchtigen.

Überarbeitung und Verfeinerung: Bei der Kommunikation können Sie sich Ihre Worte schnell überdenken, um sicherzustellen, dass Ihre Sprache klar und direkt ist. Manchmal kann das Umstellen eines Satzes oder die Auswahl anderer Wörter Ihre Botschaft verständlicher machen.

Geduld zeigen: Wenn die andere Person Schwierigkeiten hat, Ihre Botschaft zu verstehen, zeigen

Sie Geduld. Erklären Sie es auf eine andere Weise oder verwenden Sie weitere Beispiele, um sicherzustellen, dass Ihre Bedürfnisse angemessen kommuniziert werden. Klare Kommunikation erfordert Empathie und die Bereitschaft, sicherzustellen, dass alle auf derselben Seite sind.

Die Verwendung klarer und direkter Sprache ist eine effektive Möglichkeit, sicherzustellen, dass Ihre Bedürfnisse genau verstanden werden. Dies hilft, Missverständnisse zu verhindern und trägt zu einer erfolgreichen selbstbewussten Kommunikation bei.

Behalten Sie den Fokus auf sich selbst

Ein grundlegender Ansatz zur selbstbewussten Kommunikation besteht darin, den Fokus auf sich selbst zu behalten. Dies bedeutet, Ihre Emotionen, Gedanken und Wünsche auszudrücken, ohne andere zu beschuldigen oder zu beschuldigen. Dadurch schaffen Sie eine offene Kommunikationsumgebung, in der die andere Person eher bereit ist, Ihre Bedürfnisse zu hören und zu verstehen. Hier sind Möglichkeiten, wie Sie während der Kommunikation den Fokus auf sich selbst behalten können:

Vermeiden von Schuldzuweisungen und Vorwürfen: Wenn Sie jemanden für eine Situation beschuldigen oder beschuldigen, ist es wahrscheinlicher, dass die Person in die Defensive geht. Dies kann zu einem unproduktiven Gespräch führen, in dem beide Seiten mehr darauf bedacht sind, sich zu verteidigen, anstatt das Problem zu lösen. Indem Sie den Fokus auf sich selbst behalten, vermeiden Sie den Schuld- und Vorwurfkreislauf und ermöglichen, dass das Gespräch konstruktiver verläuft.

Ausdruck von Gefühlen und Bedürfnissen: Anstatt etwas wie "Du machst immer alles falsch" zu sagen, können Sie sagen "Ich fühle mich frustriert, wenn die Dinge nicht so laufen, wie geplant". Das Ausdrücken Ihrer persönlichen Gefühle und Bedürfnisse hilft der anderen Person, zu verstehen, wie ihre Handlungen oder Worte sich auf Sie auswirken. Dies schafft eine empathischere Grundlage für das Gespräch.

Förderung von Empathie und Verständnis: Wenn Sie Ihre Gefühle und Bedürfnisse teilen, laden Sie die andere Person ein, sich in Ihre Lage zu versetzen. Dies fördert Empathie und Verständnis, da die andere Person beginnt, die Situationen aus Ihrer Perspektive zu sehen. Dies kann zu einer kooperativeren Diskussion und der Suche nach gegenseitig zufriedenstellenden Lösungen führen.

Transparenz und Authentizität bewahren: Indem Sie sich auf sich selbst konzentrieren, können Sie in der Kommunikation authentisch und transparent sein. Sie drücken Ihre wahre Erfahrung aus, und dies schafft Vertrauen in das Gespräch. Emotionale Ehrlichkeit ist ein wesentlicher Bestandteil der selbstbewussten Kommunikation, und die Konzentration auf sich selbst trägt dazu bei, diese zu fördern.

Vermeiden von Urteilen und Kritik: Wenn Sie den Fokus auf sich selbst behalten, vermeiden Sie es, Urteile über die andere Person zu fällen oder Kritik zu äußern. Dies schafft einen Raum, in dem beide Seiten sich wohl fühlen können, offen zu teilen, ohne Angst davor zu haben, bewertet oder kritisiert zu werden. Die Kommunikation wird stärker auf Problemlösung und das Verständnis unterschiedlicher Perspektiven ausgerichtet.

Verwenden von "Ich"-Aussagen: Eine praktische Strategie, um den Fokus auf sich selbst zu behalten, besteht darin, Aussagen zu verwenden, die mit "Ich" beginnen. Dies hilft zu betonen, dass Sie Ihre eigenen Erfahrungen und Wahrnehmungen teilen, anstatt die Verantwortung auf andere zu übertragen. "Ich"-Aussagen sind auch weniger bedrohlich und werden wahrscheinlich positiver aufgenommen.

Hervorhebung der Zusammenarbeit: Wenn der Fokus auf Ihnen liegt, laden Sie die andere Person ein, sich Ihnen bei der Suche nach Lösungen anzuschließen. Dies schafft ein Gefühl der Zusammenarbeit, bei dem beide Seiten gemeinsam an der Lösung eines Problems oder der Erfüllung eines Bedürfnisses arbeiten. Die Kommunikation wird konstruktiver und ergebnisorientierter.

Indem Sie während der Kommunikation den Fokus auf sich selbst behalten, schaffen Sie eine Umgebung, in der Ihre Bedürfnisse effektiver verstanden und erfüllt werden können. Dies legt eine solide Grundlage für die Beilegung von Konflikten, gemeinsame Entscheidungsfindung und den Aufbau gesünderer Beziehungen.

Verwenden Sie "ich" anstelle von "du"

Die Art und Weise, wie wir unsere Worte während eines Gesprächs wählen, kann einen erheblichen Unterschied in der Art und Weise ausmachen, wie die Botschaft empfangen wird. Eine äußerst effektive Strategie, um Ihre Bedürfnisse selbstbewusst auszudrücken, besteht darin, Aussagen zu verwenden, die mit "ich" anstelle von "du" beginnen. Dieser Ansatz legt den Fokus auf Ihre eigenen Emotionen und Erfahrungen, anstatt den Finger auf die andere Person zu zeigen. Die Verwendung von "ich" anstelle von "du" in der Kommunikation:

Vermeiden von Angriffen und Schuldzuweisungen: Wenn wir Aussagen verwenden, die mit "du" beginnen, kann es so aussehen, als ob wir die andere Person beschuldigen oder anklagen. Dies kann zu sofortiger Verteidigung und angespannten Gesprächen führen. Zum Beispiel klingt die Aussage "Du hilfst mir nie im Haushalt" wie ein Angriff. Durch die Verwendung von "ich" verschiebt sich der Schwerpunkt darauf, wie Sie sich fühlen und was Sie brauchen, was die Kommunikation weniger bedrohlich macht.

Ausdruck persönlicher Emotionen: Die Verwendung von "ich" ermöglicht es Ihnen, Ihre eigenen persönlichen Emotionen direkter auszudrücken. Zum Beispiel, die Aussage "Ich fühle mich verletzt, wenn wir keine Zeit miteinander verbringen" kommuniziert, wie Sie sich fühlen, und öffnet Raum für ein einfühlsameres

Gespräch. Persönliche Emotionen sind schwer zu widerlegen, da sie Ihre echten Erfahrungen sind.

Betonung der individuellen Wahrnehmung: Aussagen, die mit "ich" beginnen, heben hervor, dass Sie Ihre individuelle Wahrnehmung der Situation teilen. Dies verhindert, dass die andere Person das Gefühl hat, beurteilt oder kritisiert zu werden. Indem Sie mitteilen, wie Sie die Dinge wahrnehmen, laden Sie die andere Person ein, Ihre Sichtweise zu verstehen, anstatt sich angegriffen zu fühlen.

Förderung des gegenseitigen Verständnisses: Durch die Verwendung von "ich" kommunizieren Sie Ihre eigenen Bedürfnisse und Perspektiven und schaffen so eine offene Gesprächsumgebung. Dies fördert das gegenseitige Verständnis, da die andere Person eher bereit ist, konstruktiv zuzuhören und zu reagieren. Die Kommunikation wird weniger defensiv und mehr auf die Problemlösung ausgerichtet.

Schaffung eines Kooperationsraums: Aussagen, die mit "ich" beginnen, sind weniger konfrontativ und fördern eher die Schaffung eines Kooperationsraums. Durch die persönliche Äußerung Ihrer Bedürfnisse laden Sie die andere Person ein, sich Ihnen bei der Suche nach einer Lösung anzuschließen. Dies kann zu produktiveren Gesprächen und zur Suche nach gemeinsamen Lösungen führen.

Authentizität und Transparenz: Die Verwendung von "ich" anstelle von "du" ist eine Möglichkeit, in der

Kommunikation authentisch und transparent zu sein. Sie teilen Ihre eigenen Erfahrungen und Gefühle, was eine Vertrauens- und Ehrlichkeitsgrundlage schafft. Dies ermöglicht es der anderen Person, Ihre Aufrichtigkeit zu erkennen und Raum für eine authentischere Diskussion zu schaffen.

Indem Sie die Strategie anwenden, "ich" anstelle von "du" in der Kommunikation zu verwenden, bauen Sie eine solide Grundlage für das selbstbewusste Äußern Ihrer Bedürfnisse und Emotionen auf. Dieser Ansatz fördert einen respektvolleren, einfühlsameren und konstruktiveren Dialog, der zu gesunden Beziehungen und effektiver Kommunikation beiträgt.

Sei fest, aber respektvoll

Wenn es darum geht, Ihre Bedürfnisse selbstbewusst auszudrücken, ist es entscheidend, das Gleichgewicht zwischen Festigkeit und Respekt zu finden. Fest zu sein bedeutet nicht, aggressiv zu sein, und respektvoll zu sein bedeutet nicht, passiv zu sein. Wie Sie einen festen und respektvollen Ansatz bei der Äußerung Ihrer Bedürfnisse anwenden:

Grenzen festlegen: Fest zu sein bedeutet, Ihre Bedürfnisse klar und ohne Zögern zu kommunizieren. Sie setzen eine gesunde Grenze dafür, was akzeptabel ist und was nicht. Denken Sie jedoch daran, dass Festigkeit nicht dasselbe ist wie Starrheit. Sie können Ihre Position selbstbewusst vertreten, ohne unflexibel zu sein.

Beruhigender Tonfall: Ein ruhiger und kontrollierter Tonfall ist entscheidend, um Ihre Bedürfnisse respektvoll zu kommunizieren. Vermeiden Sie es, den Ton zu verschärfen oder aggressive Sprache zu verwenden. Ein ruhiger Ton trägt dazu bei, das Gespräch auf dem richtigen emotionalen Niveau zu halten und schafft eine Umgebung, die besser für das Verständnis geeignet ist.

Konflikte und persönliche Angriffe vermeiden: Wenn Sie fest sind, vermeiden Sie es, in die Falle von Konfrontationen zu geraten. Konzentrieren Sie sich auf Fragen und Bedürfnisse, anstatt die andere Person anzugreifen. Persönliche Kritik und Angriffe können zu Abwehrreaktionen und negativer Kommunikation führen. Konzentrieren Sie sich auf Handlungen oder Verhalten, nicht auf die Person selbst.

Überzeugung respektvoll ausdrücken: Fest zu sein bedeutet, Ihre Überzeugungen und Ihr Vertrauen in Ihre Bedürfnisse auszudrücken, ohne die Perspektive der anderen Person herabzusetzen. Zeigen Sie, dass Sie Ihre eigenen Bedürfnisse und Erwartungen ernst nehmen, aber auch bereit sind, zuzuhören und die Sichtweise der anderen Person zu verstehen.

Bereitschaft zum Dialog: Fest zu sein bedeutet nicht, die Tür für den Dialog zu schließen. Seien Sie bereit, zuzuhören, was die andere Person zu sagen hat, und Lösungen zu finden. Die Festigkeit sollte nicht die Möglichkeit blockieren, gemeinsame Lösungen zu finden oder zu einer Vereinbarung zu gelangen, die beiden Seiten gerecht wird.

Empathie praktizieren: Beim Festsein ist es auch wichtig, Empathie zu praktizieren. Versetzen Sie sich in die Lage der anderen Person und versuchen Sie, ihre Anliegen oder Perspektiven zu verstehen. Empathie fördert eine mitfühlendere und respektvollere Kommunikation, auch wenn Sie fest in der Verteidigung Ihrer Bedürfnisse sind.

Respektieren unterschiedlicher Meinungen: Nicht immer werden alle mit Ihren Bedürfnissen oder Grenzen einverstanden sein. In solchen Fällen bedeutet Festigkeit, Ihre Position respektvoll aufrechtzuerhalten, auch wenn es unterschiedliche Meinungen gibt. Seien Sie bereit, ruhig Ihre Gründe zu erklären und die Standpunkte anderer anzuhören, während der gegenseitige Respekt erhalten bleibt.

Förderung konstruktiver Lösungen: Ein fester und respektvoller Ansatz bei der Kommunikation Ihrer Bedürfnisse trägt zu einer konstruktiven Konfliktlösung bei. Sie zeigen, dass Sie sich für Ihre Bedürfnisse einsetzen, aber auch bereit sind, zusammenzuarbeiten, um Lösungen zu finden, die beiden Seiten zugutekommen. Dies fördert die Zusammenarbeit und das Verständnis.

Indem Sie Festigkeit mit Respekt in Einklang bringen, bauen Sie eine Grundlage für effektive Kommunikation und die gesunde Vertretung Ihrer Bedürfnisse auf. Dies trägt zu harmonischeren Beziehungen und konstruktiver Konfliktlösung bei.

Seien Sie offen für Verhandlungen

Wenn es darum geht, Ihre Bedürfnisse selbstbewusst zu kommunizieren, ist die Bereitschaft zur Verhandlung eine grundlegende Einstellung. Effektive Kommunikation geht nicht nur darum, Ihre eigenen Bedürfnisse auszudrücken, sondern auch darum, die Sichtweise der anderen Person zu hören und gemeinsam Lösungen zu finden, die beiden Seiten gerecht werden. Die Bedeutung der Offenheit für Verhandlungen:

Die Kraft der gegenseitigen Kommunikation: Kommunikation ist kein Einbahnstraßenprozess; es ist ein Austausch zwischen zwei Personen. Die Bereitschaft, zuzuhören, was die andere Person zu sagen hat, ist entscheidend für einen gesunden Dialog. Verhandeln beinhaltet den Austausch von Perspektiven, Interessen und Anliegen beider Seiten, um einen Konsens zu finden.

Respekt für die Bedürfnisse beider Seiten: Durch die Offenheit für Verhandlungen zeigen Sie Respekt für die Bedürfnisse und Perspektiven der anderen Person. Dies schafft eine Umgebung, in der sich beide Seiten wertgeschätzt und gehört fühlen. Verhandlung geht nicht darum, dass eine Seite gewinnt und die andere verliert, sondern darum, ein Gleichgewicht zu finden, das beiden dient.

Erkunden kreativer Lösungen: Verhandeln geht nicht nur darum, nachzugeben oder Kompromisse einzugehen; es kann auch eine Gelegenheit sein, kreative Lösungen zu finden, die beide Seiten auf innovative Weise zufriedenstellen. Durch die Offenheit für verschiedene Möglichkeiten können Sie Lösungen finden, die ursprünglich vielleicht nicht in Betracht gezogen wurden.

Vermeidung starrer Positionen: Die Offenheit für Verhandlungen hilft dabei, starre oder unflexible Positionen zu vermeiden. Dies ermöglicht es Ihnen, Ihre eigenen Erwartungen und Bedürfnisse basierend auf dem Feedback der anderen Person anzupassen. Verhandlung fördert eine Haltung der Flexibilität und Anpassungsfähigkeit, die für gesunde Beziehungen wesentlich ist.

Aufbau gegenseitigen Verständnisses: Effektive Verhandlungen fördern gegenseitiges Verständnis. Durch das Zuhören der Anliegen und Perspektiven der anderen Person bauen Sie eine Grundlage für tiefere und bedeutungsvollere Kommunikation auf. Dies trägt zu harmonischeren Beziehungen und konstruktiver Konfliktlösung bei.

Überwindung von Blockaden: In einigen Fällen können Verhandlungen zu Pattsituationen oder Meinungsverschiedenheiten führen. Die Offenheit für Verhandlungen beinhaltet jedoch auch die Bereitschaft, Wege zur Überwindung dieser Blockaden zu erkunden. Manchmal erfordert dies mehr Zeit, um verschiedene Optionen zu prüfen oder Kompromisse zu finden, die für beide Seiten funktionieren.

Fokus auf Lösungen: Während der Verhandlungen ist es wichtig, den Fokus auf Lösungen und zugrunde liegende Bedürfnisse zu legen. Vermeiden Sie es, an starren Positionen festzuhalten oder sich in unproduktive Diskussionen zu verwickeln. Konzentrieren Sie sich darauf, Möglichkeiten zu finden, die Bedürfnisse beider Seiten zu erfüllen und konstruktiv voranzukommen.

Lernen und Wachstum: Die Offenheit für Verhandlungen ist eine Gelegenheit zum Lernen und Wachsen. Sie können wertvolle Einblicke in die andere Person und in die Zusammenarbeit gewinnen. Dieser Ansatz ermöglicht es Ihnen auch, Ihre Kommunikations- und Konfliktlösungsfähigkeiten zu verbessern.

Durch die Offenheit für Verhandlungen bauen Sie eine Beziehung auf, die auf gegenseitigem Verständnis, Zusammenarbeit und Respekt basiert. Dieser Ansatz trägt zu einer gesünderen Kommunikation bei und fördert die Schaffung von Lösungen, die den Bedürfnissen beider Seiten gerecht werden.

Üben Sie Empathie

Empathie ist eine entscheidende Fähigkeit, wenn es darum geht, Ihre Bedürfnisse selbstbewusst zu kommunizieren. Es beinhaltet die Fähigkeit, sich in die Lage der anderen Person zu versetzen, ihre Gefühle und Perspektiven zu verstehen und einfühlsam und mitfühlend zu reagieren. Durch das Üben von Empathie während der Kommunikation schaffen Sie eine Umgebung des gegenseitigen Verständnisses und Respekts. Die Bedeutung des Praktizierens von Empathie bei der Kommunikation Ihrer Bedürfnisse:

Aufbau bedeutsamer Verbindungen: Empathie ist eine kraftvolle Möglichkeit, bedeutsame Verbindungen zu anderen Menschen aufzubauen. Wenn Sie sich bemühen, die Gefühle und Perspektiven der anderen Person zu verstehen, zeigen Sie ein echtes Interesse an ihrem Wohlergehen. Dies stärkt die Grundlage der Beziehung und fördert eine positivere Kommunikation.

Förderung von Offenheit: Durch das Üben von Empathie ermutigen Sie die andere Person, sich wohl dabei zu fühlen, ihre Gefühle und Perspektiven zu teilen. Wenn Menschen spüren, dass sie gehört und verstanden werden, sind sie eher bereit, sich offen auszudrücken. Dies trägt zu einer ehrlicheren und transparenteren Kommunikation bei.

Vermeidung von Missverständnissen: Empathie hilft, Missverständnisse und falsche Interpretationen zu vermeiden. Wenn Sie sich in die Lage der anderen Person versetzen, sind Sie besser darauf vorbereitet zu erkennen, ob Ihre Worte oder Handlungen möglicherweise anders interpretiert werden könnten, als Sie beabsichtigt haben. Dies verringert das Risiko von Konflikten und Missverständnissen.

Respekt für unterschiedliche Perspektiven: Jeder Mensch hat seine eigenen Erfahrungen, Werte und Überzeugungen, die seine Weltsicht beeinflussen. Empathie zu praktizieren bedeutet, diese Unterschiede anzuerkennen und zu respektieren. Sie müssen nicht mit der anderen Person übereinstimmen, können jedoch ihre

Perspektive respektieren und nach Gemeinsamkeiten suchen.

Aufbau von Vertrauen: Empathie trägt zum Aufbau von Vertrauen bei. Wenn Menschen das Gefühl haben, dass Sie sich um ihre Gefühle und Perspektiven kümmern, neigen sie dazu, Ihnen zu vertrauen. Dies ist besonders wichtig bei der Kommunikation von Bedürfnissen, da Vertrauen eine positive und offene Reaktion erleichtert.

Verringerung der Abwehrhaltung: Das Üben von Empathie hilft dabei, Abwehrreaktionen in schwierigen Gesprächen zu reduzieren. Wenn Sie zeigen, dass Sie sich der Gefühle der anderen Person bewusst sind, ist sie weniger anfällig, sich angegriffen oder verurteilt zu fühlen. Dies fördert einen konstruktiveren Dialog.

Schaffen einer Umgebung des gegenseitigen Respekts: Empathie schafft eine Umgebung des gegenseitigen Respekts, in der sich beide Seiten wertgeschätzt und gehört fühlen. Dies fördert die Offenheit, Bedürfnisse und Anliegen auf ehrlichere Weise zu teilen. Wenn sich jede Person verstanden fühlt, wird die Kommunikation produktiver.

Förderung von Kooperation und Zusammenarbeit: Empathie fördert Kooperation und Zusammenarbeit. Wenn Sie zeigen, dass Sie bereit sind, die Gefühle der anderen Person zu verstehen, ist sie eher bereit, sich an gemeinsamen Anstrengungen zur Lösungsfindung zu beteiligen. Dies ist besonders nützlich bei der Bewältigung komplexer oder konfliktreicher Situationen.

Förderung eines tieferen Verständnisses: Durch das Üben von Empathie suchen Sie ein tieferes Verständnis für die Gefühle und Anliegen der anderen Person. Dies ermöglicht es Ihnen, effektiver zu kommunizieren, indem Sie die zugrunde liegenden Fragen angehen und auf die tatsächlichen Bedürfnisse eingehen.

Das Üben von Empathie während der Kommunikation stärkt nicht nur Beziehungen, sondern fördert auch eine Atmosphäre des Verständnisses, des Respekts und der Zusammenarbeit. Empathie ist ein leistungsstarkes Werkzeug, um eine sinnvolle Verbindung zu anderen Menschen herzustellen und eine gesunde Kommunikationsumgebung zu schaffen.

Seien Sie konsequent

Grenzen zu setzen und Bedürfnisse selbstbewusst zu kommunizieren, ist keine einmalige Veranstaltung, sondern eine fortlaufende Praxis, die im Laufe der Zeit Konstanz erfordert. Konstanz ist entscheidend für die Aufrechterhaltung gesunder Beziehungen sowie für die Bewahrung Ihres Selbstwertgefühls und Ihrer emotionalen Wohlbefinden. Die Bedeutung der Konstanz bei der Festlegung von Grenzen:

Zeigen von Integrität: Konsequenz in Bezug auf Ihre Grenzen und Bedürfnisse zeigt Ihre Integrität. Wenn Sie Ihr Wort halten und die Grenzen einhalten, die Sie festgelegt haben, erkennen andere, dass Sie vertrauenswürdig und respektabel sind. Dies stärkt das Vertrauen in Ihre Interaktionen.

Schaffen klarer Erwartungen: Konstanz schafft klare Erwartungen für andere. Wenn Menschen wissen, dass Sie immer im Einklang mit Ihren Werten und Grenzen handeln werden, neigen sie dazu, diese Grenzen zu respektieren. Dies vermeidet auch Unklarheiten und Missverständnisse.

Respekt für Ihre emotionale Gesundheit: Wenn Sie konsistent Ihre Grenzen einhalten, priorisieren Sie Ihre emotionale Gesundheit. Dies verhindert, dass Sie sich mit übermäßigen Verpflichtungen oder Situationen überlasten, die nicht mit Ihren Werten in Einklang stehen. Konstanz ist ein Akt der Selbstfürsorge.

Vermeiden von Verwirrung und Konflikten: Fehlende Konstanz kann zu Verwirrung und Konflikten führen. Wenn Sie Grenzen zu einem Zeitpunkt setzen und Verstöße zu einem anderen Zeitpunkt zulassen, kann dies Unsicherheit und Groll hervorrufen. Konstanz vermeidet Missverständnisse und trägt zur Harmonie in Beziehungen bei.

Stärkung des Selbstwertgefühls: Konstanz stärkt Ihr Selbstwertgefühl. Wenn Sie konsequent Ihre Bedürfnisse und Werte verteidigen, senden Sie sich selbst die Botschaft, dass Sie wertgeschätzt werden und Respekt verdienen. Dies trägt zu einem positiven Selbstbild bei.

Erhaltung des gegenseitigen Respekts: Konstanz hilft dabei, den gegenseitigen Respekt in Beziehungen aufrechtzuerhalten. Wenn andere erkennen, dass Sie konsequent Ihre Grenzen einhalten, sind sie eher bereit, diese Grenzen zu respektieren. Dies schafft eine Umgebung, in der alle respektvoll behandelt werden.

Förderung gesunder Beziehungen: Konstanz ist ein Schlüsselbestandteil für gesunde Beziehungen. Beziehungen, die auf gegenseitigem Respekt und Vertrauen basieren, werden oft auf der Grundlage von Konstanz aufgebaut. Dies ermöglicht es den Menschen, sich in der Beziehung sicher und wertgeschätzt zu fühlen.

Förderung des persönlichen Wachstums: Die konsequente Praxis, Grenzen zu setzen und Bedürfnisse selbstbewusst zu kommunizieren, fördert auch das persönliche Wachstum. Wenn Sie sich um Konstanz bemühen, entwickeln Sie Kommunikationsfähigkeiten, Selbstkenntnis und Selbstkontrolle. Dies trägt zur eigenen Entwicklung bei.

Spiegelt Ihr Engagement für gesunde Beziehungen wider: Konstanz spiegelt Ihr Engagement für gesunde und respektvolle Beziehungen wider. Indem Sie Ihre Grenzen und Bedürfnisse konsequent einhalten, senden Sie die Botschaft, dass Sie die Qualität Ihrer Interaktionen schätzen und bereit sind, im Einklang mit diesen Werten zu handeln.

Letztendlich stärkt die Konstanz bei der Festlegung von Grenzen und der selbstbewussten Kommunikation von Bedürfnissen nicht nur Beziehungen, sondern stärkt auch Ihr Selbstwertgefühl, fördert gegenseitiges

Verständnis und trägt zu einer gesunden und respektvollen Umgebung bei. Durch die Konstanz investieren Sie in Ihr eigenes Wohlbefinden und die Qualität Ihrer Beziehungen.

Fürchte dich nicht vor dem "Nein"

"Nein" zu sagen ist eine entscheidende Fähigkeit in der selbstbewussten Kommunikation und beim Setzen gesunder Grenzen. Obwohl es herausfordernd sein kann, ist es wichtig zu bedenken, dass "Nein" zu sagen, wenn notwendig, nicht unhöflich, egoistisch oder negativ ist. Tatsächlich ist es eine kraftvolle Möglichkeit, Ihre emotionale Gesundheit zu schützen, klare Grenzen zu setzen und Ihre eigenen Bedürfnisse zu priorisieren. Warum man keine Angst vor dem "Nein" haben sollte:

Selbstermächtigung: "Nein" zu sagen ist ein Akt der Selbstermächtigung. Wenn Sie Ihren Wunsch ausdrücken, an etwas, das nicht mit Ihren Werten übereinstimmt, nicht teilzunehmen, übernehmen Sie die Kontrolle über Ihr eigenes Leben und Ihre Entscheidungen. Dies stärkt Ihr Selbstwertgefühl und Ihr Autonomiegefühl.

Verteidigung Ihrer Grenzen: "Nein" zu sagen, ist eine Möglichkeit, Ihre Grenzen und Bedürfnisse zu verteidigen. Wenn Sie sich auf etwas verpflichten, das Sie nicht möchten, ermöglichen Sie anderen, Ihre Grenzen zu überschreiten. "Nein" zu sagen, hilft dabei, diese Grenzen aufrechtzuerhalten und zeigt, dass Sie für sich selbst sorgen.

Priorisierung der emotionalen Gesundheit: Die Priorisierung Ihrer emotionalen Gesundheit ist wesentlich, und "Nein" zu sagen, wenn notwendig, ist ein wichtiger Schritt in diesem Prozess. Wenn Sie sich durch übermäßige Verpflichtungen, Stress oder emotionale Erschöpfung belastet fühlen, ist "Nein" zu sagen, eine Möglichkeit, Ihr geistiges und emotionales Wohlbefinden zu schützen.

Selbstachtung: "Nein" zu sagen, ist ein Akt der Selbstachtung. Wenn Sie Verpflichtungen oder Situationen ablehnen, die nicht für Sie geeignet sind, kommunizieren Sie, dass Sie sich schätzen und Respekt verdienen. Dies sendet eine starke Botschaft darüber, wie Sie behandelt werden möchten.

Klarheit in der Kommunikation: Direkt und respektvoll "Nein" zu sagen, ist eine Form klarer Kommunikation. Dies vermeidet Unklarheiten und Missverständnisse. Wenn Sie ehrlich zu Ihren Begrenzungen und Verfügbarkeit sind, haben die Menschen um Sie herum ein klares Verständnis Ihrer Entscheidungen.

Festlegung von Prioritäten: "Nein" zu sagen, ermöglicht es Ihnen, Prioritäten festzulegen, die mit Ihren Werten und Zielen im Einklang stehen. Das bedeutet, dass Sie Ihre Energie auf Aktivitäten und Beziehungen lenken können, die für Sie bedeutsamer und befriedigender sind.

Vermeidung von Groll: Das Akzeptieren von unerwünschten Verpflichtungen oder Situationen führt oft zu Groll und Frustration. Respektvolles "Nein" zu sagen, verhindert, dass Sie sich überfordert oder in Situationen gefangen fühlen, die nicht zu Ihrem Wohlbefinden beitragen.

Förderung authentischer Beziehungen: "Nein" zu sagen, wenn es notwendig ist, fördert auch authentische Beziehungen. Dies ermöglicht es Ihnen, in Ihren Interaktionen ehrlich und transparent zu sein. Die Menschen um Sie herum werden Ihre Aufrichtigkeit respektieren und wahrscheinlich selbst authentischer sein.

Schaffung eines Umfelds gegenseitigen Respekts: Indem Sie "Nein" auf selbstbewusste und respektvolle Weise sagen, setzen Sie einen Maßstab für gesunde und respektvolle Kommunikation. Dies schafft eine Umgebung, in der die Menschen um Sie herum Ihre Entscheidungen anerkennen und schätzen, was zu harmonischeren Beziehungen führt.

Förderung der Selbstfürsorge: "Nein" zu sagen, wenn es notwendig ist, ist eine Form der Selbstfürsorge. Dies zeigt, dass Sie bereit sind, Ihre eigenen Bedürfnisse an die erste Stelle zu setzen und sich selbst zu kümmern. Dies ist entscheidend, um ein gesundes Gleichgewicht zwischen Ihren Verpflichtungen und Ihrem eigenen Wohlbefinden aufrechtzuerhalten.

Zusammenfassend gesagt, "Nein" zu sagen ist ein integraler Bestandteil selbstbewusster Kommunikation und des Setzens gesunder Grenzen. Es ist keine Ablehnung gegenüber anderen, sondern ein Akt der Selbstfürsorge, Selbstachtung und des Schutzes Ihrer emotionalen Gesundheit. Die Courage, "Nein" zu sagen, wenn es notwendig ist, ist ein Ausdruck von Stärke und Selbstkenntnis.

Das Setzen von Grenzen und das Aussprechen von 'Nein' sind wesentliche Bestandteile eines gesunden und ausgeglichenen Lebens. Indem Sie Ihre eigenen Bedürfnisse priorisieren und Ihre Grenzen selbstbewusst kommunizieren, schützen Sie Ihr emotionales, mentales und körperliches Wohlbefinden. Denken Sie daran, dass 'Nein' zu sagen ein Akt der Selbstliebe und Selbstachtung ist. Durch die Beherrschung dieser Fähigkeiten schaffen Sie eine Umgebung, in der Ihre Bedürfnisse erfüllt werden, Ihre Beziehungen respektvoller sind und Sie die Freiheit haben, ein authentisches und sinnvolles Leben zu führen.

KAPITEL 8
SELBSTLIEBE IM ALLTAG PFLEGEN

Die Selbstliebe wird durch jede Entscheidung gestärkt, die Ihre Identität wertschätzt.

Die Pflege der Selbstliebe ist eine fortwährende Verpflichtung, die tägliche Übung und ständige Aufmerksamkeit erfordert. Die Reise zur Entwicklung einer gesunden Beziehung zu sich selbst ist voller Selbsterkenntnis, Selbstreflexion und Selbstfürsorge. In diesem Kapitel werden wir tiefer eintauchen und herausfinden, wie Sie diese lebenslange Praxis in Ihre tägliche Routine integrieren können, indem Sie kleine Gewohnheiten annehmen, die Ihr Selbstwertgefühl und Ihr Wohlbefinden bereichern.

KLEINE GEWOHNHEITEN, DIE IHRE SELBSTBEZIEHUNG NÄHREN

Unsere Selbstbeziehung wird durch tägliche Interaktionen aufgebaut. Das Einbeziehen der folgenden kleinen Gewohnheiten kann diese Beziehung auf sinnvolle Weise stärken:

Akzeptanz und Selbstliebe im Alltag

Die Selbstakzeptanz ist ein Akt tiefgreifender Selbstliebe. Jeden Morgen damit zu beginnen, sich selbst genau so anzunehmen, wie man ist, ist eine kraftvolle Praxis, die Ihre Beziehung zu sich selbst nährt. Überlegungen dazu, wie Sie die tägliche Selbstakzeptanz kultivieren können:

Selbstmitgefühl praktizieren: Selbstmitgefühl bedeutet, sich selbst mit der gleichen Freundlichkeit und

Verständnis zu behandeln, die Sie einem geliebten Freund entgegenbringen würden. Wenn selbstkritische Gedanken auftauchen, erinnern Sie sich daran, mit sich selbst genauso sanft umzugehen, wie Sie es mit jemandem tun würden, den Sie lieben.

Qualitäten und Unvollkommenheiten akzeptieren: Selbstakzeptanz bedeutet, alle Teile von sich selbst anzunehmen, sowohl die Qualitäten, die Sie schätzen, als auch die Unvollkommenheiten, die Sie haben. Erkennen Sie, dass Menschsein gleichbedeutend mit Unvollkommenheit ist und dass Ihre Fehler Teil Ihres Weges sind.

Begrenzende Überzeugungen herausfordern: Identifizieren und hinterfragen Sie begrenzende Überzeugungen, die dazu führen, dass Sie selbstkritisch sind. Oft sind diese Überzeugungen aus vergangenen Erfahrungen internalisiert. Das Hinterfragen dieser Überzeugungen hilft dabei, ein gesünderes Selbstbild aufzubauen.

Selbstvertrauen aufbauen: Selbstakzeptanz ist eng mit Selbstvertrauen verbunden. Indem Sie Ihre Fähigkeiten und Erfolge anerkennen und schätzen, legen Sie eine solide Grundlage für Selbstvertrauen und die positive Bewältigung von Herausforderungen.

Den Wachstumsprozess zulassen: Anerkennen Sie, dass persönliches Wachstum damit einhergeht, aus Fehlern zu lernen und sich durch Erfahrungen weiterzuentwickeln. Selbstakzeptanz bedeutet nicht, sich niederzulassen, sondern sich auf gesunde Weise weiterzuentwickeln.

Verständnis für die geteilte Menschlichkeit entwickeln: Verstehen Sie, dass jeder seine inneren Kämpfe und Herausforderungen hat. Das Verständnis, dass Sie nicht allein in Ihren Erfahrungen sind, kann dazu beitragen, Mitgefühl für sich selbst zu entwickeln.

Geduld üben: Selbstakzeptanz ist ein kontinuierlicher Prozess. Seien Sie geduldig mit sich selbst, während Sie daran arbeiten, eine liebevollere und positivere Beziehung zu sich selbst aufzubauen. Fortschritte geschehen allmählich.

Emotionale Widerstandsfähigkeit entwickeln: Indem Sie Ihre Emotionen akzeptieren und sich erlauben, sie zu fühlen, entwickeln Sie emotionale Widerstandsfähigkeit. Akzeptieren Sie, dass Gefühle der Verletzlichkeit ebenfalls zu Ihrer Menschlichkeit gehören.

Die tägliche Selbstakzeptanz ist eine Investition in Ihr emotionales und mentales Wohlbefinden. Denken Sie daran, dass Sie es wert sind, geliebt und respektiert zu werden, genau so, wie Sie sind. Wenn Sie diese Wahrheit verinnerlichen, stärken Sie Ihre Grundlage der Selbstliebe und bauen ein positives und belastbares Selbstbild auf.

Positive Affirmationen

Positive Affirmationen sind ein wertvolles Werkzeug zur Umschulung deines Geistes und zur Förderung deiner Selbstliebe. Indem du positive Affirmationen in deine tägliche Routine integrierst, gehst du konkrete Schritte, um deine Beziehung zu dir selbst zu transformieren. Wie man positive Affirmationen effektiv verwendet:

Auf Beweisen basierende Affirmationen: Formuliere Affirmationen, die auf realen Erfolgen und Qualitäten basieren. Dies macht die Affirmationen überzeugender und hilft, die innere Negativität zu bekämpfen.

Wähle realistische Affirmationen: Suche dir Affirmationen aus, die zu dir passen und realistisch sind. Übertriebene Affirmationen können schwer zu glauben sein. Sei freundlich zu dir selbst und gestalte Affirmationen, die mit deinen Zielen und Werten übereinstimmen.

Übe regelmäßige Wiederholung: Kontinuierliche Praxis ist entscheidend. Nimm dir täglich zu einer bestimmten Zeit Zeit, um deine Affirmationen aufzusagen. Das kann morgens, abends oder immer dann sein, wenn du es für nötig hältst. Je öfter du sie wiederholst, desto tiefer verankern sich diese Affirmationen in deinem Geist.

Positive Visualisierung: Wenn du deine Affirmationen aufsagst, versuche, dir die positive Realität vorzustellen, die sie repräsentieren. Stelle dir vor, wie du selbstbewusst Herausforderungen meisterst, Selbstliebe ausdrückst und erfolgreich bist. Diese Visualisierung stärkt die Verbindung zwischen den Affirmationen und positiven Gefühlen.

Verwende die Gegenwartssprache: Formuliere deine Affirmationen in der Gegenwart, als ob sie bereits geschehen würden. Dies hilft, die Vorstellung zu festigen, dass du diese positiven Eigenschaften bereits in dein Leben integrierst.

Kombiniere Affirmationen mit Emotionen: Beim Aufsagen deiner Affirmationen versuche, eine emotionale Verbindung zu ihnen herzustellen. Spüre die positive Wirkung jeder Affirmation auf dein Selbstwertgefühl und Selbstvertrauen. Das macht die Praxis kraftvoller.

Vielfalt und Rotation: Im Laufe der Zeit kannst du verschiedene Affirmationen für unterschiedliche Lebensbereiche erstellen. Dies hilft dabei, verschiedene selbstkritische Überzeugungen anzugehen und eine positivere und umfassendere Denkweise zu entwickeln.

Schriftliche Aufzeichnung: Das Führen eines Tagebuchs für Affirmationen kann hilfreich sein. Notiere deine täglichen Affirmationen und beobachte im Laufe der Zeit, wie sich deine Gefühle und Gedanken in Bezug auf dich selbst entwickeln.

Beharrlichkeit und Geduld: Genau wie bei jeder Veränderung der Denkweise erfordert die Praxis von Affirmationen Beharrlichkeit und Geduld. Lass dich nicht entmutigen, wenn du nicht sofort die Auswirkungen spürst. Mit der Zeit werden diese Affirmationen zu einem natürlichen Bestandteil deiner Denkweise.

Anpassung an Veränderungen: Mit deinem Wachstum und Fortschritt können sich auch deine Affirmationen ändern. Sei offen dafür, deine Affirmationen anzupassen, um deinen Fortschritt und neue Ziele widerzuspiegeln.

Integration in den Alltag: Zusätzlich zur festgelegten Zeit, um Affirmationen aufzusagen, kannst du sie auch in deinen täglichen Ablauf integrieren. Sage deine Affirmationen beim Duschen, beim Sporttreiben oder während alltäglichen Aufgaben.

Die konsequente Praxis positiver Affirmationen führt zu einer allmählichen Veränderung deiner Denkweise. Mit der Zeit wirst du einen signifikanten Unterschied darin bemerken, wie du dich selbst siehst und wie du mit dir selbst umgehst.

Feiern von Erfolgen

Die Praxis des Feierns Ihrer Erfolge ist eine greifbare Möglichkeit, Ihr Selbstwertgefühl zu pflegen und eine positive Beziehung zu sich selbst aufzubauen. Das Feiern geht über die reine Anerkennung hinaus; es stärkt Ihr Selbstvertrauen, motiviert Sie und etabliert einen positiven Kreislauf von Errungenschaften. Wie Sie das Feiern Ihrer Erfolge optimal nutzen können:

Feiern Sie den Fortschritt, nicht nur die endgültigen Ergebnisse: Beschränken Sie Ihre Feierlichkeiten nicht nur auf große Errungenschaften. Anerkennen Sie auch den Fortschritt, den Sie auf Ihrem Weg machen. Jeder abgeschlossene Schritt, jede überwundene Hürde verdient es, gefeiert zu werden.

Setzen Sie Erfolgsmeilensteine: Legen Sie konkrete und messbare Ziele fest. Wenn Sie diese Meilensteine erreichen, gönnen Sie sich eine Feier. Dies schafft ein Gefühl von Zweck und Richtung auf Ihrer Reise.

Anerkennung kleiner Siege: Manchmal finden wir in den kleinen Alltagssiegen große Bedeutung. Anerkennen Sie, wenn Sie sich Ihren Ängsten stellen, Fristen einhalten oder Herausforderungen meistern. Jeder kleine Sieg ist ein Schritt zu einem stärkeren Selbstwertgefühl.

Feiern Sie die Kontinuität: Beständigkeit ist eine wertvolle Tugend. Seien Sie konsequent in Ihren Bemühungen und feiern Sie Ihre anhaltende Hingabe. Dies hilft, ein solides Fundament für Ihr Selbstvertrauen aufzubauen.

Behalten Sie ein Aufzeichnung von Erfolgen: Das Führen eines Erfolgstagebuchs ist eine großartige Möglichkeit, Ihren Fortschritt zu verfolgen. Notieren Sie alle Ihre Errungenschaften, groß und klein. Wenn Sie sich herausgefordert fühlen, können Sie Ihr Tagebuch überprüfen, um sich daran zu erinnern, wie viel Sie bereits erreicht haben.

Bedeutsames Feiern: Finden Sie Wege zu feiern, die zu Ihren Vorlieben und Ihrer Persönlichkeit passen. Es kann ein besonderes Abendessen, eine entspannte Nachmittag, ein Moment der Besinnung oder eine Aktivität sein, die Freude bringt.

Teilen Sie Ihre Erfolge: Das Teilen Ihrer Erfolge mit engen Freunden oder Ihrer Familie kann ebenfalls befriedigend sein. Sie können mit Ihnen feiern und die Positivität um Ihre Errungenschaften verstärken.

Gesunden Stolz entwickeln: Entwickeln Sie einen gesunden Stolz in Ihren Errungenschaften. Dies bedeutet, Ihre Anstrengungen und Verdienste anzuerkennen, ohne in übermäßigen Egoismus zu verfallen. Gesunder Stolz trägt zu Ihrem Selbstwertgefühl und Ihrer Selbstachtung bei.

Akzeptieren Sie Komplimente: Wenn andere Ihre Erfolge loben, akzeptieren Sie diese Komplimente mit Dankbarkeit. Vermeiden Sie es, Ihre Errungenschaften herunterzuspielen oder Lob abzulehnen. Dies hilft, Ihre Fähigkeit zu internalisieren.

Verwenden Sie das Feiern als Motivation: Schauen Sie zurück auf frühere Feiern, wenn Sie neuen Herausforderungen gegenüberstehen. Das gibt Ihnen eine Extra-Portion Motivation und erinnert Sie daran, dass Sie in der Vergangenheit Hindernisse überwunden haben.

Langfristige Feiern: Neben den unmittelbaren Feierlichkeiten nehmen Sie sich Zeit, um langfristige Erfolge zu feiern. Dies kann ein Jubiläum, ein beruflicher Meilenstein oder ein über einen längeren Zeitraum erreichtes Ziel sein.

Reflexion und Dankbarkeit: Beim Feiern nehmen Sie sich einen Moment Zeit, um über Ihre Geschichte nachzudenken. Anerkennen Sie die harte Arbeit, die gelernten Lektionen und die Menschen, die Sie unterstützt haben. Dankbarkeit verstärkt die positiven Gefühle rund um Ihre Erfolge.

Die kontinuierliche Praxis, Ihre Erfolge zu feiern, schafft eine emotional positive Umgebung in Ihnen. Dies stärkt das Selbstwertgefühl, das Gefühl der Selbstwertschätzung und motiviert Sie, weiterhin Ziele zu verfolgen, die Sie stolz und zufrieden machen.

Die Praxis der Dankbarkeit

Die Praxis der Dankbarkeit ist ein mächtiges Werkzeug, das Ihre Perspektive verändern und die Selbstliebe in Ihrem Alltag fördern kann. Sie beinhaltet, Ihre Aufmerksamkeit auf die Dinge zu lenken, für die Sie dankbar sind, und fördert eine Mentalität der Wertschätzung und Positivität. Hier sind zusätzliche Möglichkeiten, die Praxis der Dankbarkeit zu vertiefen:

Vielfalt in der Dankbarkeit: Neben der Anerkennung der großen Segnungen in Ihrem Leben sollten Sie auch auf die kleineren Dinge achten, für die Sie dankbar sind. Dazu kann die Freundlichkeit eines Fremden gehören, eine wunderschöne Landschaft, die Sie gesehen haben, oder sogar etwas, das Sie normalerweise als selbstverständlich hinnehmen.

Versuchen Sie ein Dankbarkeitstagebuch: Führen Sie ein Tagebuch, in dem Sie täglich drei Dinge notieren, für die Sie dankbar sind. Dies hilft Ihnen, sich auf positive Aspekte zu konzentrieren und eine greifbare Aufzeichnung Ihrer Segnungen zu erstellen.

Dankbarkeitsvisualisierung: Nehmen Sie sich während des Tages einen Moment Zeit, um die Dinge zu visualisieren, für die Sie dankbar sind. Spüren Sie die Freude und Dankbarkeit, die diese Dinge in Ihnen hervorrufen.

Schaffen Sie einen Dankbarkeitsraum: Richten Sie in Ihrem Zuhause einen physischen Raum für Dankbarkeit ein. Dies kann ein Altar, ein Inspirationsbild oder nur eine Ecke sein, in der Sie Gegenstände platzieren, die Ihre Segnungen symbolisieren.

Praktizieren Sie Dankbarkeit für Herausforderungen: Neben positiven Dingen sollten Sie auch für die Herausforderungen, denen Sie gegenüberstehen, Dankbarkeit üben. Sie bieten Chancen für Wachstum und Lernen, selbst wenn sie im Moment schwierig sind.

Dankbarkeit für Selbstfürsorge: Erkennen Sie an und seien Sie dankbar für jede Selbstfürsorgemaßnahme, die Sie ergreifen. Von einem Meditationsmoment bis zur Zubereitung einer gesunden Mahlzeit trägt all dies zu Ihrem Wohlbefinden bei.

Teilen Sie Ihre Dankbarkeit: Drücken Sie Ihre Dankbarkeit gegenüber anderen Menschen aus. Dies kann eine Dankesnotiz, eine Wertschätzungsnachricht oder sogar nur ein einfaches Lächeln sein. Dies stärkt nicht nur Ihre Beziehungen, sondern schafft auch einen Kreislauf der Positivität.

Dankbarkeitsmeditation: Praktizieren Sie Dankbarkeitsmeditation, bei der Sie sich auf Dinge konzentrieren, für die Sie dankbar sind. Dies hilft, den Geist zu beruhigen und das Wohlbefinden zu steigern.

Dankbarkeit für Authentizität: Seien Sie dankbar für Ihre authentische Persönlichkeit. Akzeptieren Sie Ihre Qualitäten, Ihre Reise und Ihre Erfahrungen als wertvolle Teile dessen, wer Sie sind.

Dankbarkeit für Selbstentdeckung: Während Sie sich selbst besser kennenlernen, seien Sie dankbar für den Prozess der Selbstentdeckung. Dazu gehören Ihre Stärken, Schwächen und alles, was Sie einzigartig macht.

Dankbarkeit für Transformation: Anerkennen Sie den Weg der Transformation, den Sie durchlaufen, wenn Sie wachsen und sich entwickeln. Seien Sie dankbar für Ihre Fähigkeit, sich anzupassen und zu lernen.

Kreis der Dankbarkeit: Treffen Sie sich regelmäßig mit Freunden oder Ihrer Familie, um zu teilen, wofür jeder dankbar ist. Dies schafft eine Atmosphäre der Positivität und ermutigt alle, das zu schätzen, was sie haben.

Die Praxis der Dankbarkeit nährt nicht nur die Selbstliebe, sondern verbessert auch die geistige Gesundheit, erhöht die emotionale Widerstandsfähigkeit und trägt zu einer positiveren Lebensperspektive bei. Je mehr Sie Dankbarkeit üben, desto bewusster werden Sie sich der zahlreichen Segnungen um Sie herum und schaffen einen wertvollen Kreislauf der Selbstliebe und Wertschätzung.

Momente der Selbstreflexion

Die Selbstreflexion ist eine Gewohnheit, die es ermöglicht, das Selbst besser kennenzulernen, aus vergangenen Erfahrungen zu lernen und persönliches Wachstum zu fördern. Diese Momente der Selbstreflexion sind Gelegenheiten, sich selbst auf tiefere Weise zu verbinden und ein tieferes Verständnis für Ihre Emotionen, Handlungen und Gedanken zu entwickeln. Hier sind Möglichkeiten, die Selbstreflexion in Ihre tägliche Routine zu integrieren:

Tagebuchführung: Führen Sie ein Selbstreflexionstagebuch, in dem Sie Ihre Erfahrungen, Emotionen und Erkenntnisse im Laufe des Tages festhalten. Das Schreiben hilft dabei, Gefühle zu verarbeiten und Verhaltensmuster zu erkennen.

Kraftvolle Fragen: Stellen Sie sich selbst Fragen, die eine tiefe Selbstreflexion fördern. Zum Beispiel: "Was habe ich heute gelernt?", "Wie habe ich mich in verschiedenen Situationen gefühlt?" oder "Was könnte anders gemacht werden?".

Identifizierung von Herausforderungen: Identifizieren Sie die Herausforderungen, denen Sie im Laufe des Tages begegnet sind. Denken Sie darüber nach, wie Sie mit ihnen umgegangen sind, und was Sie aus diesen Situationen lernen können.

Analyse emotionaler Reaktionen: Beobachten Sie Ihre emotionalen Reaktionen in verschiedenen Situationen. Fragen Sie sich, warum Sie sich auf diese Weise gefühlt haben, und ob es eine gesündere Möglichkeit gibt, mit diesen Emotionen umzugehen.

Identifikation von Verhaltensmustern: Suchen Sie nach Mustern in Ihrem Verhalten und Ihren Reaktionen. Dies hilft, Ihre Neigungen zu verstehen und ermöglicht es Ihnen, in Zukunft bewusstere Entscheidungen zu treffen.

Momente der Selbstliebe: Identifizieren Sie die Momente, in denen Sie Selbstliebe praktiziert haben. Dies kann das Setzen von Grenzen, die Anerkennung Ihrer Bedürfnisse oder die Behandlung von sich selbst mit Freundlichkeit beinhalten.

Lernen aus herausfordernden Situationen: Anstatt herausfordernde Situationen als negativ zu betrachten, sehen Sie sie als Gelegenheiten zum Lernen. Fragen Sie sich, was Sie aus diesen Erfahrungen lernen können.

Festlegen von Zielen: Nutzen Sie die Selbstreflexion, um Ziele für den nächsten Tag festzulegen. Identifizieren Sie Bereiche, in denen Sie wachsen möchten, und wie Sie Selbstliebe effektiver praktizieren können.

Entwicklung von Widerstandsfähigkeit: Überlegen Sie, wie Sie mit Widrigkeiten und Herausforderungen umgegangen sind. Dies hilft, Widerstandsfähigkeit zu entwickeln und Möglichkeiten zu finden, Schwierigkeiten in der Zukunft zu bewältigen.

Wertschätzung von Lektionen: Erkennen Sie an, dass jede Erfahrung, selbst die schwierigen, wertvolle

Lektionen mit sich bringt. Das Lernen aus Erfahrungen trägt zum persönlichen Wachstum bei.

Praxis der Vergebung: Nutzen Sie die Selbstreflexion, um sich selbst zu vergeben. Erkennen Sie die Momente, in denen Sie möglicherweise kontraproduktiv gehandelt haben, und erlauben Sie sich, aus ihnen zu lernen und zu wachsen.

Entscheidungsunterstützung: Wenn Sie Ihre Entscheidungen des Tages reflektieren, bewerten Sie, wie jede Entscheidung mit Ihren Werten und Bedürfnissen in Einklang stand. Dies hilft, in der Zukunft bewusstere Entscheidungen zu treffen.

Die Praxis der Selbstreflexion erfordert keine großen Zeitaufwendungen. Sie kann vor dem Schlafengehen, in ruhigen Momenten oder sogar während kurzer Pausen im Laufe des Tages durchgeführt werden. Der Schlüssel ist, die Fähigkeit zu entwickeln, ehrlich auf sich selbst zu schauen und aus Erfahrungen zu lernen, was zu ständigem persönlichem Wachstum auf Ihrem Weg zur Selbstliebe führt.

Diese kleinen Gewohnheiten stärken nicht nur Ihre intrapersonale Beziehung, sondern schaffen auch eine interne positive und ermutigende Umgebung. Sie sind die wesentlichen Bestandteile, um Selbstliebe im Alltag zu kultivieren und sie zu einem integralen Bestandteil Ihres Lebens zu machen. Indem Sie sich diesen Gewohnheiten widmen, investieren Sie in eine dauerhafte und lohnende Beziehung zu sich selbst.

ERSTELLEN EINER SELBSTFÜRSORGE- UND SELBSTWERT-ROUTINE

Die Pflege des Selbstwertgefühls im Alltag erfordert die Schaffung einer Routine, die Selbstfürsorge und Selbstwert priorisiert. Diese täglichen Gewohnheiten stärken Ihre Verbindung zu sich selbst und unterstützen eine positive und bereichernde Beziehung:

Absichtsvolle Morgen

Den Tag mit einer absichtsvollen Morgenroutine zu beginnen, ist ein Geschenk, das Sie sich selbst machen können. Diese ersten Augenblicke des Tages setzen den Ton dafür, wie Sie sich selbst und der Welt in den folgenden Stunden begegnen werden. Das Schaffen einer absichtsvollen Morgenroutine ist eine kraftvolle Möglichkeit, Selbstmitgefühl zu kultivieren und Selbstwertgefühl zu stärken. Hier sind Praktiken, die in Ihren Morgen integriert werden können:

Morgendliche Meditation: Nehmen Sie sich morgens einige Minuten Zeit für Meditation. Meditation hilft, den Geist zu beruhigen, Achtsamkeit zu entwickeln und eine ruhige Verbindung zu sich selbst herzustellen.

Sanftes Dehnen: Starten Sie den Tag mit einigen Minuten sanften Dehnens. Dies hilft, den Körper aufzuwecken, die Durchblutung zu fördern und eventuelle Muskelspannungen aus der Nacht zu lösen.

Positive Affirmationen: Wiederholen Sie positive Affirmationen, während Sie sich auf den Tag vorbereiten. Diese positiven Aussagen helfen dabei, eine positive Denkweise zu schaffen und aufbauende Überzeugungen über sich selbst zu stärken.

Inspirierende Lektüre: Nehmen Sie sich Zeit, um etwas Inspirierendes oder Motivierendes zu lesen. Dies kann ein Auszug aus einem Buch, ein Gedicht oder ein Zitat sein, das mit Ihnen in Resonanz steht und Ihre positive Einstellung stärkt.

Tagebuchführung: Reservieren Sie einige Minuten, um in ein Tagebuch zu schreiben. Sie können Ihre Gedanken, Gefühle, Tagesziele oder alles, was Ihnen in den Sinn kommt, notieren. Dieser Prozess hilft, Ihre Gedanken zu ordnen und Emotionen freizusetzen.

Positive Visualisierung: Praktizieren Sie eine positive Visualisierung Ihres Tages. Stellen Sie sich vor, wie Sie die Aufgaben des Tages mit Selbstvertrauen bewältigen, Aufgaben mühelos erledigen und Herausforderungen ruhig und gelassen angehen.

Frühstückszeit: Genießen Sie ein nahrhaftes und bewusstes Frühstück. Essen Sie achtsam und genießen Sie jeden Bissen, indem Sie die Aromen und Texturen der Lebensmittel schätzen.

Verbindung zur Natur: Wenn möglich, verbringen Sie Zeit im Freien. Die frische Luft einatmen und die Natur aufnehmen ist eine wunderbare Möglichkeit, den Tag mit einem Gefühl der Verbundenheit und Dankbarkeit zu beginnen.

Ruhige Vorbereitung: Vermeiden Sie es, den Tag in Eile zu beginnen. Nehmen Sie sich ausreichend Zeit, um sich in Ruhe vorzubereiten, sei es bei der Auswahl Ihrer Kleidung oder beim Einrichten Ihres Arbeitsplatzes.

Setzen Sie eine Absicht: Bevor Sie Ihre Aktivitäten beginnen, setzen Sie eine Absicht für den Tag. Es kann ein Wort, ein Satz oder ein Gefühl sein, das Sie im Laufe des Tages kultivieren möchten.

Morgenwertschätzung: Beim Aufwachen nehmen Sie sich einen Moment, um für einen weiteren Tag dankbar zu sein. Die Wertschätzung für den neuen Tag stärkt Ihr Selbstwertgefühl.

Bedeutsames Ritual: Erstellen Sie eine Morgenroutine, die für Sie Bedeutung hat. Dies kann das Anzünden einer Kerze, ein kleiner Tanz oder eine Aktivität sein, die Sie sich zentriert und verbunden fühlen lässt.

Der Schlüssel zu absichtsvollen Morgen liegt darin, Praktiken auszuwählen, die Ihren Bedürfnissen und Werten entsprechen. Es gibt keine Einheitslösung, und es ist wichtig, verschiedene Praktiken auszuprobieren, um herauszufinden, was am besten für Sie funktioniert. Der Tag beginnt mit Selbstmitgefühl und Absicht, schafft eine solide Grundlage, um den Herausforderungen des Tages mit Selbstwertgefühl und Selbstvertrauen zu begegnen.

Nährstoffreiche Ernährung

Die Art und Weise, wie Sie sich ernähren, spielt eine entscheidende Rolle für Ihr allgemeines Wohlbefinden. Die Pflege Ihrer Ernährung ist ein Akt der Selbstliebe, der nicht nur Ihren Körper unterstützt, sondern auch einen erheblichen Einfluss auf Ihre geistige und emotionale Gesundheit hat. Eine nährstoffreiche Ernährung ist eine greifbare Möglichkeit, Selbstachtung zu zeigen und Selbstliebe zu fördern. Hier sind Wege, um eine gesunde Ernährung in Ihren täglichen Lebensstil zu integrieren:

Ernährungsbewusstsein: Üben Sie bewusstes Essen, indem Sie auf die Signale Ihres Körpers in Bezug auf Hunger und Sättigung achten. Essen Sie langsam und genießen Sie jeden Bissen, indem Sie die Aromen, Texturen und Düfte der Lebensmittel wahrnehmen.

Ernährungsbalance: Streben Sie eine ausgewogene Ernährung an, die eine Vielzahl von Lebensmitteln aus verschiedenen Gruppen einschließt, wie Gemüse, Obst, mageres Eiweiß, Vollkornprodukte und gesunde Fette. Dies stellt sicher, dass Ihr Körper die benötigten Nährstoffe erhält.

Ausreichende Flüssigkeitszufuhr: Trinken Sie im Laufe des Tages ausreichend Wasser, um hydratisiert zu bleiben. Die Hydratation ist für die ordnungsgemäße Funktion des Körpers unerlässlich und kann auch Ihre Energie und geistige Klarheit beeinflussen.

Intuitives Essen: Stimmen Sie sich auf Ihren Körper und Ihre Essvorlieben ein. Praktizieren Sie intuitives

Essen, bei dem Sie auf die Signale Ihres Körpers hören und Ihre Essgewohnheiten an Ihre individuellen Bedürfnisse anpassen.

Vermeiden Sie extreme Einschränkungen: Vermeiden Sie extrem einschränkende Diäten, die zu Gefühlen des Mangels führen können. Stattdessen konzentrieren Sie sich darauf, Ihrer Ernährung nährstoffreiche und vielfältige Lebensmittel hinzuzufügen.

Schätzen Sie die Vielfalt: Probieren Sie verschiedene Lebensmittel und Rezepte aus, um die Vielfalt in Ihrer Ernährung aufrechtzuerhalten. Dies garantiert nicht nur eine ausgewogene Aufnahme von Nährstoffen, sondern kann auch Ihre Mahlzeiten angenehmer gestalten.

Achten Sie auf Portionsgrößen: Achten Sie auf die Größe der Portionen. Das Essen angemessener Portionen hilft, Überessen zu vermeiden und eine gesunde Beziehung zur Nahrung aufrechtzuerhalten.

Essen Sie mit Achtsamkeit: Vermeiden Sie es, während anderer Aktivitäten zu essen, wie Arbeiten oder Fernsehen. Konzentrieren Sie sich auf die Mahlzeit selbst, genießen Sie jeden Bissen und schätzen Sie die Nahrung.

Vermeiden Sie Urteile: Verlassen Sie die Selbstkritik beim Essen. Vermeiden Sie es, Lebensmittel als "gut" oder "schlecht" zu bewerten. Konzentrieren Sie sich stattdessen auf Entscheidungen, die im Einklang mit Ihren Gesundheits- und Wohlbefindenszielen stehen.

Kochen Sie zu Hause: Die Zubereitung von Mahlzeiten zu Hause ermöglicht es Ihnen, die Kontrolle über die Zutaten und Zubereitung der Lebensmittel zu haben. Dies kann auch eine entspannende und kreative Aktivität sein.

Nährstoffreiche Lebensmittel einbeziehen: Fügen Sie nährstoffreiche Lebensmittel wie Blattgemüse, frisches Obst, Nüsse und Samen in Ihre Ernährung ein. Diese Lebensmittel sind reich an Vitaminen, Mineralien und Antioxidantien.

Gönnen Sie sich gelegentlich: Haben Sie keine Angst, Lebensmittel zu genießen, die Sie mögen, gelegentlich. Sich gelegentliche Genüsse zu erlauben, ist Teil des Gleichgewichts und der Selbstliebe.

Vermeiden Sie Vergleiche: Vergleichen Sie Ihre Ernährung nicht mit der von anderen Menschen. Denken Sie daran, dass jeder individuelle Bedürfnisse und Vorlieben hat.

Ernährung und Emotionen: Achten Sie darauf, wie bestimmte Lebensmittel Ihre Emotionen beeinflussen. Einige Lebensmittel können sich positiv auf Ihre Stimmung und Energie auswirken, während andere Schwankungen verursachen können.

Die gesunde Ernährung ist ein fortlaufender und individueller Prozess. Das Ziel besteht darin, ein Ernährungsmuster zu finden, das für Sie funktioniert und Ihnen hilft, sich körperlich und emotional wohl zu fühlen. Die Pflege Ihrer Ernährung ist eine kraftvolle

Möglichkeit, Selbstliebe zu pflegen und eine positive Beziehung zu Ihrem Körper und Geist zu fördern.

Regelmäßige Bewegung

Die Praxis regelmäßiger körperlicher Bewegung ist eine der effektivsten Möglichkeiten, sich selbst zu pflegen. Neben der Stärkung Ihres Körpers hat Bewegung auch eine Vielzahl von mentalen und emotionalen Vorteilen. Die Wahl einer Bewegungsform, die Ihnen gefällt und zu Ihren Vorlieben passt, ist entscheidend, um Selbstliebe zu kultivieren und einen gesunden Lebensstil zu fördern. Worauf sollten Sie achten, wenn Sie regelmäßige Bewegung in Betracht ziehen:

Wählen Sie Aktivitäten, die Freude bringen: Der Schlüssel zur Aufrechterhaltung einer Trainingsroutine besteht darin, Aktivitäten auszuwählen, die Ihnen wirklich Spaß machen. Dies macht die Bewegung langfristig angenehmer und nachhaltiger. Ob es sich um einen Spaziergang im Freien, Yoga, Laufen, Schwimmen, Tanzen oder Krafttraining handelt, zu finden, was Ihnen gut tut, ist entscheidend.

Körperliche Vorteile: Regelmäßige Bewegung hilft, die Herzgesundheit zu verbessern, die Muskeln zu stärken, die Flexibilität zu erhöhen und ein gesundes Gewicht zu erhalten. Darüber hinaus fördert sie die Durchblutung, was für die ordnungsgemäße Funktion des Körpers entscheidend ist.

Endorphine und geistiges Wohlbefinden: Die Bewegung setzt Endorphine frei, chemische

Verbindungen, die als natürliche Schmerzmittel wirken und die Stimmung verbessern. Dies kann dazu beitragen, Stress, Angst und Depression zu reduzieren und einen positiveren mentalen Zustand zu fördern.

Stressabbau: Bewegung ist eine effektive Methode zur Entlastung von aufgestautem Stress. Regelmäßige Übung kann Ihre Fähigkeit zur Bewältigung emotionaler Herausforderungen und stressiger Situationen verbessern.

Energie und Vitalität: Obwohl es sich paradox anhören mag, steigert Bewegung tatsächlich Ihre Energiestufen. Im Laufe der Zeit könnten Sie feststellen, dass Sie mehr Vitalität und Elan für die Bewältigung Ihrer täglichen Aktivitäten haben.

Pflege der Kontinuität: Das Schaffen einer Trainingsroutine erfordert Kontinuität. Beginnen Sie mit kleinen Schritten und steigern Sie nach und nach Intensität und Dauer der Aktivitäten. Die Kontinuität ist der Schlüssel, um im Laufe der Zeit von den Vorteilen zu profitieren.

Verschiedene Arten von Aktivitäten mischen: Abwechslung ist wichtig, um Langeweile zu vermeiden und verschiedene Körperteile herauszufordern. Probieren Sie verschiedene Arten von Übungen aus, um die Dinge interessant zu halten und um neue Leidenschaften zu entdecken.

Hören Sie auf Ihren Körper: Obwohl Bewegung vorteilhaft ist, ist es auch wichtig, auf Ihren Körper zu hören und seine Grenzen zu respektieren. Zwingen Sie sich nicht, etwas zu tun, das Schmerzen oder Unbehagen verursacht. Die Konsultation eines Gesundheitsprofis, bevor Sie eine neue Routine beginnen, insbesondere wenn Sie vorbestehende medizinische Probleme haben, ist eine kluge Praxis.

Integrieren Sie Bewegung in Ihren täglichen Zeitplan: Finden Sie Möglichkeiten, mehr Bewegung in Ihr tägliches Leben zu integrieren. Dies kann das Treppensteigen, das Gehen während der Arbeitspausen oder die Wahl des Fahrrads anstelle des Autos für kurze Strecken umfassen.

Feiern Sie Ihre Erfolge: Wie in anderen Lebensbereichen, feiern Sie Ihre sportlichen Erfolge. Dies kann das Erreichen eines Laufziels, das Ausführen einer anspruchsvollen Yoga-Position oder einfach das Aufrechterhalten Ihrer Trainingsroutine über einen längeren Zeitraum umfassen.

Bewegung sollte keine Stressquelle sein, sondern eine Möglichkeit, sich selbst zu pflegen. Freude an den von Ihnen gewählten Aktivitäten zu finden und die physischen und mentalen Vorteile der Bewegung zu schätzen, ist eine wesentliche Möglichkeit, Ihre Selbstliebe zu fördern.

Momente der Erholung

Erholung ist ein wesentlicher Teil der Selbstliebe und des allgemeinen Wohlbefindens. Die Priorisierung ausreichenden Schlafs und die Zeit zum Entspannen sind entscheidend, um Ihre körperlichen und geistigen Energien aufzuladen. Wie Sie Erholungsmomente in Ihren Alltag integrieren können:

Die Bedeutung ausreichenden Schlafs: Schlaf spielt eine entscheidende Rolle für Ihre körperliche und geistige Gesundheit. Während des Schlafes erholt sich Ihr Körper, reguliert wichtige Funktionen und festigt Erinnerungen. Schlafmangel kann sich auf Ihre Konzentration, Stimmung und Ihre Fähigkeit, mit Stress umzugehen, auswirken.

Priorisieren Sie die Kontinuität: Das Einhalten eines regelmäßigen Schlafplans kann die Qualität Ihres Schlafs verbessern. Versuchen Sie, ungefähr zur gleichen Zeit jeden Tag, auch am Wochenende, zu schlafen und aufzuwachen.

Schaffen Sie eine komfortable Umgebung: Stellen Sie sicher, dass Ihr Schlafumfeld förderlich für die Erholung ist. Dazu gehören bequeme Matratzen und Kissen, angenehme Raumtemperatur und ein dunkles, ruhiges Schlafzimmer.

Vermeiden Sie elektronische Geräte vor dem Schlafengehen: Das von elektronischen Geräten wie Smartphones, Tablets und Computern ausgestrahlte blaue Licht kann die Produktion von Melatonin beeinträchtigen, einem Hormon, das den Schlaf reguliert. Versuchen Sie, diese Geräte mindestens eine Stunde vor dem Schlafengehen zu vermeiden.

Etablieren Sie eine Entspannungsroutine: Bevor Sie schlafen gehen, schaffen Sie eine Entspannungsroutine, die Ihrem Körper signalisiert, dass es Zeit ist, sich zu beruhigen. Dies kann ruhiges Lesen, Meditation, sanftes Dehnen oder ein entspannendes Bad beinhalten.

Nehmen Sie tagsüber Pausen: Neben dem nächtlichen Schlaf ist es auch wichtig, sich während des Tages Erholungspausen zu gönnen. Kurze Pausen zum Entspannen und Aufladen können Ihre Produktivität, Konzentration und Stimmung verbessern.

Praktizieren Sie die digitale Abstinenz: Neben dem Vermeiden von elektronischen Geräten vor dem Schlafengehen sollten Sie auch während der Erholungsmomente tagsüber in Erwägung ziehen, sich digital abzukoppeln. Dies ermöglicht es Ihnen, im Moment präsenter zu sein und die ständige Stimulation zu reduzieren.

Entspannende Aktivitäten: Finden Sie entspannende Aktivitäten, die Ihnen Freude und Gelassenheit bringen. Dazu gehören sanfte Musik hören, Atemübungen machen, zeichnen, Yoga praktizieren oder einfach in Stille sitzen.

Lernen Sie, Nein zu übermäßigen Aktivitäten zu sagen: Ein Aspekt der Selbstliebe ist das Erkennen Ihrer eigenen Grenzen und das Vermeiden von Überlastung durch übermäßige Verpflichtungen. Nein zu sagen, wenn nötig, ist eine Möglichkeit, Ihr Wohlbefinden zu schützen und sicherzustellen, dass Sie Zeit zur Erholung haben.

Schätzen Sie Ihre Erholungszeit: Wenn Sie Zeit für Erholung und Regeneration einplanen, denken Sie daran, dass dies kein Luxus, sondern eine Notwendigkeit ist. Ruhe ist kein Zeichen von Faulheit, sondern eine Investition in Ihre körperliche und geistige Gesundheit.

Die Priorisierung von Erholungsmomenten dient nicht nur dazu, Ihre Energien aufzuladen, sondern ist auch eine Möglichkeit, Selbstliebe zu zeigen. Seien Sie sich bewusst, dass Selbstfürsorge bedeutet, sich die Erlaubnis zu geben, sich zu erholen und aufgeladen den Anforderungen des Lebens auf ausgewogene und gesunde Weise zu begegnen.

Freizeitaktivitäten

Das Leben ist eine Reise, die genossen und geschätzt werden sollte, und eine der effektivsten Möglichkeiten, dies zu tun, besteht darin, Zeit für Freizeitaktivitäten zu widmen, die Freude, Zufriedenheit und Kreativität in Ihren Alltag bringen. Sich in Hobbys und Interessen zu engagieren, die Sie lieben, ist eine wesentliche Möglichkeit, Selbstliebe zu pflegen und sich um Ihre geistige und emotionale Gesundheit zu kümmern. Die Bedeutung von Freizeitaktivitäten und wie Sie sie in Ihr Leben integrieren können:

Ihre Leidenschaften entdecken: Nehmen Sie sich Zeit, um verschiedene Aktivitäten zu erkunden und herauszufinden, was Sie wirklich glücklich macht. Fragen Sie sich, welche Aktivitäten Sie früher geliebt haben oder welche neuen Interessen Sie erkunden möchten. Das

Entdecken Ihrer Leidenschaften ist eine Möglichkeit, sich mit sich selbst zu verbinden.

Entbindung von Verantwortlichkeiten: Die Teilnahme an Freizeitaktivitäten ermöglicht es Ihnen, sich von den täglichen Druck und Verantwortlichkeiten zu lösen. Dies schafft einen mentalen Raum, in dem Sie sich entspannen, Spaß haben und Energie tanken können.

Förderung der Kreativität: Freizeitaktivitäten beinhalten oft ein gewisses Maß an Kreativität. Ob Malen, Schreiben, Kochen oder jede andere Form des Ausdrucks, diese Aktivitäten regen Ihren kreativen Geist an und ermöglichen es Ihnen, sich mit Ihrer kreativen Essenz zu verbinden.

Stress und Angst lindern: Das Engagieren in Aktivitäten, die Ihnen Spaß machen, kann ein hervorragendes Mittel gegen Stress und Angst sein. Sie dienen als gesunde Flucht, die es Ihnen ermöglicht, sich auf das Hier und Jetzt zu konzentrieren und vorübergehend die Sorgen loszulassen.

Förderung des mentalen Wohlbefindens: Freizeitaktivitäten geht es nicht nur um Spaß, sondern auch darum, Ihre geistige Gesundheit zu verbessern. Wenn Sie etwas tun, das Sie lieben, setzt Ihr Gehirn Dopamin frei, den Neurotransmitter, der mit Vergnügen und Zufriedenheit in Verbindung steht.

Verbindung mit Ihrem authentischen Selbst: Die Teilnahme an Aktivitäten, die Sie lieben, kann ein Gefühl von Authentizität und Sinn vermitteln. Dies hilft Ihnen, sich mit dem zu verbinden, wer Sie jenseits Ihrer Verantwortlichkeiten und sozialen Rollen sind.

Qualitätszeit für sich selbst: Die Teilnahme an Freizeitaktivitäten erinnert Sie daran, dass Sie Qualitätszeit für sich selbst verdienen. Indem Sie diese Momente priorisieren, stärken Sie Ihre Beziehung zu sich selbst und zeigen Selbstliebe.

Lernen und Wachsen: Hobbys beinhalten oft kontinuierliches Lernen. Etwas Neues zu lernen oder Ihre Fähigkeiten in einem Bereich Ihres Interesses zu verbessern, kann Ihr Selbstwertgefühl und Ihr Erfolgsgefühl steigern.

Mit anderen in Kontakt treten: Die Teilnahme an Gruppen oder Clubs, die mit Ihren Interessen zusammenhängen, kann Gelegenheit bieten, Menschen mit ähnlichen Leidenschaften kennenzulernen. Diese soziale Interaktion kann Ihr Leben bereichern und dazu beitragen, bedeutungsvolle Verbindungen herzustellen.

Vergessen Sie nicht, Spaß zu haben: Manchmal sind Freizeitaktivitäten einfach nur zum Spaß da, um sich zu erlauben, zu lachen und loszulassen. Erlauben Sie sich, die Freude und die Sorglosigkeit zu genießen, die diese Momente bringen können.

Sich in Freizeitaktivitäten zu engagieren, ist keine Luxus, sondern eine Notwendigkeit, um Ihre Seele zu nähren und ein gesundes Gefühl der Selbstliebe zu fördern. Es ist wichtig, regelmäßig Zeit für diese Aktivitäten zu reservieren, unabhängig davon, wie beschäftigt Ihr Leben ist. Ihr emotionales und mentales Wohlbefinden verdienen die Freude und Zufriedenheit, die von den Dingen kommt, die Sie gerne tun.

Achtsamkeitspraxis

Das moderne Leben zieht uns oft in verschiedene Richtungen gleichzeitig, was zu zerstreuten Gedanken, Ängsten und einem Gefühl der Entfremdung führt. Die Achtsamkeitspraxis bietet eine kraftvolle Möglichkeit, Achtsamkeit für den gegenwärtigen Moment zu entwickeln und fördert ein tiefes Gefühl der Gelassenheit und Selbstverbindung. Lassen Sie uns genauer erkunden, wie die Achtsamkeitspraxis ein wertvolles Werkzeug sein kann, um Selbstliebe zu pflegen und das Wohlbefinden zu fördern:

Achtsames Bewusstsein des Moments: Achtsamkeit beinhaltet das aufmerksame Bewusstsein für das, was im gegenwärtigen Moment geschieht, ohne Urteil. Indem Sie jede Empfindung, jeden Gedanken und jede Emotion bemerken, während sie auftreten, werden Sie stärker mit Ihren inneren und äußeren Erfahrungen verbunden.

Stress- und Angstreduktion: Die regelmäßige Praxis von Achtsamkeit wurde mit der Reduzierung von Stress und Ängsten in Verbindung gebracht. Durch die Konzentration auf das Jetzt vermeiden Sie den Kreislauf des Grübelns über besorgniserregende Gedanken über die Vergangenheit oder die Zukunft und ermöglichen ein Gefühl der Ruhe.

Wertschätzung der kleinen Dinge: Durch die Praxis der Achtsamkeit lernen Sie, Freude und Zufriedenheit in den kleinen Dingen des Lebens zu finden. Dies beinhaltet das Erkennen der Schönheit der Natur, das Schätzen eines ruhigen Moments der Betrachtung oder das vollständige Genießen einer Mahlzeit.

Selbstbewusstsein und Selbstverbindung: Die regelmäßige Achtsamkeitspraxis hilft Ihnen, sich Ihrer eigenen Gedanken, Gefühle und körperlichen Empfindungen bewusster zu werden. Dies fördert eine tiefere Verbindung zu sich selbst und ermöglicht es Ihnen, Ihre Bedürfnisse und Wünsche besser zu verstehen.

Akzeptanz und Mitgefühl: Die grundlegende Haltung der Achtsamkeit ist die Akzeptanz. Wenn Sie alle Gedanken und Gefühle ohne Bewertung aufkommen lassen, entwickeln Sie eine mitfühlendere Beziehung zu sich selbst. Dies kann Selbstkritik reduzieren und eine liebevollere Haltung gegenüber sich selbst fördern.

Verringerung des Grübelns: Das Grübeln, oder das obsessive Wiederholen negativer Gedanken, kann schädlich für die Selbstliebe sein. Die Praxis der Achtsamkeit hilft, dieses Muster zu unterbrechen, indem Sie Ihre Gedanken beobachten, ohne an ihnen festzuhalten.

Verbesserung der Konzentration: Achtsamkeit erfordert Fokus und Konzentration. Indem Sie diese Fähigkeiten durch die Praxis verfeinern, können Sie auch eine Verbesserung Ihrer Fähigkeit zur Konzentration in anderen Lebensbereichen feststellen.

Reaktion statt Reaktion: Die Praxis der Achtsamkeit hilft Ihnen, sich Ihrer automatischen Reaktionen auf herausfordernde Situationen bewusster zu werden. Dies gibt Ihnen Raum, eine bewusstere und ausgewogenere Antwort zu wählen, anstatt von Impulsivität mitgerissen zu werden.

Akzeptanz von Veränderung und Vergänglichkeit: Achtsamkeit lehrt, dass alles vergänglich ist und sich ständig verändert. Dies kann Ihnen helfen, Veränderungen im Leben mit mehr Widerstandsfähigkeit und Akzeptanz zu begegnen.

Integration in den Alltag: Die Achtsamkeitspraxis kann in verschiedene alltägliche Aktivitäten integriert werden, wie Gehen, Essen, Duschen oder einfach nur Atmen. Dadurch wird Achtsamkeit zu einem natürlichen und zugänglichen Teil Ihrer Routine.

Die Achtsamkeitspraxis erfordert keine spezielle Umgebung oder viel Zeit. Beginnen Sie mit nur wenigen Minuten pro Tag und erweitern Sie Ihre Praxis allmählich, wenn Sie sich wohler fühlen. Indem Sie die Fähigkeit kultivieren, vollständig im gegenwärtigen Moment präsent zu sein, pflegen Sie Selbstliebe, fördern emotionales Wohlbefinden und finden einen Raum der Ruhe inmitten des hektischen Lebens.

Zeit für das "Ich"

Inmitten der ständigen Anforderungen und Ablenkungen des modernen Lebens ist es ein wesentlicher Akt der Selbstfürsorge, Zeit für sich selbst zu finden. Täglich Zeit für sich selbst einzuplanen ist nicht nur ein Luxus, sondern eine grundlegende Notwendigkeit, um Ihre innere Beziehung zu pflegen und Selbstliebe zu kultivieren. Hier sind Möglichkeiten, wie "Zeit für das Ich" eine transformierende Praxis sein kann:

Tiefe Selbstentdeckung: Wenn Sie sich von äußerem Lärm zurückziehen und Raum für inneres Schweigen schaffen, ermöglichen Sie sich, Ihren eigenen Geist und Ihr Herz auf tiefere Weise zu erkunden. Diese Zeit ist eine Einladung, sich selbst besser kennenzulernen, um Ihre Motivationen, Wünsche und Ängste zu verstehen.

Energie tanken: Sich Zeit für sich selbst zu nehmen, ist wie das Aufladen Ihrer emotionalen Batterien. Dies hilft, aufgestauten Stress abzubauen und Ihren Geist und Ihre Seele zu revitalisieren, um den Anforderungen des nächsten Tages gerecht zu werden.

Selbstverbindung und Intuition: Indem Sie sich eine ruhige und introspektive Zeit erlauben, stärken Sie Ihre Verbindung zu Ihrer Intuition und inneren Weisheit. Oftmals finden sich die Antworten, die Sie suchen, in Ihnen selbst, und diese Zeit erlaubt es Ihnen, ihnen zuzuhören.

Steigerung der Kreativität: Die Zeit, die Sie sich selbst widmen, kann auch ein fruchtbarer Boden für Kreativität sein. Wenn Sie sich einen von Ablenkungen freien Raum gönnen, können Inspiration und neue Ideen aufkommen.

Stressabbau: In einer hektischen Welt wirkt die Zeit für das "Ich" wie ein Balsam für aufgestauten Stress. Die Stille und die Ruhe bieten einen Gegenpol zur Hektik und zum hektischen Tempo des Lebens.

Spirituelle Entwicklung: Für diejenigen, die sich für spirituelle Entwicklung interessieren, kann die Zeit für das "Ich" ein Moment sein, um Praktiken wie Gebet, Kontemplation oder die Verbindung mit dem höheren Selbst zu erkunden.

Selbstliebe und Selbstwertgefühl: Die Handlung, regelmäßig Zeit exklusiv für sich selbst zu reservieren, ist eine greifbare Demonstration der Selbstliebe. Es ist eine Bestätigung, dass Sie diese Aufmerksamkeit und Pflege verdienen.

Prävention von Burnout: Überwältigt von Verpflichtungen und Verantwortlichkeiten zu sein, kann zu Burnout führen. Zeit für das "Ich" ist ein Gegengift gegen diese Erschöpfung und ermöglicht es Ihnen, sich zu erholen und zu stärken.

Pflege der Selbstliebe: Selbstliebe ist eine fortlaufende Beziehung mit sich selbst. Regelmäßig Zeit für sich selbst einzuplanen, ist eine kraftvolle Möglichkeit, diese Beziehung zu pflegen und sich an die eigene Bedeutung zu erinnern.

Um Zeit für das "Ich" zu schaffen, ist es wichtig, gesunde Grenzen zu setzen und Ihre Bedürfnisse anderen gegenüber zu kommunizieren. Definieren Sie diese Zeit deutlich als nicht verhandelbar und schützen Sie sie wie jede andere wichtige Verpflichtung. Ob es sich um eine kurze morgendliche Meditationszeit, einen ruhigen Abendspaziergang bei Sonnenuntergang oder ein paar Minuten vor dem Schlafengehen handelt, um über den Tag nachzudenken, diese tägliche Praxis pflegt Ihre Beziehung zu sich selbst und fördert Authentizität, Selbstverbindung und Selbstliebe.

Lernen Sie etwas Neues

Der Lernprozess ist ein fortlaufender und lohnender Weg, der persönliches Wachstum und Geistesanre-gung ermöglicht. Wenn Sie regelmäßig Zeit zum Erlernen neuer Dinge reservieren, investieren Sie auf bedeu-tende Weise in sich selbst. Hier sind Möglichkeiten, wie kontinuierliches Lernen zu Ihrer Reise der Selbstliebe und persönlichen Entwicklung beiträgt:

Selbstentfaltung: Das Erlernen neuer Dinge fordert den Geist heraus und erweitert Ihren Horizont. Sie setzen sich in Situationen, in denen Sie neues Wissen oder neue Fähigkeiten erwerben müssen, was für persönliches Wachstum entscheidend ist.

Selbstvertrauen: Das Beherrschen neuer Fähigkeiten oder Kenntnisse steigert Ihr Selbstvertrauen. Mit jeder Errungenschaft erkennen Sie Ihre Fähigkeit, Herausfor-derungen erfolgreich zu meistern.

Gefühl der Erfüllung: Jedes Mal, wenn Sie etwas Neues lernen, erleben Sie ein Gefühl der Erfüllung und Zufriedenheit. Diese kleinen Siege tragen zu einem positiven Selbstbild bei.

Geistige Anregung: Das Lernen hält Ihren Geist aktiv und beweglich. Dies ist entscheidend für die geistige Gesundheit und kann dazu beitragen, den kognitiven Rückgang im Alter zu verhindern.

Fokus auf die Gegenwart: Das Erlernen neuer Dinge er-fordert Ihre Aufmerksamkeit und Konzentration auf die Gegenwart. Dies kann eine Form der Achtsamkeit sein, da Sie vollständig in die Aktivität eintauchen.

Verbindung zu Leidenschaften: Wenn Sie über Themen lernen, die Sie interessieren, verbinden Sie sich mit Ihren Leidenschaften und persönlichen Interessen. Dies ist ein direkter Ausdruck der Selbstliebe, da Sie Zeit in Dinge investieren, die Ihnen Freude bereiten.

Kreative Anregung: Die Exposition gegenüber neuen Ideen und Wissen kann Ihre Kreativität anregen. Kontinu-ierliches Lernen kann zu neuen Formen des kreativen Ausdrucks in Ihrem Leben führen.

Praktische Fähigkeiten: Durch das Erlernen neuer Dinge können Sie praktische Fähigkeiten erwerben, die in verschiedenen Lebensbereichen nützlich sind. Dies kann von der Zubereitung neuer Rezepte bis zur Beherrschung einer neuen Sprache reichen.

Anpassung an Veränderungen: Das Leben ist ständigen Veränderungen unterworfen, und das Erlernen neuer Dinge hilft Ihnen, sich verschiedenen Szenarien und Situationen anzupassen. Dies trägt zu Ihrer Widerstandsfähigkeit und Fähigkeit bei, Herausforderungen zu bewältigen.

Erweiterung des Horizonts: Kontinuierliches Lernen setzt Sie verschiedenen Perspektiven, Kulturen und Ideen aus. Dies erweitert Ihre Sichtweisen und hilft Ihnen, Empathie für verschiedene Erfahrungen zu entwickeln.

Das Lernen muss nicht übermäßig kompliziert sein. Es kann so einfach sein wie das Lesen eines interessanten Artikels, das Ansehen eines Dokumentarfilms, das Üben eines neuen Kochrezepts oder das Erlernen eines Musikinstruments. Der Schlüssel besteht darin, den Geist offen und neugierig zu halten und nach Möglichkeiten zum Lernen und Wachsen zu suchen. Jeder kleine Schritt, den Sie in Richtung kontinuierlichen Lernens unternehmen, ist eine Investition in sich selbst, die Selbstliebe und Selbstwertgefühl demonstriert.

Grenzen setzen und Nein sagen

Die Praxis, gesunde Grenzen zu setzen und Nein zu sagen, ist ein Akt der Selbstkontrolle und Selbstachtung. Obwohl es herausfordernd sein kann, ist es entscheidend für die Aufrechterhaltung Ihrer emotionalen Gesundheit und Ihres Wohlbefindens. Indem Sie klare Grenzen in Ihren Interaktionen mit anderen festlegen, schützen Sie sich vor Situationen, die Ihre Energie und Ihr Glück gefährden könnten. Hier sind Wege, wie die Praxis des Grenzen Setzens und Nein Sagens zur Selbstliebe beiträgt:

Autonomie und Empowerment: Das Festlegen gesunder Grenzen ist ein Akt der Stärkung. Dies versetzt Sie in die Lage, Ihre eigenen Entscheidungen zu treffen und Ihre Bedürfnisse priorisieren, ohne das Gefühl zu haben, den Wünschen anderer ausgeliefert zu sein.

Energie schützen: Das Setzen von Grenzen hilft dabei, Ihre emotionale Energie zu schützen. Das bedeutet, dass Sie sich nicht erschöpfen, indem Sie ständig versuchen, andere zu befriedigen oder sich in Aktivitäten zu engagieren, die Ihnen nicht zugutekommen.

Selbstwertgefühl: Die Praxis von Grenzen spiegelt Ihre Anerkennung des eigenen Wertes wider. Sie erkennen an, dass Sie mit Respekt behandelt werden und dass Ihre Bedürfnisse und Grenzen gleichermaßen wichtig sind.

Vermeidung von Ressentiments: Wenn Sie Grenzen setzen, vermeiden Sie Verpflichtungen und Situationen, die zu Gefühlen von Ressentiments führen könnten. Das Aussprechen eines Neins, wenn nötig, verhindert die Anhäufung negativer Emotionen.

Selbstachtung und Respekt: Gesunde Grenzen zu setzen ist ein Akt der Selbstachtung und des Respekts, sowohl sich selbst als auch anderen gegenüber. Dies schafft die Grundlage für ausgewogenere und harmonischere Beziehungen, in denen die Bedürfnisse beider Seiten berücksichtigt werden.

Verbesserung von Beziehungen: Obwohl das Setzen von Grenzen zu Konflikten führen kann, verbessert es oft tatsächlich Beziehungen. Wenn Sie Ihre Grenzen klar und respektvoll kommunizieren, lernen andere, Ihre Bedürfnisse und Grenzen zu respektieren.

Offene Kommunikation: Gesunde Grenzen zu setzen erfordert offene Kommunikation. Dies fördert eine transparentere und ehrlichere Beziehung zu anderen, in der Sie sich wohl fühlen, Ihre Bedürfnisse und Erwartungen auszudrücken.

Entwicklung von Selbstkenntnis: Die Praxis, gesunde Grenzen zu setzen, erfordert Selbstkenntnis. Sie hilft Ihnen, Ihre eigenen Bedürfnisse zu verstehen und Situationen zu identifizieren, die Ihnen schaden könnten.

Echte Verbindung: Beziehungen, die auf gesunden Grenzen basieren, sind authentischer und echter. Sie spielen keine Rolle, um anderen zu gefallen, sondern bauen auf eine ehrliche und authentische Weise Beziehungen auf.

Wahrung des Wohlbefindens: Nein zu sagen, wenn es notwendig ist, ist eine Möglichkeit, sich vor Situationen zu schützen, die Ihre emotionale Gesundheit beeinträchtigen könnten. Sie priorisieren Ihre geistige und emotionale Gesundheit.

Das Setzen gesunder Grenzen ist nicht egoistisch, sondern eine wesentliche Selbstfürsorgepraxis. Es ist eine direkte Demonstration von Selbstliebe, bei der Sie sich an die erste Stelle setzen, um sicherzustellen, dass Sie ein ausgewogenes und authentisches Leben führen. Durch das Üben des Setzens von Grenzen und das Aussprechen eines Neins, wenn es notwendig ist, stärken Sie Ihre Beziehung zu sich selbst und schaffen eine solide Grundlage für gesündere und erfüllendere Beziehungen.

Kreative Ausdrucksform

Kreative Ausdrucksform ist eine mächtige Art, Ihre Beziehung zu sich selbst zu pflegen. Durch verschiedene Medien wie Schreiben, Musik, Kunst oder Tanz können Sie sich mit Ihren tiefsten Emotionen verbinden, Ihre Gedanken erkunden und unterdrückte Gefühle freisetzen. Die Praxis kreativer Ausdrucksform bietet nicht nur eine gesunde Möglichkeit, Ihre Emotionen auszuleben, sondern trägt auch auf einzigartige Weise zur Entwicklung von Selbstliebe bei. Hier sind Möglichkeiten, wie kreativer Ausdruck Ihre Reise der Selbstentdeckung und des persönlichen Wachstums bereichern kann:

Freiheit des Ausdrucks: Kreativer Ausdruck ermöglicht es Ihnen, authentisch und ohne Einschränkungen auszudrücken. Sie können Ihre Gedanken, Gefühle und Perspektiven auf einzigartige Weise kommunizieren, ohne sich um externe Urteile zu kümmern.

Tiefe Selbstkenntnis: Wenn Sie sich in kreativen Aktivitäten engagieren, tauchen Sie in einen Prozess der Selbsterforschung ein. Dies hilft Ihnen, Ihre Wünsche, Ängste, Hoffnungen und Werte besser zu verstehen und fördert ein tieferes Maß an Selbstkenntnis.

Unterdrückte Emotionen freisetzen: Oft unterdrücken wir schwierige oder komplexe Emotionen. Kreativer Ausdruck bietet eine sichere Möglichkeit, diese Emotionen freizusetzen und auf gesunde Weise damit umzugehen.

Förderung der Selbstreflexion: Durch kreativen Ausdruck können Sie über Ihre Erfahrungen, Überzeugungen und Denkmuster reflektieren. Dies fördert eine kontinuierliche Selbstreflexion, die für persönliches Wachstum unerlässlich ist.

Förderung des emotionalen Wohlbefindens: Engagement in kreativen Aktivitäten kann eine effektive Möglichkeit sein, Ihr emotionales Wohlbefinden zu verbessern. Das Malen, Schreiben oder Musizieren kann beispielsweise Endorphine freisetzen und ein Gefühl der Erfüllung vermitteln.

Stressabbau: Kreativer Ausdruck kann als eine gesunde Bewältigungsstrategie für Stress und die Belastungen des Alltags dienen. Wenn Sie sich in kreative Aktivitäten vertiefen, können Sie sich vorübergehend von Sorgen abkoppeln und sich auf den gegenwärtigen Moment konzentrieren.

Steigerung des Selbstwertgefühls: Das Sehen, wie Ihre Kreationen zum Leben erwachen, kann Ihr Selbstwertgefühl steigern. Die Anerkennung Ihrer kreativen Fähigkeiten und das Gefühl der Erfüllung tragen zu einem positiven Selbstbild bei.

Entwicklung von Widerstandsfähigkeit: Kreatives Experimentieren beinhaltet Versuch und Irrtum. Indem Sie während des kreativen Prozesses Herausforderungen bewältigen, entwickeln Sie Widerstandsfähigkeit und die Fähigkeit, mit Unsicherheit umzugehen.

Ausdruck komplexer Emotionen: Manchmal reichen Worte nicht aus, um komplexe Emotionen auszudrücken. Kreativer Ausdruck bietet eine Alternative, um Gefühle auszudrücken, die auf andere Weise schwer zu erklären sein können.

Erkundung neuer Perspektiven: Durch künstlerische Schöpfung können Sie verschiedene Perspektiven und Ansichten erkunden. Dies kann zu tiefen Einsichten über sich selbst und die Welt um Sie herum führen.

Kreativer Ausdruck erfordert keine besonderen Fähigkeiten oder künstlerisches Talent. Das Ziel ist nicht, etwas Perfektes zu schaffen, sondern Ihre Emotionen und Gedanken auf authentische Weise zu erkunden. Ob durch Malerei, Schreiben, Musik oder jede andere kreative Form, die mit Ihnen in Resonanz steht, ist diese Praxis eine wertvolle Möglichkeit, Selbstliebe zu pflegen, Emotionen freizusetzen und Selbstreflexion auf Ihrer Reise des persönlichen Wachstums zu fördern.

Positive soziale Verbindungen

Die Beziehungen, die Sie pflegen, spielen eine wichtige Rolle dabei, wie Sie sich selbst sehen und wie Sie sich fühlen. Die Kultivierung positiver sozialer Verbindungen ist entscheidend, um Ihre Selbstliebe zu nähren und zu stärken. Diese Beziehungen tragen nicht nur zu Ihrem emotionalen Wohlbefinden bei, sondern beeinflussen auch Ihr Selbstwertgefühl, Ihr Vertrauen und Ihr Zugehörigkeitsgefühl. Hier sind Möglichkeiten, wie Sie Beziehungen nutzen können, um Ihr Verhältnis zu sich selbst zu verbessern:

Weise wählen: Entscheiden Sie sich dafür, Beziehungen zu Menschen aufrechtzuerhalten, die Sie schätzen und respektieren. Beziehungen, die auf gegenseitigem Respekt, Empathie und Unterstützung aufgebaut sind, sind am vorteilhaftesten für Ihr Selbstwertgefühl.

Positive Umgebung: Gesunde Beziehungen schaffen eine emotional positive Umgebung um Sie herum. Die Nähe zu Menschen, die Sie ermutigen, Ihre Leistungen loben und Ihre Ziele unterstützen, trägt zu einer positiven Denkweise bei.

Bedingungslose Akzeptanz: Authentische Beziehungen basieren auf gegenseitiger Akzeptanz. Wenn Sie sich akzeptiert und geliebt für das fühlen, was Sie sind, stärkt dies Ihre Selbstakzeptanz und Selbstliebe.

Gegenseitiges Wachstum: Positive Beziehungen fördern persönliches Wachstum. Freunde, die ähnliche

Interessen, Ziele und Werte teilen, können Ihre Reise zur Selbstentwicklung vorantreiben.

Erfahrungen teilen: Qualitätszeit mit Menschen zu verbringen, die Ihnen wichtig sind, ermöglicht es Ihnen, Erfahrungen und Gefühle zu teilen. Das offene Ausdrücken von Emotionen kann Stress und Spannungen abbauen und die Selbstexpression fördern.

Konstruktive Herausforderungen: Gesunde Beziehungen meiden nicht Herausforderungen, sondern gehen konstruktiv damit um. Konflikte, die respektvoll und kooperativ gelöst werden, können das gegenseitige Vertrauen und Verständnis stärken.

Gegenseitige Feier: Menschen, die sich aufrichtig um Sie kümmern, werden Ihre Erfolge, egal ob groß oder klein, feiern. Die Unterstützung in Ihren Erfolgen stärkt Ihren Wert und Ihre Leistungen.

Unterstützung in schwierigen Zeiten: Wahre Beziehungen sind in schweren Zeiten präsent. Freunde oder geliebte Menschen, die eine Schulter zum Weinen, aufmerksame Ohren und emotionale Unterstützung bieten, sind entscheidend für Ihre geistige Gesundheit.

Modellierung der Selbstfürsorge: Das Beobachten von Freunden, die Selbstfürsorge praktizieren und gesunde Grenzen setzen, kann Sie inspirieren, dasselbe zu tun. Die soziale Umgebung, in der Sie sich befinden, beeinflusst Ihre Entscheidungen zur Selbstfürsorge.

Vielfalt der Perspektiven: Die Interaktion mit Menschen unterschiedlicher Herkunft und Ansichten kann Ihre Sicht auf die Welt erweitern. Dies hilft Ihnen auch, sich selbst besser durch vielfältige Interaktionen zu verstehen.

Gesunde Beziehungen erfordern Gegenseitigkeit und gegenseitige Anstrengung. Genau wie Sie Unterstützung und Liebe wünschen, sollten Sie dasselbe im Gegenzug bieten. Durch den Aufbau und die Pflege positiver sozialer Verbindungen schaffen Sie eine Umgebung, in der die Selbstliebe auf natürliche Weise gedeiht. Die Menschen um Sie herum können ein Spiegel für Ihre positiven Eigenschaften sein und Sie ständig an Ihren inneren Wert erinnern. Daher wählen Sie Ihre Beziehungen sorgfältig und engagieren Sie sich für deren Erhalt, da sie eine wichtige Rolle in Ihrer Wachstums- und Selbstentdeckungsreise spielen.

Bewusster Tagesabschluss

Der Moment vor dem Schlafengehen ist eine wertvolle Gelegenheit, den Tag bewusst abzuschließen und Ihre Beziehung zu sich selbst zu pflegen. Das Schaffen einer Abschlussroutine, die Reflexion, Dankbarkeit und Entspannung beinhaltet, kann sich positiv auf Ihre Schlafqualität und emotionale Gesundheit auswirken. Hier sind Möglichkeiten, den Tag bewusst zu beenden:

Ruhige Reflexion: Finden Sie einen ruhigen Ort, an dem Sie bequem sitzen können. Nehmen Sie sich einige Minuten Zeit, um über den vergangenen Tag nachzudenken. Überprüfen Sie die Momente, die Freude, Erfüllung und Selbstliebe gebracht haben. Erkennen Sie auch die Herausforderungen an, die Sie gemeistert haben.

Feiern Sie Ihre Erfolge: Anerkennen und feiern Sie Ihre Erfolge, egal wie klein sie sein mögen. Dies hilft, Ihr Selbstwertgefühl zu stärken und sich daran zu erinnern, dass Sie in der Lage sind, Herausforderungen zu bewältigen.

Lernen aus den Herausforderungen: Analysieren Sie die Herausforderungen oder Rückschläge, denen Sie im Laufe des Tages begegnet sind. Fragen Sie sich, was Sie aus diesen Situationen lernen können und wie Sie diese Erfahrungen nutzen können, um zu wachsen.

Dankbarkeitspraxis: Nehmen Sie sich einen Moment Zeit, um Dankbarkeit zu üben. Reflektieren Sie über die guten Dinge, die an diesem Tag passiert sind, und drücken Sie Ihre Wertschätzung dafür aus. Dies hilft, einen positiven Geisteszustand vor dem Schlafengehen zu schaffen.

Sorgenfreies Loslassen: Bevor Sie ins Bett gehen, notieren Sie alle Sorgen oder Gedanken, die Ihnen auf dem Herzen liegen könnten. Dies hilft, diese Gedanken loszulassen und ermöglicht es Ihnen, mit einem ruhigeren Geist zu schlafen.

Tiefes Atmen: Üben Sie einige tiefe Atemzüge, um Ihren Körper und Geist zu entspannen. Dies hilft, den über den Tag aufgestauten Stress und die Spannung abzubauen.

Vorbereitung auf den Schlaf: Machen Sie Ihren Schlafplatz gemütlich und entspannend. Dies kann das Einstellen der Raumtemperatur, das Dimmen der Lichter und das Ausschalten elektronischer Geräte beinhalten.

Nächtliche Affirmationen: Beenden Sie Ihren Tag, indem Sie positive Affirmationen rezitieren. Stärken Sie Ihr positives Selbstbild, indem Sie sich an Ihre eigene Wertschätzung und Stärke erinnern.

Positive Visualisierung: Bevor Sie einschlafen, machen Sie eine kurze Visualisierung einer ruhigen und positiven Szene. Dies kann dazu beitragen, Ihren Geist zu beruhigen und einen ruhigeren Schlaf zu fördern.

Digitale Abschaltung: Vermeiden Sie mindestens 30 Minuten vor dem Schlafengehen die Verwendung von elektronischen Geräten. Das von diesen Geräten ausgestrahlte blaue Licht kann die Produktion von Melatonin, einem Schlafhormon, stören.

Die regelmäßige Praxis des bewussten Tagesabschlusses kann die Schlafqualität verbessern und dazu beitragen, eine positive Denkweise zu fördern. Wenn Sie eine Gewohnheit der Reflexion und Dankbarkeit vor dem Schlafengehen entwickeln, pflegen Sie Ihre Selbstliebe und stärken Ihre Verbindung zu sich selbst. Der bewusste Tagesabschluss fördert nicht nur erholsamen Schlaf, sondern bereitet Sie auch darauf vor, mit Energie und einer positiven Perspektive in den nächsten Tag zu starten.

Das Pflegen der Selbstliebe im Alltag ist eine Reise der Selbstentdeckung, des Wachstums und der Transformation. Es ist eine fortwährende Verpflichtung sich selbst gegenüber, eine Investition in Ihre geistige, emotionale und spirituelle Gesundheit. Wenn Sie diese Strategien praktizieren und Selbstliebe in Ihr tägliches Leben integrieren, bauen Sie eine solide Grundlage für ein positives Selbstwertgefühl, gesunde Beziehungen und ein erfülltes Leben. Denken Sie daran, dass Selbstliebe eine tägliche Wahl ist, die gedeiht, wenn sie mit Selbstmitgefühl, Selbstakzeptanz und kontinuierlicher Selbstfürsorge genährt wird.

KAPITEL 9
UMGANG MIT EINSAMKEIT UND SELBSTGENÜGSAMKEIT

Aus der Einsamkeit entsteht ein Dialog mit der Seele, aus der Selbstgenügsamkeit erwächst die Gemeinschaft mit dem Selbst.

Die Reise zur Selbstliebe ist kein gerader Weg, und entlang dieses Pfades sehen sich viele Menschen mit komplexen Herausforderungen konfrontiert, wie Einsamkeit und Selbstgenügsamkeit. Diese beiden Erfahrungen mögen widersprüchlich erscheinen, aber sie haben beide einen signifikanten Einfluss auf unsere Suche nach Glück und persönlicher Erfüllung. In diesem Kapitel werden wir diese Themen ausführlich erkunden und Einblicke und Strategien anbieten, um ihnen auf gesunde und konstruktive Weise zu begegnen.

EINSAMKEIT AUF GESUNDE WEISE BEWÄLTIGEN

Einsamkeit ist eine universelle menschliche Erfahrung, und irgendwann im Leben sehen wir uns alle diesem Gefühl gegenüber. Einsamkeit kann aus verschiedenen Situationen resultieren, wie Lebensveränderungen, Trennungen, Verluste oder einfach das Gefühl der emotionalen Entfremdung. Dennoch ist es wichtig, Einsamkeit auf gesunde Weise zu bewältigen, um unsere geistige und emotionale Gesundheit zu erhalten.

Erkundung der Ursachen von Einsamkeit

Einsamkeit ist ein komplexes und facettenreiches Gefühl, und das Verständnis ihrer zugrunde liegenden Ursachen ist entscheidend, um ihr effektiv zu begegnen. Es gibt verschiedene Gründe, die zur Erfahrung von Einsamkeit beitragen können, und die Erkundung dieser

Ursachen kann Ihnen dabei helfen, das Problem gezielter anzugehen.

Mangel an tiefen sozialen Verbindungen: Einer der häufigsten Gründe für Einsamkeit ist das Fehlen von tiefen und bedeutsamen sozialen Verbindungen. Ein soziales Umfeld zu haben, in dem Sie sich verstanden, geschätzt und akzeptiert fühlen, ist entscheidend, um Einsamkeit zu bekämpfen. Wenn Sie von Menschen umgeben sind, sich aber immer noch einsam fühlen, kann das ein Zeichen dafür sein, dass Ihre Interaktionen nicht Ihre emotionalen Bedürfnisse erfüllen.

Lebensveränderungen und Übergänge: Bedeutende Lebensveränderungen wie Umzüge, das Ende einer Beziehung oder der Verlust eines geliebten Menschen können zur Einsamkeit führen. In solchen Situationen können Sie sich entwurzelt und emotional nicht verankert fühlen. Die Unkenntnis und der Verlust vertrauter Routinen können das Gefühl der Isolation verstärken.

Physische oder soziale Isolation: Manchmal entsteht Einsamkeit aufgrund physischer oder sozialer Isolation. Dies kann auftreten, wenn Sie physisch von Familie und Freunden getrennt sind oder wenn Sie sich von sozialen Gruppen oder Aktivitäten ausgeschlossen fühlen. Der Mangel an regelmäßigen sozialen Interaktionen kann die Einsamkeit im Laufe der Zeit verstärken.

Selbstentfremdung und mangelndes Selbstverständnis: Einsamkeit kann auch eine Folge der Entfremdung von sich selbst sein. Wenn Sie nicht im Einklang mit Ihren eigenen Gefühlen, Wünschen und Werten stehen, können Sie sich in Ihrer eigenen Gesellschaft verloren und einsam fühlen. Der Mangel an Selbstverständnis kann eine Barriere für das Schließen bedeutungsvoller Verbindungen zu anderen darstellen.

Traumata und vergangene Erfahrungen: Erfahrungen von Verrat, Ablehnung oder Verlassenwerden in der Vergangenheit können emotionale Narben hinterlassen, die zur Einsamkeit beitragen. Die Angst davor, erneut verletzt zu werden, kann zu isolierendem und selbstschützendem Verhalten führen und verhindern, dass Sie sich für neue Verbindungen öffnen.

Der Umgang mit Einsamkeit erfordert Geduld und Selbstmitgefühl. Indem Sie ihre persönlichen Ursachen erforschen und Maßnahmen ergreifen, um ihr zu begegnen, können Sie tiefere Verbindungen und ein Gefühl der Zugehörigkeit entwickeln, die Ihr emotionales und soziales Leben bereichern werden.

Wenn die Einsamkeit anhält und Ihre geistige Gesundheit beeinträchtigt, sollten Sie in Betracht ziehen, professionelle Hilfe in Anspruch zu nehmen, wie beispielsweise eine Therapie. Ein qualifizierter Fachmann kann Ihnen dabei helfen, die Ursachen der Einsamkeit tiefer zu erkunden und Strategien zu ihrer Überwindung zu entwickeln.

Pflege authentische Verbindungen

Die Suche nach authentischen Verbindungen ist eine grundlegende Strategie, um Einsamkeit zu bewältigen und bedeutungsvolle Beziehungen in Ihrem Leben zu schaffen. Diese Verbindungen bieten ein Gefühl der Zugehörigkeit und gegenseitigen Verständnisses und helfen dabei, die emotionale Leere zu füllen, die Einsamkeit verursachen kann. Hier sind Möglichkeiten, authentische Verbindungen zu pflegen:

Seien Sie präsent und hören Sie aufmerksam zu: Wenn Sie mit anderen interagieren, seien Sie vollkommen im Moment. Hören Sie aufmerksam zu, was sie sagen, zeigen Sie echtes Interesse an ihren Geschichten und zeigen Sie Empathie. Dies hilft, Vertrauen und Verbindung aufzubauen.

Teilen Sie Ihre Gefühle und Erfahrungen: Wenn Sie offen über Ihre eigenen Gefühle und Erfahrungen sprechen, schaffen Sie eine Atmosphäre der Gegenseitigkeit und Verletzlichkeit. Dies ermutigt andere, dasselbe zu tun und stärkt die emotionale Verbindung.

Nehmen Sie an Gruppenaktivitäten teil: Die Teilnahme an Gruppenaktivitäten, die sich auf Ihre Interessen beziehen, ist eine effektive Möglichkeit, Menschen kennenzulernen, die ähnliche Leidenschaften teilen. Dies schafft eine gemeinsame Basis, um authentische Verbindungen aufzubauen.

Seien Sie authentisch und ehrlich: Indem Sie Ihre wahre Persönlichkeit und Authentizität zeigen, ziehen Sie Menschen an, die schätzen, wer Sie wirklich sind. Vermeiden Sie es, sich für andere zu verstellen, da dies die Bildung echter Verbindungen erschweren kann.

Teilen Sie bedeutsame Momente: Durch das Teilen bedeutsamer Erlebnisse mit anderen schaffen Sie gemeinsame Erinnerungen, die die Bindungen stärken. Dies kann so einfach sein wie das Teilen einer Mahlzeit, das Ansehen eines Films oder das gemeinsame Unternehmen eines Abenteuers.

Praktizieren Sie Mitgefühl und gegenseitige Unterstützung: Das Kultivieren von Mitgefühl und das Anbieten gegenseitiger Unterstützung sind wesentlich, um authentische Verbindungen aufzubauen. Seien Sie für andere da, wenn sie es brauchen, und seien Sie auch bereit, Hilfe zu erbitten, wenn nötig.

Entwickeln Sie Beziehungen online und offline: Soziale Netzwerke und Online-Plattformen können auch Orte sein, um authentische Verbindungen herzustellen. Denken Sie jedoch daran, dass Offline-Verbindungen gleichermaßen wichtig sind. Ausgewogenheit zwischen der digitalen Welt und persönlichen Interaktionen.

Bauen Sie Beziehungen nach und nach auf: Tiefe und bedeutungsvolle Beziehungen entstehen nicht über Nacht. Es dauert seine Zeit, Vertrauen und gegenseitiges Verständnis aufzubauen. Seien Sie geduldig und investieren Sie allmählich Energie, um authentische Verbindungen zu kultivieren.

Schätzen Sie Vielfalt in Verbindungen: Beim Aufbau authentischer Verbindungen ist es wichtig, Vielfalt in Beziehungen zu schätzen. Jeder bringt einzigartige Perspektiven mit sich, und die Exposition gegenüber unterschiedlichen Ansichten bereichert Ihr eigenes Verständnis der Welt. Die Vielfalt zu akzeptieren fördert auch eine inklusive Umgebung, in der sich jeder geschätzt und akzeptiert fühlt.

Die Bedeutung der Selbsterkenntnis: Während Sie authentische Verbindungen suchen, ist es auch wichtig, sich selbst zu erkennen. Die Selbsterkenntnis ermöglicht es Ihnen, gesunde Grenzen zu setzen, die Arten von Beziehungen zu identifizieren, die Sie möchten, und toxische Beziehungen zu vermeiden.

Wenn Sie Ihre eigenen Bedürfnisse, Werte und Ziele verstehen, ist es wahrscheinlicher, dass Sie authentische Verbindungen eingehen, die zu dem passen, wer Sie wirklich sind.

Stärkung bestehender Beziehungen

Neben der Suche nach neuen Verbindungen ist es entscheidend, in die Stärkung der Beziehungen zu investieren, die Sie bereits haben. Solide Freundschaften und gesunde Familienbeziehungen können entscheidende Unterstützung bieten, um mit Einsamkeit umzugehen. Hier sind Möglichkeiten, diese Bindungen zu pflegen und zu stärken:

Kommunizieren Sie offen: Kommunikation ist die Grundlage jeder gesunden Beziehung. Halten Sie die Kommunikationswege mit Freunden und Familie offen, teilen Sie Ihre Gefühle, Gedanken und Sorgen.

Verbringen Sie qualitativ hochwertige Zeit: Qualität ist wichtiger als Quantität, wenn es um gemeinsam verbrachte Zeit geht. Nehmen Sie sich Zeit für bedeutungsvolle Aktivitäten wie tiefgehende Gespräche, Spaziergänge oder gemeinsame Erlebnisse.

Üben Sie Empathie: Setzen Sie sich in die Lage anderer und versuchen Sie, ihre Perspektiven und Gefühle zu verstehen. Empathie schafft eine Grundlage für tiefes Verständnis und Verbindung.

Zeigen Sie Wertschätzung und Dankbarkeit: Die Äußerung von Dankbarkeit und Wertschätzung für andere stärkt die emotionalen Bindungen. Sagen Sie den Menschen, wie sehr Sie ihre Anwesenheit und ihren Beitrag in Ihrem Leben schätzen.

Seien Sie in Zeiten des Bedarfs präsent: Stehen Sie Freunden und Familie in Zeiten des Bedarfs zur Verfügung. Bieten Sie aufmerksames Zuhören und praktische Hilfe an, wenn möglich.

Feiern Sie die Erfolge des anderen: Feiern Sie die Siege und Erfolge anderer, indem Sie echte Unterstützung zeigen. Das Feiern der Erfolge anderer stärkt die Bindungen des Glücks und des Teilens.

Lösen Sie Konflikte auf gesunde Weise: Konflikte können in jeder Beziehung auftreten, aber es ist wichtig, sie respektvoll und konstruktiv anzugehen. Lernen Sie zuzuhören und sich ohne Vorurteile auszudrücken.

Tun Sie freundliche Taten: Kleine Gesten der Freundlichkeit haben eine signifikante Wirkung. Schicken Sie eine liebevolle Nachricht, überraschen Sie jemanden oder bieten Sie Hilfe an, wenn nötig.

Passen Sie sich Veränderungen an: Menschen und Beziehungen entwickeln sich im Laufe der Zeit. Seien Sie offen für Veränderungen und gegenseitiges Wachstum und passen Sie sich den Veränderungen in den Beziehungen an.

Bewahren Sie Respekt und Individualität: Schätzen Sie die Individualität jeder Person in Ihren Beziehungen. Gegenseitiger Respekt ist entscheidend, um die Integrität eines jeden zu wahren.

Erkennen von toxischen Beziehungen: Während Sie Ihre bestehenden Beziehungen stärken, ist es wichtig, auf Anzeichen von toxischen Beziehungen zu achten. Beziehungen, die von emotionalem Missbrauch, Manipulation oder mangelndem Respekt geprägt sind, sind nicht gesund und können zur Einsamkeit beitragen. Wenn Sie Muster schädlichen Verhaltens in einer Beziehung bemerken, sollten Sie in Betracht ziehen, Grenzen zu setzen oder sich sogar von ihr zu lösen.

Die Balance der Selbstständigkeit: Während Sie Ihre Verbindungen zu anderen stärken, ist es entscheidend, nach einem gesunden Grad an Eigenständigkeit zu streben. Die Aufrechterhaltung emotionaler Unabhängigkeit und Autonomie ist entscheidend, um nicht zu sehr von anderen abhängig zu sein, um Ihre Einsamkeit zu lindern.

Denken Sie daran, dass Sie in der Lage sind, für sich selbst zu sorgen und Aktivitäten und Interessen zu verfolgen, die Ihnen Freude und persönliche Erfüllung bringen. Das Finden dieses Gleichgewichts trägt dazu bei, gesunde Beziehungen aufzubauen und eine Verbindung zu sich selbst herzustellen, die entscheidend ist, um Einsamkeit auf gesunde Weise zu bewältigen.

Die Praxis der Verletzlichkeit

Einsamkeit führt uns oft dazu, uns emotional abzuschotten, aus Angst vor Ablehnung oder Verurteilung. Dennoch ist die Praxis der Verletzlichkeit ein entscheidender Schritt, um dieses Gefühl der Isolation zu überwinden. Verletzlichkeit bedeutet, Ihre wahren Gefühle und Erfahrungen mit anderen zu teilen, auch wenn es beängstigend sein kann. Gründe, warum die Praxis der Verletzlichkeit wichtig ist, um mit Einsamkeit umzugehen:

Sie schafft authentische Verbindungen: Wenn Sie sich erlauben, verletzlich zu sein, laden Sie andere ein, dasselbe zu tun. Dies schafft eine Grundlage für authentischere und tiefere Beziehungen, in denen Menschen sich mit Ihren Erfahrungen und Emotionen identifizieren können.

Sie verringert das Gefühl der Isolation: Einsamkeit entsteht oft, wenn wir das Gefühl haben, dass unsere Gefühle einzigartig sind oder uns niemand versteht. Wenn Sie Ihre Emotionen teilen, erkennen Sie, dass Sie nicht allein in Ihren Gefühlen und Erfahrungen sind.

Sie fördert Empathie: Indem Sie Ihre eigenen Verletzlichkeiten ausdrücken, schaffen Sie Raum für andere, ihre eigenen Emotionen besser zu verstehen. Dies fördert Empathie und gegenseitiges Verständnis.

Sie fordert begrenzende Überzeugungen heraus: Die Praxis der Verletzlichkeit fordert begrenzende Überzeugungen heraus, dass Verletzlichkeit ein Zeichen von Schwäche ist. Im Gegenteil, Verletzlichkeit zu zeigen erfordert Mut und Authentizität.

Sie stärkt die Selbstakzeptanz: Wenn Sie Ihre Erfahrungen und Emotionen teilen, validieren Sie sich selbst. Dies trägt zur Selbstakzeptanz und zur Entwicklung eines positiveren Selbstbildes bei.

Sie schafft Raum für Unterstützung: Wenn Sie verletzlich sind, öffnen Sie die Tür für die Unterstützung und Ermutigung anderer. Die Menschen um Sie herum können Trost, Ratschläge und wertvolle Perspektiven bieten.

Die Praxis der Verletzlichkeit schrittweise umsetzen: Die Praxis der Verletzlichkeit ist nicht immer einfach, insbesondere wenn Sie es nicht gewohnt sind, Ihre Gefühle offen zu teilen. Beginnen Sie schrittweise und bequem, indem Sie vertrauenswürdige Personen auswählen, bei denen Sie sich wohl fühlen, sich zu öffnen. Hier sind einige Tipps für eine gesunde Praxis der Verletzlichkeit:

Wählen Sie den richtigen Zeitpunkt: Wählen Sie einen Zeitpunkt, an dem Sie entspannt sind und Zeit für ein Gespräch haben. Dies ermöglicht es Ihnen, sich stärker zu konzentrieren und eine tiefere Verbindung herzustellen.

Seien Sie authentisch: Seien Sie in Ihren Emotionen und Erfahrungen authentisch, wenn Sie teilen. Vermeiden Sie es, Ihre Gefühle zu verbergen oder herunterzuspielen, um sich zu schützen.

Beginnen Sie mit kleinen Gesprächen: Beginnen Sie damit, weniger komplexe Gedanken oder Gefühle zu teilen, bevor Sie sich mit tieferen Themen befassen. Dies hilft, das Vertrauen allmählich aufzubauen.

Üben Sie aktives Zuhören: Verletzlichkeit ist ein zweifacher Weg. Seien Sie bereit, die Erfahrungen und Emotionen anderer zu hören.

Seien Sie offen für unterschiedliche Reaktionen: Nicht alle Reaktionen werden erwartungsgemäß sein. Einige Menschen sind möglicherweise nicht bereit, mit Ihrer Verletzlichkeit umzugehen. Seien Sie offen und verstehen Sie, dass die Reaktionen vielfältig sind.

Wissen Sie, dass Sie nicht allein sind: Denken Sie daran, dass jeder in seinem Leben Herausforderungen und schwierige Emotionen bewältigen muss. Das Teilen

Ihrer Verletzlichkeiten kann eine unterstützende Gemeinschaft schaffen.

Die Praxis der Verletzlichkeit erfordert Umsicht und Respekt für Ihre eigenen emotionalen Grenzen. Wenn Sie sich mit dieser Praxis wohler fühlen, werden Sie feststellen, wie sie sich positiv auf die Schaffung bedeutungsvoller Verbindungen auswirken und Ihnen helfen kann, Einsamkeit auf gesunde Weise zu bewältigen.

Troste in der Einsamkeit finden

Obwohl die Suche nach Verbindungen wichtig ist, um mit Einsamkeit umzugehen, ist es auch wichtig, zu lernen, Trost in der Einsamkeit zu finden. Selbstmitgefühl zu pflegen und Aktivitäten zu entwickeln, die Sie gerne alleine tun, sind effektive Möglichkeiten, das Gefühl der Einsamkeit zu verringern. Freude und Bedeutung in Ihrer eigenen Gesellschaft zu finden, können transformierend sein. Hier sind Wege, um Trost in der Einsamkeit zu finden:

Selbstmitgefühl pflegen: Selbstmitgefühl bedeutet, sich selbst so freundlich und verständnisvoll zu behandeln, wie Sie es bei einem engen Freund tun würden. Wenn Sie sich einsam fühlen, üben Sie Selbstmitgefühl, indem Sie sich daran erinnern, dass jeder in seinem Leben Momente der Einsamkeit erlebt.

Selbsterkenntnis üben: Nutzen Sie die Zeit alleine, um in Ihre eigene innere Welt einzutauchen. Die Selbsterkenntnis ist eine Reise, um Ihre Wünsche, Werte und Leidenschaften zu entdecken. Je besser Sie sich selbst kennen, desto verbundener fühlen Sie sich mit sich selbst.

Entwickeln Sie Hobbys und persönliche Interessen: Erforschen Sie Aktivitäten, die Sie wirklich mögen und die Sie alleine tun können. Dies kann Lesen, Schreiben, Kochen, Malen, ein Musikinstrument spielen oder Yoga praktizieren sein. Freude an diesen Aktivitäten stärkt Ihre Beziehung zu sich selbst.

Schaffen Sie Momente der Selbstfürsorge: Verwandeln Sie Einsamkeit in Gelegenheiten zur Selbstfürsorge. Nehmen Sie ein entspannendes Bad, machen Sie einen Spaziergang in der Natur, meditieren Sie oder entspannen Sie sich einfach bei einer Tasse Tee. Diese Selbstfürsorgemomente nähren Ihren Geist und Körper.

Praktizieren Sie Achtsamkeit in der Einsamkeit: Wenn Sie alleine sind, praktizieren Sie Achtsamkeit oder das bewusste Wahrnehmen. Konzentrieren Sie sich auf die gegenwärtigen Sinneswahrnehmungen, Gedanken und Emotionen, anstatt sich um die Vergangenheit oder die Zukunft zu sorgen. Dies hilft, eine Wertschätzung für den gegenwärtigen Moment zu entwickeln.

Entwickeln Sie Ihre Vorstellungskraft und Kreativität: Nutzen Sie die Zeit alleine, um Ihre Vorstellungskraft und Kreativität zu erkunden. Schreiben Sie, zeichnen Sie, erzählen Sie Geschichten oder erlauben Sie sich einfach,

Tagträumereien nachzuhängen. Diese Aktivitäten regen den Geist an und vermitteln ein Gefühl der Erfüllung.

Suchen Sie die absichtliche Einsamkeit: Anstatt Einsamkeit zu vermeiden, suchen Sie sie gelegentlich bewusst auf. Einsamkeit kann Raum für tiefe Reflexion und Ruhe bieten, was es Ihnen ermöglicht, sich wieder mit sich selbst zu verbinden.

Praktizieren Sie die Dankbarkeit für Ihre Gesellschaft: Genauso wie Sie Dankbarkeit für äußere Dinge praktizieren, üben Sie auch Dankbarkeit für Ihre eigene Gesellschaft. Anerkennen Sie die Eigenschaften und Merkmale, die Sie einzigartig und wertvoll machen.

Vermeiden Sie den übermäßigen Einsatz von Technologie: Obwohl Technologie eine Möglichkeit ist, sich virtuell zu verbinden, kann übermäßiger Gebrauch tatsächlich das Gefühl der Einsamkeit verstärken. Legen Sie Zeiten ohne elektronische Geräte fest, um wirklich in Ihrer eigenen Gesellschaft präsent zu sein.

Troste in der Einsamkeit zu finden bedeutet nicht, sich von der Welt zu isolieren, sondern die Möglichkeit zu ergreifen, auf sinnvolle Weise eine Verbindung zu sich selbst herzustellen. Indem Sie eine gesunde Beziehung zu Ihrer eigenen Gesellschaft pflegen, bewältigen Sie nicht nur die Einsamkeit auf gesunde Weise, sondern bereichern auch Ihr inneres Leben und entwickeln eine solide Grundlage für Selbstliebe.

Sich an sozialen Aktivitäten beteiligen

Teilnahme an sozialen Aktivitäten und Gruppen, die Ihren Interessen und Werten entsprechen, ist ein effektiver Weg, um Einsamkeit zu bekämpfen und bedeutungsvolle Beziehungen aufzubauen. Durch dies haben Sie nicht nur die Möglichkeit, neue Leute kennenzulernen, sondern auch ein Teil einer Gemeinschaft zu werden, die Ihre Interessen teilt. Hier sind Strategien, um sich auf gesunde Weise in sozialen Aktivitäten zu engagieren:

Identifizieren Sie Ihre Interessen: Denken Sie darüber nach, welche Aktivitäten oder Hobbys wirklich Ihre Begeisterung wecken. Es kann sich um einen Sport, eine künstlerische Tätigkeit, einen Lesekreis, einen Kochkurs, Freiwilligengruppen und vieles mehr handeln. Wählen Sie Aktivitäten, die Ihnen Freude bereiten.

Recherchieren Sie lokale Gruppen und Veranstaltungen: Erkunden Sie die verfügbaren Optionen in Ihrer Gemeinde. Nutzen Sie soziale Netzwerke, lokale Websites und Anschlagbretter, um Gruppen und Veranstaltungen zu entdecken, die zu Ihren Interessen passen. Oft gibt es Gruppen, die sich auf spezifische Hobbys, soziale Anliegen und kulturelle Aktivitäten konzentrieren.

Nehmen Sie an Kursen oder Workshops teil: Die Teilnahme an Kursen oder Workshops ist eine ausgezeichnete Möglichkeit, Menschen kennenzulernen, während Sie etwas Neues lernen. Neben dem Erwerb neuer Fähigkeiten haben Sie die Möglichkeit, mit Gleichgesinnten in diesem Bereich in Kontakt zu treten.

Besuchen Sie öffentliche Orte: Cafés, Bibliotheken, Parks und Kulturzentren sind Orte, an denen Sie Menschen treffen können, die ebenfalls soziale Interaktion suchen. Seien Sie offen für Gespräche mit Menschen, die offen dafür erscheinen.

Nehmen Sie an Selbsthilfegruppen teil: Wenn Sie spezifische Herausforderungen in Ihrem Leben bewältigen, wie kürzliche Veränderungen, psychische Gesundheit oder gesundheitliche Probleme, erwägen Sie die Teilnahme an Selbsthilfegruppen. Diese Gruppen bieten einen sicheren Raum zum Austausch von Erfahrungen und zum Aufbau bedeutsamer Verbindungen.

Engagieren Sie sich ehrenamtlich: Ehrenamtliche Tätigkeiten sind eine lohnende Möglichkeit, sich in Ihrer Gemeinde zu engagieren und Gutes zu tun. Wählen Sie eine Organisation oder eine Sache, die Ihnen am Herzen liegt, und widmen Sie Ihre Zeit dem Helfen anderer. Dies bietet auch die Möglichkeit, Menschen mit ähnlichen Werten kennenzulernen.

Nehmen Sie an Online-Sozialveranstaltungen teil: Neben persönlichen Aktivitäten finden viele Gruppen und soziale Veranstaltungen online statt. Nehmen Sie an Webinaren, Diskussionsforen oder sozialen Netzwerkgruppen teil, die sich auf Ihre Interessen konzentrieren.

Initiieren Sie offene Gespräche: Wenn Sie an diesen Aktivitäten teilnehmen, seien Sie offen für Gespräche mit neuen Menschen. Fragen Sie nach deren Interessen, teilen Sie Ihre eigenen Erfahrungen und zeigen Sie echtes Interesse daran, die Menschen in Ihrer Umgebung kennenzulernen.

Seien Sie konsequent: Um bedeutungsvolle Beziehungen aufzubauen, ist es wichtig, konsequent an den Aktivitäten teilzunehmen. Besuchen Sie regelmäßig Treffen oder Veranstaltungen, damit die Menschen beginnen, Sie zu erkennen und stärkere Bindungen zu knüpfen.

Die Teilnahme an sozialen Aktivitäten hilft nicht nur, Einsamkeit zu bekämpfen, sondern bereichert auch Ihr Leben, indem Sie die Möglichkeit haben, Erfahrungen zu teilen, von anderen zu lernen und authentische Verbindungen aufzubauen. Denken Sie daran, dass es normal ist, einige Zeit in Anspruch zu nehmen, um sich in neuen Gruppen vollständig wohl und verbunden zu fühlen, aber die Ausdauer zahlt sich aus, wenn Sie die emotionalen und sozialen Vorteile ernten.

Die Bedeutung der Authentizität

Wenn es darum geht, Einsamkeit auf gesunde Weise zu bewältigen, ist Authentizität eine entscheidende Qualität, die einen Unterschied in Ihren Beziehungen und Ihrem emotionalen Wohlbefinden bewirken kann. Authentisch zu sein bedeutet, wahrhaftig gegenüber sich selbst und anderen zu sein und sich selbst zu erlauben,

Ihre Gefühle, Gedanken und Bedürfnisse auf ehrliche Weise auszudrücken. Die Bedeutung der Authentizität:

Aufbau bedeutsamer Verbindungen: Authentizität zieht echte Beziehungen an. Wenn Sie authentisch sind, ziehen Sie Menschen an, die Sie für das schätzen, was Sie sind, nicht für das, was Sie versuchen, zu sein, um anderen zu gefallen. Dies führt zu tieferen und bedeutungsvolleren Verbindungen, in denen Sie echte Erfahrungen teilen und sich wirklich verstanden fühlen können.

Selbstakzeptanz und Selbstwertgefühl: Authentisch zu sein bedeutet, sich selbst mit all Ihren Unvollkommenheiten und Qualitäten anzunehmen. Dies schafft eine solide Grundlage für Selbstakzeptanz und steigert Ihr Selbstwertgefühl. Sie erkennen, dass Sie es wert sind, geliebt und akzeptiert zu werden, unabhängig von externen Erwartungen.

Widerstand gegen Einsamkeit: Authentisch zu sein, hilft auch gegen Einsamkeit zu kämpfen. Wenn Sie bereit sind, Ihre Verletzlichkeit und Bedürfnisse mit anderen zu teilen, schaffen Sie Raum für sie, dasselbe zu tun. Dies schafft ein Umfeld des gegenseitigen Vertrauens, in dem Einsamkeit durch Verständnis und Unterstützung gemildert werden kann.

Reduzierung von Stress und Angst: Der Versuch, eine Fassade aufrechtzuerhalten oder zu verbergen, wer Sie wirklich sind, kann stressig und erschöpfend sein. Authentizität ermöglicht es Ihnen, sich von Masken und dem Druck zu befreien, jemand zu sein, der Sie nicht sind. Dies führt zu einer Reduzierung von Stress und Angst, da Sie sich nicht ständig Sorgen machen müssen, ein falsches Bild aufrechtzuerhalten.

Persönliches Wachstum und Selbstkenntnis: Authentizität erfordert Selbstkenntnis und Selbstreflexion. Indem Sie Ihre eigenen Gefühle und Erfahrungen erkunden und teilen, werden Sie sich mehr über sich selbst und Ihre Werte bewusst. Dies fördert ein kontinuierliches persönliches Wachstum, während Sie mehr über sich selbst und Ihre Wünsche im Leben erfahren.

Inspiration für andere: Ihre Authentizität kann andere um Sie herum inspirieren. Wenn Sie den Mut haben, sich selbst treu zu sein, zeigen Sie anderen, dass es möglich ist, ein authentisches und erfüllendes Leben zu führen, auch wenn dies soziale Normen oder Erwartungen herausfordert.

Unterstützung in schwierigen Zeiten: In schwierigen Zeiten ermöglicht Authentizität Ihnen, Unterstützung und Verständnis zu suchen. Wenn Sie Ihre Kämpfe und Schwierigkeiten auf authentische Weise teilen, schaffen Sie Raum für andere, Hilfe, Ratschläge oder einfach nur ein aufmerksames Ohr anzubieten.

Authentizität ist kein schneller Prozess; es ist eine fortlaufende Reise der Selbsterforschung und ehrlichen Ausdrucks. Es kann Momente geben, in denen Sie Angst vor Authentizität haben, insbesondere wenn dies mit

Verletzlichkeit verbunden ist. Die emotionalen Vorteile und der Aufbau bedeutsamer Beziehungen sind jedoch den Aufwand wert. Wenn Sie sich dafür entscheiden, authentisch zu sein, wählen Sie ein Leben, das reich an echten Verbindungen und Selbstakzeptanz ist.

VERMEIDEN DER FALLE DER ÜBERMÄSSIGEN SELBSTÄNDIGKEIT

Während Selbständigkeit eine wertvolle Eigenschaft ist, kann übermäßige Selbständigkeit zu einer emotionalen Falle werden. Wenn wir übermäßig selbständig werden, zögern wir, um Hilfe zu bitten oder uns emotional mit anderen zu verbinden. Dies kann zu emotionaler Einsamkeit und fehlender Unterstützung in schwierigen Zeiten führen.

Die Wurzeln übermäßiger Selbständigkeit

Übermäßige Selbständigkeit ist ein Verhaltensmuster, das tiefe emotionale und psychologische Wurzeln haben kann. Diese Wurzeln entwickeln sich oft aus vergangenen Erfahrungen, begrenzenden Überzeugungen und Bewältigungsmechanismen. Mögliche Wurzeln übermäßiger Selbständigkeit sind:

Vergangene Traumata: Erfahrungen mit vergangenen Traumata wie Missbrauch, Vernachlässigung oder Verlust können zu einem grundlegenden Misstrauen gegenüber anderen führen. Wenn Sie von nahestehenden Personen verletzt wurden, entwickeln Sie möglicherweise die Einstellung, dass es sicherer ist, nur auf sich selbst zu vertrauen, um weitere Schmerzen zu vermeiden.

Ablehnung oder Verlassenwerden: Das Gefühl der Ablehnung oder des Verlassenwerdens in früheren Beziehungen kann zu übermäßiger Selbständigkeit führen. Wenn Sie in der Vergangenheit zurückgelassen wurden oder das Gefühl hatten, nicht geschätzt zu werden, können Sie glauben, dass es sicherer ist, sich auf niemanden außer sich selbst zu verlassen.

Glaubenssätze der Unzulänglichkeit: Tief verwurzelte Überzeugungen der Unzulänglichkeit können übermäßige Selbständigkeit fördern. Wenn Sie glauben, dass Sie keine Hilfe oder Unterstützung verdienen, fühlen Sie sich möglicherweise gezwungen, alles selbst zu bewältigen. Diese Überzeugung kann aus Erfahrungen von geringem Selbstwertgefühl oder ständigen Vergleichen mit anderen resultieren.

Kindheitsmuster: Kindheitserfahrungen wie das frühzeitige Erlernen von Unabhängigkeit können zur übermäßigen Selbständigkeit beitragen. Wenn Sie in einer Umgebung aufgewachsen sind, in der Ihre Bedürfnisse nicht erfüllt wurden oder Sie ermutigt wurden, Ihre eigenen Probleme zu lösen, können Sie diese Botschaft internalisieren und in das Erwachsenenleben mitnehmen.

Angst vor Verletzlichkeit: Übermäßige Selbständigkeit wurzelt oft in der Angst vor Verletzlichkeit. Wenn Sie gelernt haben, dass das Zeigen von Schwächen oder das Bitten um Hilfe ein Zeichen von Schwäche ist, wählen Sie möglicherweise, Verletzlichkeit um jeden Preis zu vermeiden, indem Sie selbständig bleiben.

Frühere emotionale Abhängigkeit: Einige Menschen übernehmen übermäßige Selbständigkeit als Reaktion auf frühere Erfahrungen emotionaler Abhängigkeit. Wenn Sie bereits in der Vergangenheit emotional übermäßig von jemand anderem abhängig waren und darunter gelitten haben, wählen Sie möglicherweise, sich auf niemanden zu verlassen, um Ihr emotionales Wohlbefinden zu schützen.

Das Erkennen der Wurzeln übermäßiger Selbständigkeit ist der erste Schritt, um sie auf gesunde Weise anzugehen. Indem Sie sich Ihrer vergangenen Erfahrungen und der Überzeugungen bewusst werden, die dieses Muster nähren, können Sie beginnen, diese Überzeugungen in Frage zu stellen und neue Möglichkeiten der Selbstbeziehung und Beziehung zu anderen zu suchen. Therapie, Selbstkenntnis und die Suche nach gesunden Beziehungen können eine wichtige Rolle dabei spielen, übermäßige Selbständigkeit zu überwinden und ein ausgeglicheneres und stärker vernetztes Leben aufzubauen.

Die Risiken übermäßiger Selbständigkeit

Obwohl Selbständigkeit eine wertvolle Fähigkeit ist, ist es wichtig anzuerkennen, dass, wenn sie ins Extreme getrieben wird, sie bedeutende Risiken und Herausforderungen mit sich bringen kann. Dies sind Risiken, die mit übermäßiger Selbständigkeit verbunden sind:

Emotionale Isolation: Übermäßige Selbständigkeit kann zu emotionaler Isolation führen, bei der Sie sich von anderen abschotten und es vermeiden, Ihre Gefühle und Sorgen zu teilen. Dies kann zu einem Gefühl der Einsamkeit und Entfremdung führen, da Sie anderen nicht erlauben, emotional näher zu kommen.

Fehlende soziale Unterstützung: Wenn Sie es vermeiden, von anderen abhängig zu sein, können Sie sich wertvolle Unterstützung entziehen, die gesunde Beziehungen bieten können. Dies kann Sie ohne soziales Unterstützungsnetzwerk zurücklassen, wenn Sie auf Herausforderungen stoßen, was den Stress und das Gefühl der Überlastung erhöhen kann.

Übermäßiger Druck: Der Versuch, alles alleine zu bewältigen, kann zu übermäßigem emotionalen und mentalen Druck führen. Sie können sich verantwortlich fühlen, alle Probleme zu lösen, was zu hohem Stress und Erschöpfung führen kann.

Schwierigkeiten beim Bitten um Hilfe: Übermäßige Selbständigkeit kann es schwer machen, Hilfe zu suchen, wenn Sie sie wirklich brauchen. Dies kann zu Widerstand führen, Unterstützung oder Rat von anderen zu suchen, selbst wenn es vorteilhaft wäre.

Emotionale Erschöpfung: Der Mangel an emotionaler Unterstützung und der ständige Druck, selbständig zu sein, können zur emotionalen Erschöpfung führen. Ohne die Möglichkeit, Ihre Gefühle und Sorgen zu teilen, können Sie sich überwältigt und emotional erschöpft fühlen.

Flache Beziehungen: Übermäßige Selbständigkeit kann zu oberflächlichen Beziehungen führen, in denen Sie sich emotional nicht öffnen und es anderen nicht ermöglichen, die wahre Tiefe Ihrer selbst kennenzulernen. Dies kann die Entwicklung bedeutungsvoller Verbindungen erschweren.

Perfektionismus: Das rücksichtslose Streben nach Selbständigkeit kann mit Perfektionismus verbunden sein, bei dem Sie ständig danach streben, unabhängig zu sein und alles perfekt zu machen. Dieses Muster kann anstrengend sein und zu unerreichbarer Selbstforderung führen.

Fehlendes persönliches Wachstum: Übermäßige Selbständigkeit kann Ihr persönliches Wachstum einschränken. Gesunde Beziehungen und bedeutungsvolle Verbindungen fordern uns oft heraus und helfen uns, zu wachsen. Durch die Vermeidung von Interdependenz können Sie wertvolle Lern- und Entwicklungschancen verpassen.

Schwierigkeiten bei der Delegation: Das Bedürfnis, selbständig zu sein, kann es Ihnen schwer machen, Aufgaben zu delegieren oder anderen zu vertrauen, um Hilfe zu leisten. Dies kann besonders in Arbeitsumgebungen oder Zusammenarbeiten problematisch sein.

Hemmnis für Selbstliebe: Übermäßige Selbständigkeit kann die Praxis echter Selbstliebe erschweren. Wahre Selbstmitgefühl beinhaltet die Anerkennung, wenn Sie Hilfe benötigen, und die Erlaubnis, Unterstützung anzunehmen, wenn nötig.

Die Anerkennung dieser Risiken und Herausforderungen ist entscheidend, um ein gesundes Gleichgewicht zwischen Selbständigkeit und Interdependenz zu finden. Die Pflege echter Beziehungen, das Zulassen von Verletzlichkeit und das Lernen, anderen zu vertrauen, sind wichtige Schritte, um die Risiken übermäßiger Selbständigkeit zu vermeiden und Ihr emotionales und zwischenmenschliches Wohlbefinden zu fördern.

Das Gleichgewicht finden

Das Gleichgewicht zwischen Selbstständigkeit und der Bereitschaft, Unterstützung anzunehmen, zu finden, ist eine wichtige Reise der Selbsterkenntnis und des persönlichen Wachstums. Hier sind Strategien und Überlegungen, die Ihnen helfen können, dieses gesunde Gleichgewicht zu finden:

Tiefes Selbstbewusstsein: Beginnen Sie damit, ein tiefes Selbstbewusstsein zu entwickeln. Achten Sie auf Ihre Verhaltensmuster und Gedankenmuster in Bezug auf Unabhängigkeit und die Bereitschaft, Hilfe anzunehmen. Seien Sie aufmerksam in Momenten, in denen Sie sich emotional zurückziehen oder Widerstand gegen Unterstützung leisten.

Reflektieren Sie Ihre Bedürfnisse: Nehmen Sie sich Zeit, um über Ihre emotionalen, mentalen und physischen Bedürfnisse nachzudenken. Erkennen Sie an, dass jeder seine Grenzen hat und es natürlich ist, zu bestimmten Zeiten Hilfe zu benötigen. Fragen Sie sich: "Was fühle ich? Was brauche ich wirklich in diesem Moment?"

Identifizieren Sie Ihre Ängste: Erforschen Sie die zugrunde liegenden Ängste, die zu Ihrer übermäßigen Selbständigkeit beitragen können. Fragen Sie sich: "Was hindert mich daran, um Hilfe zu bitten?" Das Identifizieren dieser Ängste kann Ihnen dabei helfen, sie bewusster anzugehen.

Bauen Sie bedeutungsvolle Beziehungen auf: Priorisieren Sie den Aufbau von bedeutungsvollen und authentischen Beziehungen. Suchen Sie nach Menschen, die Ihre emotionale Offenheit schätzen und Sie unterstützen. Diese Beziehungen bieten einen sicheren Raum, in dem Sie Sie selbst sein können.

Bitten Sie um Hilfe, wenn nötig: Denken Sie daran, dass um Hilfe zu bitten kein Zeichen von Schwäche ist, sondern von Mut und Selbstbewusstsein. Wenn Sie erkennen, dass Sie Unterstützung benötigen, seien Sie bereit, Hilfe von Freunden, Familie, Therapeuten oder Mentoren anzunehmen.

Üben Sie das Annehmen: Üben Sie das Annehmen mit Dankbarkeit. Wenn Ihnen jemand Hilfe anbietet, nehmen Sie sie mit offenen Armen an. Anderen zu erlauben, beizutragen, ist auch eine großzügige Geste, da es ihnen das Gefühl gibt, wertgeschätzt zu werden.

Setzen Sie gesunde Grenzen: Das Finden des Gleichgewichts bedeutet nicht, sich zu sehr auf andere zu verlassen. Setzen Sie in Ihren Beziehungen gesunde Grenzen, damit Sie Unterstützung annehmen können, wenn Sie sie benötigen, aber auch Ihre Autonomie und Unabhängigkeit bewahren können.

Feiern Sie die Interaktion: Feiern Sie die Momente, in denen Sie sich öffnen, Verbindungen knüpfen und andere in Ihr emotionales Leben lassen. Schätzen Sie diese Momente als Gelegenheiten für persönliches Wachstum und Stärkung von Beziehungen.

Seien Sie freundlich zu sich selbst: Das Finden des Gleichgewichts ist eine kontinuierliche Reise. Strafen Sie sich nicht für Momente übermäßiger Selbständigkeit. Seien Sie freundlich zu sich selbst und erkennen Sie, dass Sie sich in einem Prozess des Wachsens und Lernens befinden.

Das Finden des Gleichgewichts zwischen Selbstständigkeit und der Bereitschaft, Unterstützung anzunehmen, ist ein wichtiger Schritt für emotionale Gesundheit und Wohlbefinden. Dies ermöglicht tiefere Verbindungen zu sich selbst und anderen und den Aufbau authentischerer und bedeutungsvoller Beziehungen.

Die Bedeutung der Kommunikation

Kommunikation spielt eine entscheidende Rolle dabei, die Falle der übermäßigen Selbständigkeit zu vermeiden. Durch offene und ehrliche Kommunikation bauen Sie Verbindungsbrücken zu anderen Menschen, stärken Ihre Beziehungen und fördern ein gesundes Gefühl der Interdependenz. Hier sind Gründe, warum die Kommunikation in diesem Kontext von entscheidender Bedeutung ist:

Fördert gegenseitiges Verständnis: Durch Kommunikation teilen Sie Ihre Gedanken, Gefühle und Perspektiven mit anderen. Dies ermöglicht es ihnen, besser zu verstehen, wer Sie sind und was Sie durchmachen, was wiederum zu größerem Einfühlungsvermögen und Verbindung führt.

Schafft Raum für gegenseitige Unterstützung: Wenn Sie sich über Ihre Bedürfnisse und Herausforderungen öffnen, schaffen Sie Raum für andere, Unterstützung und Hilfe anzubieten. Effektive Kommunikation ermöglicht es Ihnen, mitzuteilen, was Sie durchmachen, und erlaubt anderen, für Sie da zu sein.

Stärkt Beziehungen: Gesunde Beziehungen basieren auf Kommunikation. Durch offenes Teilen stärken Sie das Vertrauen und die Intimität in Ihren Beziehungen und schaffen eine Umgebung, in der sich jeder wertgeschätzt und verstanden fühlt.

Verhindert emotionale Isolation: Übermäßige Selbständigkeit kann zu emotionaler Isolation führen, bei der Sie sich von den Menschen in Ihrer Umgebung abkapseln. Effektive Kommunikation ist ein Gegenmittel gegen diese Isolation und ermöglicht es Ihnen, Ihre Gefühle zu teilen und Distanz zu vermeiden.

Baut den Mut zur Verletzlichkeit auf: Kommunikation erfordert, durch das Teilen Ihrer Gefühle und Sorgen, Verletzlichkeit. Durch die Praxis offener Kommunikation entwickeln Sie den Mut, sich authentisch auszudrücken, was wiederum Ihr Selbstwertgefühl stärkt.

Verhindert Missverständnisse: Mangelnde Kommunikation kann zu Missverständnissen und Groll führen. Durch klares und direktes Äußern Ihrer Gedanken minimieren Sie die Wahrscheinlichkeit von Fehlinterpretationen und unnötigen Konflikten.

Fördert Selbstbewusstsein: Durch das Teilen Ihrer Gedanken und Emotionen mit anderen werden Sie auch auf Ihre eigenen Bedürfnisse und Herausforderungen aufmerksam, was die Authentizität fördert.

Ermutigt einen kooperativen Ansatz: Effektive Kommunikation fördert einen kooperativen Ansatz und gegenseitige Unterstützung. Anstatt alles alleine lösen zu wollen, ermöglichen Sie anderen, ihre Perspektiven und Ideen zu teilen, was Ihre Entscheidungsfindung bereichert.

Schafft Raum für kreative Lösungen: Durch das Teilen von Herausforderungen und Problemen können Sie von anderen Einblicke und kreative Lösungen erhalten. Dies erweitert Ihren Werkzeugkasten zur Bewältigung von schwierigen Situationen.

Pflegt bedeutungsvolle Beziehungen: Effektive Kommunikation ist eine Schlüsselkomponente für die Pflege bedeutungsvoller Beziehungen. Durch die Schaffung einer offenen und ehrlichen Umgebung fördern Sie ein Gefühl der Zugehörigkeit und Verbundenheit.

Kommunikation ist eine zweigleisige Straße. Neben dem Ausdrücken Ihrer eigenen Gedanken und Gefühle ist es auch wichtig, aufmerksam zuzuhören, was andere zu sagen haben. Die fortgesetzte Praxis offener und ehrlicher Kommunikation hilft, die Falle der übermäßigen Selbständigkeit zu vermeiden und gesunde, bereichernde Beziehungen zu fördern.

Das Erlernen des Bittens um Hilfe

Das Erlernen des Bittens um Hilfe ist ein wesentlicher Schritt, um die Falle der übermäßigen Selbständigkeit zu vermeiden und die Einsamkeit auf gesunde Weise zu bewältigen. Obwohl es eine Herausforderung sein kann, ist um Hilfe zu bitten ein Akt des Mutes, der Demut und des Selbstwissens. Perspektiven, die Ihnen helfen können, effektiver um Hilfe zu bitten:

Ändern Sie Ihre Sichtweise auf das Bitten um Hilfe: Verstehen Sie, dass um Hilfe zu bitten kein Zeichen von Schwäche ist, sondern vielmehr eine Anerkennung, dass jeder Momente hat, in denen er Unterstützung benötigt. Es ist ein Zeichen von Stärke und Mut, Hilfe in Anspruch zu nehmen, wenn sie gebraucht wird.

Erkennen Sie Ihre Grenzen: Niemand ist in der Lage, ständig alles alleine zu tun. Das Erkennen Ihrer eigenen Grenzen ist ein Zeichen von Authentizität und Selbstbewusstsein. Indem Sie erkennen, wo Sie Hilfe benötigen, sind Sie ehrlich zu sich selbst.

Identifizieren Sie vertrauenswürdige Personen: Identifizieren Sie Menschen in Ihrem Leben, denen Sie vertrauen und die bereit sind, Unterstützung anzubieten. Es kann ein enger Freund, ein Familienmitglied oder ein Gesundheitsfachmann sein. Ein zuverlässiges Unterstützungsnetzwerk ist entscheidend.

Seien Sie konkret darüber, was Sie benötigen: Wenn Sie um Hilfe bitten, seien Sie klar darüber, welche Art von Unterstützung Sie suchen. Dies hilft anderen, Ihre Bedürfnisse zu verstehen und Unterstützung effektiver anzubieten.

Üben Sie die Verletzlichkeit: Um Hilfe zu bitten erfordert, verletzlich zu sein und zuzugeben, dass Sie nicht alle Antworten haben. Die Übung der Verletzlichkeit ist entscheidend, um authentische Beziehungen aufzubauen und bedeutende Verbindungen zu fördern.

Zeigen Sie Dankbarkeit und Anerkennung: Immer wenn Ihnen jemand Hilfe anbietet, seien Sie dankbar und zeigen Sie Anerkennung. Dies zeigt, dass Sie die Unterstützung, die Sie erhalten, wertschätzen, und stärkt die Bindung zwischen Ihnen und anderen weiter.

Schaffen Sie eine Umgebung gegenseitiger Unterstützung: Indem Sie um Hilfe bitten, wenn nötig, ermutigen Sie auch andere, dasselbe zu tun. Dies schafft eine Umgebung gegenseitiger Unterstützung, in der sich alle wohl fühlen, ihre Bedürfnisse zu teilen.

Üben Sie die Annahme: So wichtig es ist, um Hilfe zu bitten, so wichtig ist es auch, Hilfe anzunehmen, wenn sie angeboten wird. Oft lehnen wir Hilfe aus Stolz oder aus Angst, zur Last zu fallen, ab. Üben Sie, die Großzügigkeit anderer anzunehmen.

Denken Sie an Ihr persönliches Wachstum: Um Hilfe zu bitten und Unterstützung zu erhalten, sind Gelegenheiten für Ihr persönliches Wachstum. Sie befähigen sich, Herausforderungen effektiver zu bewältigen und bauen gesunde Beziehungen auf.

Feiern Sie gemeinsame Erfolge: Wenn Sie Hilfe erhalten, sehen Sie es nicht nur als vorübergehende Erleichterung, sondern als gemeinsamen Erfolg. Durch Teamarbeit und gegenseitige Unterstützung gedeihen alle.

Das Erlernen des Bittens um Hilfe ist ein fortlaufender Prozess, der das Üben von Authentizität, Demut und Offenheit umfasst. Wenn Sie die Bedeutung des Suchens nach Unterstützung, wenn nötig, verinnerlichen, bauen Sie tiefere Beziehungen auf und stärken Ihre emotionale Widerstandsfähigkeit.

Pflege unterstützender Beziehungen

Die Entwicklung unterstützender Beziehungen ist ein wesentlicher Bestandteil, um die Falle der übermäßigen Selbständigkeit zu vermeiden und Einsamkeit auf gesunde Weise zu bewältigen. Authentische und bedeutsame Beziehungen spielen eine entscheidende Rolle für unsere emotionale Gesundheit und unser Wohlbefinden. Hier sind Strategien, um unterstützende Beziehungen in Ihrem Leben zu pflegen:

Priorisieren Sie authentische Beziehungen: Suchen Sie nach Verbindungen zu Menschen, die Sie für das schätzen, was Sie sind, und die bereit sind, Sie in Zeiten der Not zu unterstützen. Vermeiden Sie oberflächliche oder toxische Beziehungen, die Ihr Selbstwertgefühl untergraben könnten.

Teilen Sie Erfahrungen und Gefühle: Kultivieren Sie emotionale Offenheit, indem Sie Ihre Erfahrungen und Gefühle mit Vertrauenspersonen teilen. Dies schafft ein Umfeld des Vertrauens und der Gegenseitigkeit, in dem beide Seiten sich gegenseitig unterstützen können.

Zeigen Sie Empathie: Seien Sie einfühlsam im Zuhören und im Angebot von Unterstützung. Das Zeigen von Mitgefühl für die Gefühle und Anliegen anderer stärkt die Bindungen und schafft eine Grundlage für gegenseitige Unterstützung.

Seien Sie in schwierigen Zeiten präsent: Eine wahre unterstützende Beziehung zeichnet sich dadurch aus, dass die Menschen in schwierigen Zeiten präsent sind. Bieten Sie Ihr Ohr und Ihre Unterstützung an, wenn jemand Herausforderungen durchmacht.

Feiern Sie Erfolge und Freuden: Genauso wichtig wie das Präsentsein in schwierigen Zeiten ist es, die Erfolge und Freuden anderer zu feiern. Teilen Sie die Freuden und Erfolge Ihrer Freunde und Lieben und zeigen Sie, dass Sie sich um ihr Wohlbefinden kümmern.

Setzen Sie gesunde Grenzen: Gesunde Beziehungen beinhalten das Festlegen von Grenzen, die die Bedürfnisse und Einschränkungen beider Seiten respektieren. Kommunizieren Sie Ihre eigenen Bedürfnisse und seien Sie bereit, die Bedürfnisse anderer zu respektieren.

Kommunizieren Sie offen: Offene und ehrliche Kommunikation ist die Grundlage jeder gesunden Beziehung. Seien Sie bereit, über Ihre Anliegen, Gefühle und Bedürfnisse zu sprechen, und ermutigen Sie andere, dasselbe zu tun.

Bieten Sie Unterstützung ohne Urteile: Wenn Sie Unterstützung anbieten, tun Sie dies ohne Vorurteile. Vermeiden Sie Kritik oder ungefragte Ratschläge. Stattdessen hören Sie zu und bieten Sie Unterstützung ohne Ihre Meinung aufzuzwingen.

Suchen Sie gemeinsame Interessen: Bauen Sie Verbindungen auf der Grundlage gemeinsamer Interessen auf. Die Teilnahme an Aktivitäten oder Gruppen, die Ihre Interessen teilen, ist eine effektive Möglichkeit, Menschen kennenzulernen, die schätzen, was Sie schätzen.

Anerkennen Sie individuelle Unterschiede: Jeder Mensch ist einzigartig, und das schließt die Art und Weise ein, wie Menschen Sorge und Unterstützung ausdrücken. Seien Sie offen für die Anerkennung individueller Unterschiede in der Art und Weise, wie Menschen sich kümmern und unterstützen.

Seien Sie konstant und zuverlässig: Verlässlichkeit ist eine wichtige Eigenschaft in jeder unterstützenden Beziehung. Seien Sie anwesend, wenn Sie sagen, dass Sie es sein werden, und halten Sie Ihre Versprechen.

Seien Sie bereit zu vergeben und Konflikte zu überwinden: In jeder Beziehung können Missverständnisse auftreten. Seien Sie bereit zu vergeben, Konflikte zu überwinden und vorwärts zu gehen, solange die Beziehung gesund ist und es wert ist.

Die Pflege unterstützender Beziehungen erfordert Zeit, Anstrengung und gegenseitiges Engagement. Die Vorteile sind jedoch unbezahlbar. Authentische Beziehungen helfen nicht nur, Einsamkeit zu bekämpfen, sondern tragen auch zu Ihrem persönlichen Wachstum, Ihrer emotionalen Gesundheit und Ihrem allgemeinen Glück bei.

Die Praxis der Akzeptanz

Die Praxis der Akzeptanz ist eine emotionale Reise, die darin besteht, Ihre eigene Menschlichkeit anzuerkennen und Ihre Verletzlichkeit zu akzeptieren. Zu akzeptieren, dass Sie nicht alles alleine bewältigen müssen, ist ein entscheidender Schritt, um in die Falle der übermäßigen Selbständigkeit zu vermeiden und gesunde Beziehungen zu pflegen. Hier sind einige Möglichkeiten, wie Sie Akzeptanz in Bezug auf Ihre eigenen Bedürfnisse nach Unterstützung praktizieren können:

Emotionale Selbstwahrnehmung: Beginnen Sie mit der Kultivierung emotionaler Selbstwahrnehmung. Erkennen und identifizieren Sie Ihre eigenen Gefühle, ohne zu urteilen. Dazu gehören Gefühle von Einsamkeit, Traurigkeit, Angst oder jede andere Emotion, die Sie möglicherweise erleben.

Erkennen Sie Ihre Bedürfnisse: Zu akzeptieren, dass Sie emotionale Bedürfnisse haben und dass Sie nicht alleine mit Herausforderungen umgehen müssen, ist entscheidend. Erkennen Sie, dass es völlig normal und menschlich ist, Unterstützung, Trost und Verständnis zu suchen.

Üben Sie Selbstmitgefühl: Selbstmitgefühl ist die Praxis, sich selbst mit derselben Freundlichkeit und Verständnis zu behandeln, wie Sie es bei einem geliebten Freund tun würden. Anstatt sich selbst für die Notwendigkeit von Hilfe zu kritisieren, üben Sie Selbstmitgefühl und erkennen Sie, dass es normal ist, Unterstützung zu suchen.

Herausfordernde begrenzende Überzeugungen: Oft wird übermäßige Selbständigkeit von begrenzenden Überzeugungen genährt, wie etwa "um Hilfe zu bitten, ist ein Zeichen von Schwäche". Fordern Sie diese Überzeugungen heraus, indem Sie anerkennen, dass Unterstützung zu suchen ein Zeichen von Stärke und Mut ist.

Lernen Sie zu empfangen: Genauso wichtig wie das Anbieten von Unterstützung ist es, zu lernen, Unterstützung anzunehmen. Oft haben selbstständige Menschen Schwierigkeiten, die Hilfe anderer anzunehmen. Üben Sie das dankbare Annehmen von Hilfe, wenn sie angeboten wird.

Wertschätzen Sie menschliche Verbindungen: Erkennen Sie den Wert menschlicher Verbindungen. Beziehungen sind ein wesentlicher Bestandteil der menschlichen Erfahrung und bieten Unterstützung, Trost und ein Gefühl der Zugehörigkeit. Schätzen Sie die positive Rolle, die andere in Ihrem Leben spielen können.

Bauen Sie Vertrauensbeziehungen auf: Vertrauensbeziehungen aufzubauen ist eine Möglichkeit, die Akzeptanz zu praktizieren. Wenn Sie Menschen haben, denen Sie vertrauen und auf die Sie zählen können, fällt es Ihnen leichter, ihre Hilfe anzunehmen.

Vermeiden Sie Perfektionismus: Perfektionismus kann zu dem Glauben führen, dass Sie in der Lage sein sollten, alles alleine zu bewältigen und keine Fehler machen sollten. Denken Sie daran, dass jeder seine Grenzen hat und dass Fehler zum Wachstum dazugehören.

Feiern Sie emotionale Intimität: Die Praxis der Akzeptanz beinhaltet auch die Feier der emotionalen Intimität. Dies bedeutet, sich selbst zu erlauben, Ihre tiefsten Gefühle mit anderen zu teilen und ihnen das Gleiche zu ermöglichen.

Schaffen Sie eine unterstützende Umgebung: In Ihren engsten Beziehungen schaffen Sie eine Umgebung, in der es sicher ist, Bedürfnisse auszudrücken und emotionale Unterstützung zu suchen. Zeigen Sie, dass Sie verfügbar sind, um zuzuhören und andere zu unterstützen.

Erinnern Sie sich an Ihre Menschlichkeit: Sie sind ein Mensch, und Menschlichkeit zeichnet sich durch unsere gegenseitige Abhängigkeit und unser Bedürfnis nach Verbindung aus. Hilfe von anderen anzunehmen ist ein Ausdruck unserer menschlichen Natur.

Durch die Praxis der Akzeptanz erkennen Sie Ihre eigene Verletzlichkeit an und fördern eine Haltung der Offenheit, um Unterstützung anzunehmen. Dies stärkt nicht nur Ihre Beziehungen, sondern fördert auch Ihre emotionale Gesundheit und Ihr allgemeines Wohlbefinden.

Die gesunde Bewältigung von Einsamkeit und die Vermeidung der Falle der übermäßigen Selbständigkeit sind Herausforderungen, denen wir alle zu verschiedenen Zeiten unseres Lebens gegenüberstehen. Es ist wichtig, sich daran zu erinnern, dass wir soziale und emotionale Wesen sind, die Verbindung und Unterstützung benötigen. Das Gleichgewicht zwischen Unabhängigkeit und Offenheit für echte Beziehungen zu finden, ist entscheidend für die Erhaltung unserer geistigen, emotionalen und allgemeinen körperlichen Gesundheit.

KAPITEL 10
GESUNDE BEZIEHUNGEN ANZIEHEN

Wie ein Magnet für Selbstliebe ziehen Sie Herzen an, die im gleichen Rhythmus schlagen.

Gesunde Beziehungen sind wie Blumen, die in unserem emotionalen Garten erblühen und Schönheit, Freude und Wachstum bringen. Doch um diese bedeutsamen Beziehungen anzuziehen, bedarf es mehr als nur dem Glück des Schicksals. Es geht darum, positive Energien auszusenden, sich selbst tief zu kennen und für die Liebe offen zu sein. In diesem Kapitel werden wir erkunden, wie diese Elemente zusammenwirken, um gesunde und erfüllende Beziehungen anzuziehen.

POSITIVE ENERGIEN AUSSCHICKEN, UM PASSENDE MENSCHEN ANZUZIEHEN

Genauso wie ein Magnet Objekte mit entgegengesetzten Ladungen anzieht, spielen unsere emotionalen Energien ebenfalls eine entscheidende Rolle bei der Anziehung kompatibler Menschen. Positive Energien aussenden bedeutet, eine optimistische Einstellung zu pflegen, für neue Erfahrungen offen zu sein und das Beste in uns zum Vorschein zu bringen.

Pflege einer positiven Einstellung

Eine positive Einstellung ist wie ein Leuchtturm, der unseren Weg erhellt und unsere Reise strahlender und attraktiver macht. Wenn wir uns bemühen, eine positive Einstellung zu kultivieren, verbessern wir nicht nur unsere Lebensqualität, sondern steigern auch unsere Fähigkeit, gesunde und bedeutungsvolle Beziehungen anzuziehen.

Der Einfluss der Einstellung auf die Anziehung von Beziehungen: Unsere Einstellung spielt eine bedeutende Rolle dabei, wie wir uns mit anderen verbinden. Stellen Sie sich vor, Sie treffen jemanden, der Positivität, Selbstvertrauen und Optimismus ausstrahlt. Diese Person wirkt sofort attraktiver, da ihre positive Energie ansteckend und angenehm ist. Gesunde Beziehungen basieren auf einem ausgewogenen Austausch von Energien, und eine positive Einstellung kann der Magnet sein, der kompatible Menschen anzieht.

Selbsterkenntnis und Selbstakzeptanz: Die Pflege einer positiven Einstellung beginnt mit der Selbsterkenntnis und der Selbstakzeptanz. Es ist wichtig, alle Aspekte unserer selbst, einschließlich unserer Unvollkommenheiten, anzuerkennen und anzunehmen. Dies bedeutet nicht, die Bereiche zu ignorieren, in denen Wachstum erforderlich ist, sondern sie mit Selbstmitgefühl und dem Glauben anzugehen, dass wir in der Lage sind, uns weiterzuentwickeln.

Fokus auf Chancen und Lösungen: Eine positive Einstellung lehrt uns, über Herausforderungen hinauszuschauen und sich auf Chancen und Lösungen zu konzentrieren. Anstatt sich auf Hindernisse zu konzentrieren, lenken wir unsere Energie darauf, Möglichkeiten zu finden, sie zu überwinden. Diese Herangehensweise stärkt uns nicht nur individuell, sondern schafft auch eine günstige Atmosphäre für gesunde Beziehungen, in denen beide Partner sich verpflichtet fühlen, Herausforderungen gemeinsam anzugehen.

Widerstandsfähigkeit und Wachstum: Eine positive Einstellung macht uns widerstandsfähiger gegenüber Widrigkeiten. Wir wissen, dass die Höhen und Tiefen des Lebens natürlich sind und sind bereit, von ihnen zu lernen und zu wachsen. Diese Anpassungsfähigkeit hilft uns nicht nur, unsere eigenen Herausforderungen zu bewältigen, sondern ermöglicht es uns auch, anderen in schwierigen Zeiten zur Seite zu stehen.

Anziehung kompatibler Menschen: Wenn wir positive Energie ausstrahlen, ziehen wir naturgemäß Menschen an, die in Resonanz mit dieser Schwingung sind. Gesunde Beziehungen basieren auf gegenseitigem Respekt, Unterstützung und Wertschätzung. Diejenigen, die unsere positive Einstellung teilen, fühlen sich oft von unserer Energie angezogen, da sie die Vorteile schätzen, in der Nähe von jemandem zu sein, der eine emotional bereichernde Umgebung fördert.

Überwindung von Herausforderungen: Eine positive Einstellung bedeutet nicht, dass wir gegenüber Herausforderungen immun sind, sondern dass wir mit Mut und Ausdauer ausgestattet sind, um ihnen zu begegnen. In Beziehungen äußert sich dies in einem kooperativen Ansatz zur Problemlösung und zur gemeinsamen Überwindung von Hindernissen. Eine positive Einstellung hilft uns, auch in schwierigen Zeiten ruhig und zuversichtlich zu bleiben.

Das Kultivieren einer positiven Einstellung ist eine Investition in unser eigenes Glück und die Qualität der Beziehungen, die wir anziehen. Wenn wir uns bemühen, das Leben optimistisch und zuversichtlich anzugehen, verbessern wir nicht nur unsere eigene Erfahrung, sondern schaffen auch einen Magneten für gesunde und bedeutungsvolle Beziehungen. Die positive Energie, die wir ausstrahlen, zieht Menschen an, die dieses innere Licht schätzen und ihre eigenen positiven Energien teilen möchten. Indem wir unsere positive Einstellung pflegen, legen wir den Grundstein für authentische und bereichernde Verbindungen.

Anziehung von Menschen, die Positivität schätzen

Unsere emotionalen Energien sind wie ein Magnet, der Menschen anzieht, deren Schwingungen mit unseren kompatibel sind. Wenn wir einen inneren Zustand des Wohlbefindens kultivieren und Selbstvertrauen und Positivität ausstrahlen, erzeugen wir ein magnetisches Feld, das Individuen anzieht, die die gleiche Denkweise und Energie teilen. Dieses Phänomen ist ein Ausdruck des Gesetzes der Anziehung, bei dem Ähnliches Ähnliches anzieht.

Die Harmonie der Energien: Die Emotionen und Schwingungen, die wir aussenden, sind für das Auge unsichtbar, haben aber eine starke Wirkung auf unsere Umgebung. Stellen Sie sich vor, Sie betreten einen Raum voller Menschen: Sie können wahrscheinlich die Atmosphäre spüren, bemerken, ob die Menschen glücklich, angespannt, entspannt oder aufgeregt sind.

Diese Fähigkeit, sich auf die Energien um uns herum einzustellen, ist eine angeborene Fähigkeit, oft als "Schwingungen spüren" bezeichnet.

Die Kraft positiver Schwingungen: Wenn wir uns gut fühlen, optimistisch und selbstbewusst sind, senden unsere Energien positive Schwingungen aus, die mit der Positivität anderer in Resonanz stehen. Diese positiven Energien sind ansteckend und attraktiv. Menschen, die ebenfalls Positivität und persönliches Wachstum schätzen, werden natürlich von diesen Schwingungen angezogen. Dies sind die Menschen, die dazu neigen, auf uns zuzugehen, Gespräche zu beginnen, Interessen zu teilen und eine Atmosphäre authentischer Verbindung zu schaffen.

Die Bedeutung energetischer Kompatibilität: Menschen anzuziehen, die Positivität schätzen, ist entscheidend für den Aufbau gesunder Beziehungen. Wenn wir eine gemeinsame Grundlage von Werten und Denkweisen mit den Menschen um uns herum teilen, werden die Interaktionen authentischer und erfüllender. Diese energetische Kompatibilität ermöglicht einen authentischen Austausch von gegenseitiger Unterstützung, Wachstum und Lernen.

Gemeinsame Gestaltung gesunder Beziehungen: Durch die Anziehung von Menschen, die Positivität schätzen, schaffen wir ein Umfeld, das förderlich für persönliches und zwischenmenschliches Wachstum ist. Beziehungen, die auf ähnlichen Werten, gegenseitigem Respekt und emotionaler Unterstützung beruhen, neigen dazu, zu gedeihen. Gemeinsam gestalten wir einen Raum, in dem jeder Einzelne auf seiner einzigartigen Reise aufblühen kann, während er sich gegenseitig in ihren Bestrebungen und Herausforderungen unterstützt.

Pflege positiver Energien: Die Pflege einer positiven Denkweise und die Praxis der Selbstfürsorge sind effektive Möglichkeiten, um unsere positiven Energien zu stärken. Wenn wir uns um unser emotionales Wohlbefinden kümmern, neigen wir natürlich dazu, Positivität auszustrahlen. Dies beinhaltet das Üben von Dankbarkeit, das Halten optimistischer Gedanken, das Engagieren in Aktivitäten, die uns Freude bereiten, und das Aufrechterhalten von Beziehungen, die uns unterstützen und bereichern.

Die Anziehung von Menschen, die Positivität schätzen, ist ein organischer Prozess, der bei uns selbst beginnt. Indem wir positive Energien und Authentizität kultivieren, schaffen wir natürlich ein magnetisches Feld, das Individuen anzieht, die sich mit unseren Werten und unserer Denkweise decken. Diese Anziehung ist die Grundlage für den Aufbau authentischer und bedeutsamer Beziehungen, in denen gegenseitige Unterstützung und persönliches Wachstum zentrale Elemente sind. Während wir uns bemühen, unsere positive Energie aufrechtzuerhalten, schaffen wir einen Raum für authentische und bedeutungsvolle Verbindungen.

Die Praxis der Authentizität

Authentisch zu sein ist eine der mächtigsten Grundlagen, um gesunde und bedeutungsvolle Beziehungen anzuziehen. Authentizität beinhaltet den echten Ausdruck dessen, wer wir sind, ohne Masken, Vorwände oder den Versuch, es anderen recht zu machen. Wenn wir authentisch sind, schaffen wir eine Energie und Präsenz, die mit der inneren Wahrheit in Resonanz stehen, was natürlicherweise Menschen anzieht, die diese Qualität schätzen.

Die Kraft der Authentizität: Authentizität ist wie ein Licht, das von innen nach außen strahlt. Wenn wir uns der Welt so zeigen, wie wir wirklich sind, strahlen wir eine einzigartige und unverwechselbare Energie aus. Diese Authentizität findet Resonanz bei anderen Individuen, die ebenfalls emotionale Ehrlichkeit und echte Verbindung schätzen. Die Energie, die von Authentizität ausgeht, ist anziehend, da sie eine solide Grundlage für Beziehungen schafft, die auf gegenseitigem Respekt und tiefem Verständnis aufbauen.

Bedeutsame Verbindungen schaffen: Wenn wir uns authentisch ausdrücken, öffnen wir eine Tür, damit andere uns wirklich kennenlernen können. Diese Verletzlichkeit und Ehrlichkeit schaffen eine Umgebung, in der sich Menschen wohl fühlen, ihre eigenen Erfahrungen, Gedanken und Emotionen zu teilen. Authentizität schafft eine echte Verbindung, die es Beziehungen ermöglicht, sich auf gegenseitigem Verständnis und emotionaler Unterstützung aufzubauen.

Menschen anziehen, die kompatibel sind: Wenn wir authentisch sind, ziehen wir natürlich Menschen an, die von unserer wahren Essenz angezogen werden. Das führt zu tieferen und bedeutungsvolleren Beziehungen, in denen beide Seiten wirklich sie selbst sein können. Die Energie der Authentizität übt eine Anziehungskraft auf diejenigen aus, die ebenfalls echte und unprätentiöse Beziehungen suchen.

Der Mut zur Authentizität: Authentisch zu sein erfordert Mut. Oftmals spüren wir den Druck, in soziale Normen oder die Erwartungen anderer zu passen. Wenn wir uns jedoch erlauben, wirklich authentisch zu sein, bekräftigen wir unseren eigenen Wert und unsere Individualität. Der Mut zur Authentizität inspiriert auch andere dazu, sich tiefer zu öffnen und eine tiefere Verbindung herzustellen.

Authentizität und persönliches Wachstum: Die Praxis der Authentizität stärkt nicht nur unsere äußeren Beziehungen, sondern fördert auch unser persönliches Wachstum. Indem wir uns wirklich kennenlernen und unsere authentischen Aspekte akzeptieren, entwickeln wir Selbstwertgefühl und Selbstvertrauen. Dieses innere Wachstum spiegelt sich auch in unseren Interaktionen mit anderen wider und schafft einen positiven Zyklus aus authentischen Verbindungen und persönlichem Wachstum.

Authentizität ist ein mächtiges Werkzeug, um kompatible Menschen anzuziehen und gesunde, bedeutungsvolle Beziehungen zu pflegen. Wenn wir uns erlauben, wirklich wir selbst zu sein, schaffen wir eine anziehende Energie, die Menschen anzieht, die Ehrlichkeit, Aufrichtigkeit und echte Verbindung schätzen. Die Praxis der Authentizität bereichert nicht nur unsere Beziehungen, sondern trägt auch zu unserem persönlichen Wachstum und Selbstwertgefühl bei. Indem wir mutig genug sind, authentisch zu sein, öffnen wir Türen zu authentischen und bedeutungsvollen Beziehungen in unserem Leben.

Die Entwicklung eines offenen und neugierigen Ansatzes

Einer der Schlüssel zur Anziehung gesunder und bereichernder Beziehungen besteht darin, einen offenen und neugierigen Ansatz gegenüber anderen und der Welt um Sie herum zu kultivieren. Diese Denkweise hilft Ihnen nicht nur, sich mit kompatiblen Menschen zu verbinden, sondern fördert auch Ihr persönliches Wachstum und ein reicheres und bedeutungsvolleres Leben.

Das Unbekannte erkunden: Bereit zu sein, das Unbekannte zu erforschen, spiegelt eine Denkweise des Wachstums und der Erweiterung wider. Wenn wir uns für das Kennenlernen neuer Menschen, Kulturen, Ideen und Erfahrungen öffnen, zeigen wir den Wunsch, unseren Horizont zu erweitern und unser Leben zu bereichern. Dies schafft Möglichkeiten für bedeutsame Interaktionen und wertvolle Beziehungen.

Die Komfortzone verlassen: Die Komfortzone ist ein Ort, an dem wir uns sicher fühlen, aber sie kann auch einschränkend sein. Wenn Sie Ihre Komfortzone verlassen, erlauben Sie sich, Herausforderungen anzunehmen und neue Dinge zu erleben. Dies stärkt nicht nur Ihre Widerstandsfähigkeit, sondern setzt Sie auch in Situationen, in denen Sie Menschen kennenlernen können, die ähnliche Interessen und Werte teilen.

Von anderen lernen: Ein offener und neugieriger Ansatz ermöglicht es Ihnen, von anderen zu lernen. Jeder Mensch bringt eine einzigartige Perspektive und vielfältige Lebenserfahrungen mit sich. Wenn Sie bereit sind, die Sichtweise anderer zu hören und zu verstehen, können Sie Ihr eigenes Wissen und Verständnis der Welt erweitern. Dies schafft eine solide Grundlage für Beziehungen, die auf gegenseitigem Respekt und Ideenaustausch basieren.

Empathie praktizieren: Offenheit und Neugier sind auch eng mit der Praxis der Empathie verbunden. Wenn Sie sich in die Lage anderer versetzen und versuchen, deren Erfahrungen und Gefühle zu verstehen, stärken Sie Ihre Verbindung zu anderen. Empathie schafft einen Raum, in dem sich Menschen gehört, geschätzt und verstanden fühlen, was für den Aufbau gesunder und bedeutsamer Beziehungen unerlässlich ist.

Echtes Interesse zeigen: Wenn Sie Interaktionen mit einem echten Interesse an Menschen und dem Wunsch, von ihnen zu lernen, angehen, schaffen Sie eine Umgebung, die die Bildung positiver Beziehungen erleichtert. Offene Fragen stellen, aufmerksam zuhören und Interesse an den Geschichten und Erfahrungen anderer zeigen, sind Möglichkeiten, diesen neugierigen Ansatz zu fördern.

Die Entwicklung eines offenen und neugierigen Ansatzes ist entscheidend, um gesunde und bereichernde Beziehungen anzuziehen. Indem Sie das Unbekannte erkunden, Ihre Komfortzone verlassen und von anderen lernen, schaffen Sie Raum für echte und bedeutsame Verbindungen. Diese Wachstumsmentalität bereichert nicht nur Ihr Leben, sondern ermöglicht es Ihnen auch, Menschen zu treffen, die Ihre Begeisterung für die Erforschung der Welt und den Aufbau authentischer Beziehungen teilen. Der offene und neugierige Ansatz ist eine Einladung zu einer aufregenden Reise der Verbindung, des Lernens und des persönlichen Wachstums.

DIE BEDEUTUNG DER BEREITSCHAFT, LIEBE ZU EMPFANGEN

Obwohl wir uns nach gesunden Beziehungen sehnen, unterschätzen wir oft die Bedeutung, wirklich bereit zu sein, Liebe zu empfangen. Dies beinhaltet, an uns selbst zu arbeiten, emotionale Altlasten aus der Vergangenheit zu bewältigen und ein starkes Selbstwertgefühl zu entwickeln.

Tiefgehendes Selbstverständnis

Der Prozess, gesunde Beziehungen anzuziehen, beginnt mit tiefgehendem Selbstverständnis. Sich selbst auf einer tieferen Ebene zu kennen, ist entscheidend für den Aufbau solider Grundlagen für bedeutungsvolle Beziehungen. Betrachten Sie, wie tiefgehendes Selbstverständnis dazu beiträgt, gesunde Beziehungen anzuziehen und aufrechtzuerhalten:

Erkundung von Wünschen und Bedürfnissen: Selbstverständnis beinhaltet die Erkundung Ihrer eigenen Wünsche und Bedürfnisse in einer Beziehung. Welche Werte sind für Sie am wichtigsten? Nach welcher Art von emotionaler Unterstützung suchen Sie? Was sind Ihre persönlichen Ziele und Ambitionen? Das Verstehen dieser Aspekte hilft Ihnen dabei, Ihre Erwartungen klar zu kommunizieren und jemanden zu finden, der ähnliche Ziele teilt.

Identifizierung von Ängsten und emotionalen Verletzungen: Wenn Sie Ihre Ängste und emotionalen Verletzungen erkunden, können Sie verhindern, dass Sie Verhaltensmuster wiederholen, die in früheren Beziehungen schädlich waren. Dies beinhaltet, auf vergangene Erfahrungen zurückzublicken und mögliche Traumata oder Unsicherheiten zu identifizieren, die Ihre aktuellen Interaktionen beeinflussen könnten. Das Bewusstsein für diese Fragen ermöglicht es Ihnen, Beziehungen mit größerem Einfühlungsvermögen und Verständnis anzugehen.

Negative Verhaltensmuster durchbrechen: Tiefgehendes Selbstverständnis hilft dabei, negative Verhaltensmuster zu identifizieren, die in früheren Beziehungen schädlich sein konnten. Diese Muster können emotionale Vermeidung, übermäßige Unsicherheit, Schwierigkeiten im Vertrauen oder andere Verhaltensweisen umfassen, die den Aufbau gesunder Beziehungen erschweren. Durch die Anerkennung dieser Muster können Sie daran arbeiten, sie zu ändern und positivere Verhaltensweisen zu übernehmen.

Förderung von Selbstwertgefühl und Selbstakzeptanz: Sich seiner Qualitäten bewusst zu sein und seine Unvollkommenheiten zu akzeptieren, ist entscheidend, um gesunde Beziehungen anzuziehen. Wenn Sie ein starkes Selbstwertgefühl haben und sich selbst wertschätzen, ist es wahrscheinlicher, dass Sie Menschen anziehen, die Sie ebenfalls wertschätzen. Selbstverständnis hilft, eine tiefe Selbstakzeptanz zu fördern, die für andere attraktiv ist und zur Bildung authentischer Beziehungen beiträgt.

Kommunikation Ihrer Bedürfnisse: Selbstverständnis ermöglicht es Ihnen auch, Ihre Bedürfnisse klar und durchsetzungsfähig zu kommunizieren. Dies ist entscheidend, um gesunde Grenzen festzulegen und sicherzustellen, dass Ihre emotionalen Bedürfnisse in einer Beziehung erfüllt werden. Zu wissen, was Sie brauchen, und in der Lage zu sein, es auszudrücken, ist eine kraftvolle Möglichkeit, Menschen anzuziehen, die bereit sind, sich genauso für die Beziehung einzusetzen.

Tiefgehendes Selbstverständnis ist ein entscheidender Faktor, um gesunde Beziehungen anzuziehen und aufrechtzuerhalten. Durch die Erkundung Ihrer Wünsche, Ängste, Werte und emotionalen Verletzungen werden Sie sich Ihrer eigenen Bedürfnisse und Verhaltensmuster bewusster. Dies ermöglicht es Ihnen, klar zu kommunizieren, gesunde Grenzen zu setzen und negative Muster zu vermeiden, die sich auf bedeutungsvolle Beziehungen auswirken können. Selbstverständnis ist ein Weg zum persönlichen Wachstum und zur Anziehung von Beziehungen, die authentisch, erfüllend und auf gegenseitigem Respekt beruhend sind.

Umgang mit emotionalen Altlasten

Emotionale Altlasten aus vergangenen Beziehungen können zu Hindernissen bei der Anziehung und Pflege gesunder Beziehungen werden. Diese Altlasten können Groll, Traumata, Misstrauen und die Angst vor erneuter Verletzlichkeit umfassen. Das Erlernen eines gesunden Umgangs mit diesen Altlasten ist entscheidend, um Raum für Liebe zu schaffen und bedeutungsvolle Beziehungen aufzubauen. Hier sind Ansätze zum Umgang mit emotionalen Altlasten:

Tiefe Selbstreflexion: Schauen Sie zurück auf Ihre vergangenen Beziehungen und analysieren Sie die Erfahrungen, die emotionale Narben hinterlassen haben könnten. Identifizieren Sie die Verletzungen, Missverständnisse und Traumata, die immer noch Ihre Sichtweise auf neue Beziehungen beeinflussen könnten.

Selbstreflexion ermöglicht es Ihnen zu verstehen, wie diese Erfahrungen Ihre aktuellen Überzeugungen und Verhaltensweisen geprägt haben.

Akzeptanz und Vergebung: Die Akzeptanz, dass Sie emotionale Altlasten tragen, ist ein wichtiger Schritt, um die Last der Vergangenheit loszulassen. Erkennen Sie die Emotionen, die Sie festhalten, und arbeiten Sie an der Vergebung – sowohl für andere als auch für sich selbst. Dies bedeutet nicht, den Schmerz, den Sie gefühlt haben, herunterzuspielen, sondern die Ressentiments und den Ärger loszulassen, die Ihr emotionales Wachstum behindern können.

Therapie und professionelle Unterstützung: Manchmal kann es eine Herausforderung sein, alleine mit emotionalen Altlasten umzugehen. Einzeltherapie oder professionelle Beratung kann ein wertvolles Werkzeug sein, um Traumata und emotionale Wunden zu verarbeiten. Ein qualifizierter Therapeut kann Ihnen dabei helfen, Ihre Emotionen sicher zu erkunden und Strategien zur Bewältigung der Altlasten zu entwickeln, die Ihre Beziehungen beeinflussen.

Persönliche Weiterentwicklung: Die Investition in Ihr persönliches Wachstum ist eine effektive Möglichkeit, mit emotionalen Altlasten umzugehen. Dies kann das Lesen von Büchern zur persönlichen Entwicklung, die Teilnahme an Workshops zur persönlichen Entwicklung oder das Üben von Selbstfürsorge-Techniken wie Meditation und therapeutischem Schreiben umfassen. Je mehr Sie daran arbeiten, sich selbst kennenzulernen und zu wachsen, desto besser können Sie die emotionalen Altlasten loslassen, die auf Ihnen lasten.

Offene Kommunikation: Wenn Sie sich in einer Beziehung befinden, ist es wichtig, Ihre emotionalen Altlasten offen und ehrlich mit Ihrem Partner zu kommunizieren. Dies ermöglicht es Ihrem Partner, Ihre Anliegen und Emotionen zu verstehen und schafft Raum für gegenseitige Unterstützung und Verständnis. Offene Kommunikation hilft auch dabei, Missverständnisse zu vermeiden und im Laufe der Zeit Vertrauen aufzubauen.

Der Umgang mit emotionalen Altlasten ist ein herausfordernder, aber notwendiger Prozess, um gesunde Beziehungen anzuziehen und aufrechtzuerhalten. Durch Selbstreflexion, Akzeptanz, Therapie und persönliche Weiterentwicklung können Sie beginnen, die Emotionen und Überzeugungen freizugeben, die Ihr emotionales Wachstum behindern. Durch das Loslassen dieser Altlasten schaffen Sie Raum für authentische Beziehungen, die auf Liebe, Vertrauen und gegenseitigem Verständnis basieren. Die kontinuierliche Arbeit an Ihrem eigenen emotionalen Wachstum ist entscheidend für den Aufbau solider Grundlagen für gesunde und erfüllende Beziehungen.

Pflege eines gesunden Selbstwertgefühls

Das Selbstwertgefühl spielt eine wesentliche Rolle bei der Anziehung gesunder und bedeutungsvoller Beziehungen. Wenn Sie sich selbst wertschätzen und lieben, strahlen Sie eine positive Energie aus, die natürlicherweise Menschen anzieht, die Ihre Qualitäten erkennen und schätzen. Die Pflege eines starken Selbstwertgefühls ist ein fortlaufender Prozess der Selbstentdeckung, Akzeptanz und persönlichen Entwicklung. Hier sind einige Strategien zur Stärkung Ihres Selbstwertgefühls:

Tiefgreifendes Selbstverständnis: Um ein starkes Selbstwertgefühl zu entwickeln, ist es entscheidend, sich auf einer tieferen Ebene selbst zu kennen. Dies umfasst die Erkundung Ihrer Werte, Leidenschaften, Talente und Wünsche. Je besser Sie sich selbst kennen, desto besser können Sie ein Selbstbild aufbauen, das auf Authentizität und Selbstwertgefühl basiert.

Akzeptanz üben: Sich bedingungslos selbst zu akzeptieren, ist ein entscheidender Schritt zur Stärkung eines gesunden Selbstwertgefühls. Das bedeutet, alle Teile Ihrer selbst zu umarmen, einschließlich Ihrer Unvollkommenheiten. Verstehen Sie, dass niemand perfekt ist, und dass Ihre Fehler Teil Ihrer Wachstumsgeschichte sind.

Feiern von Stärken: Konzentrieren Sie sich darauf, Ihre Stärken und Erfolge anzuerkennen und zu feiern. Erstellen Sie eine Liste Ihrer Leistungen, sowohl großer als auch kleiner, und erinnern Sie sich an diese Momente, wann immer Sie an sich selbst zweifeln. Diese Praxis hilft dabei, ein positives Selbstbild aufzubauen und Ihr Selbstwertgefühl zu stärken.

Selbstrespekt und Selbstfürsorge: Behandeln Sie sich selbst mit demselben Respekt und der gleichen Fürsorge, die Sie einem lieben Freund entgegenbringen würden. Dies beinhaltet die Praxis der Selbstfürsorge, das Setzen gesunder Grenzen und das Vermeiden von Selbstkritik oder Selbstsabotage. Je respektvoller Sie sich behandeln, desto eher werden andere natürlich dazu geneigt sein, dasselbe zu tun.

Persönliche Entwicklung: Investieren Sie in Ihr eigenes persönliches Wachstum, um Ihr Selbstwertgefühl zu stärken. Dies kann das Erlernen neuer Fähigkeiten, die Verfolgung persönlicher Interessen und die Bewältigung von Herausforderungen umfassen. Je mehr Sie sich herausfordern und wachsen, desto mehr wird Ihr Selbstvertrauen gestärkt.

Positive Affirmationen: Üben Sie täglich positive Affirmationen. Diese Aussagen bestätigen Ihren Wert, Ihre Fähigkeiten und Ihre Selbstakzeptanz. Indem Sie Aussagen wie "Ich liebe und schätze mich selbst" wiederholen, programmieren Sie Ihren Geist, an Ihre eigene Würde zu glauben.

Vermeidung von sozialen Vergleichen: Ständige Vergleiche mit anderen können Ihr Selbstwertgefühl untergraben. Bedenken Sie, dass jeder Mensch einzigartig ist und seine eigenen Lebenswege und Erfolge hat. Konzentrieren Sie sich auf Ihre eigene Reise und auf das, was Sie besonders macht.

Pflege positiver Beziehungen: Die Pflege von Beziehungen zu Menschen, die Sie schätzen und unterstützen, ist eine effektive Möglichkeit, Ihr Selbstwertgefühl zu stärken. Gesunde Beziehungen bieten eine Umgebung emotionaler Unterstützung, in der Sie für das, was Sie sind, anerkannt werden.

Die Pflege eines starken Selbstwertgefühls ist entscheidend für die Anziehung gesunder und bedeutungsvoller Beziehungen. Wenn Sie Selbstakzeptanz praktizieren, Ihre Stärken feiern und in Ihr persönliches Wachstum investieren, strahlen Sie natürlich eine positive Energie aus, die Menschen anzieht, die kompatibel sind. Bedenken Sie, dass Selbstliebe die Grundlage für die Anziehung von Liebe von anderen ist. Je mehr Sie sich selbst schätzen, desto besser sind Sie in der Lage, Beziehungen anzuziehen, die Ihr Leben bereichern und auf gegenseitigem Respekt und echter Wertschätzung beruhen.

Das Loslassen unrealistischer Erwartungen

Bereit sein, Liebe zu empfangen, beinhaltet auch die Fähigkeit, unrealistische Erwartungen loszulassen, die die Bildung gesunder und bedeutungsvoller Beziehungen beeinträchtigen können. Oft wird unsere Vorstellung von einer perfekten Beziehung von äußeren Einflüssen wie Medien, Kultur und vergangenen Erfahrungen geprägt. Diese übermäßig idealisierten Erwartungen können jedoch Barrieren schaffen, um die realen Menschen um uns herum zu sehen und zu schätzen. Das Lernen, diese Erwartungen loszulassen und Beziehungen realistisch anzugehen, ist entscheidend, um solide und konstruktive Grundlagen zu schaffen. Hier sind wichtige Überlegungen zu unrealistischen Erwartungen:

Die Akzeptanz von Unvollkommenheit: Niemand ist perfekt, und das schließt sowohl Sie als auch potenzielle Partner ein. Es ist wichtig anzuerkennen, dass jeder Fehler, Verletzlichkeiten und schwierige Zeiten hat. Die Akzeptanz von Unvollkommenheiten ist ein integraler Bestandteil beim Aufbau echter und authentischer Beziehungen.

Das Verstehen der Komplexität von Beziehungen: Beziehungen sind komplex und erfordern kontinuierliche Anstrengungen von beiden Seiten. Das Loslassen der Erwartung, dass eine Beziehung immer leicht und problemlos sein wird, ist entscheidend. Stattdessen sollten Sie bereit sein, gemeinsam Herausforderungen anzunehmen und als Team Hindernisse zu überwinden.

Die Wertschätzung der realen Qualitäten von Menschen: Wenn wir unrealistische Erwartungen loslassen, können wir uns darauf konzentrieren, die realen Qualitäten der Menschen um uns herum zu schätzen. Dies bedeutet, ihre Tugenden, Talente und einzigartigen Eigenschaften anzuerkennen. Manchmal passt die richtige Person möglicherweise nicht in alle Kategorien, die wir erstellt haben, aber sie besitzt dennoch wertvolle Eigenschaften.

Offene und realistische Kommunikation: Eine offene und ehrliche Kommunikation ist entscheidend, um falsche Erwartungen zu beseitigen. Sprechen Sie mit potenziellen Partnern über Ihre Erwartungen, Wünsche und Bedenken. Dies hilft dabei, die Erwartungen beider Seiten in Einklang zu bringen und eine solide Grundlage für gegenseitiges Verständnis zu schaffen.

Das Lernen aus vergangenen Erfahrungen: Vergangene Erfahrungen können unsere Erwartungen prägen. Es ist jedoch wichtig zu bedenken, dass jede Beziehung einzigartig ist. Nutzen Sie Ihre früheren Erfahrungen als Lernmöglichkeiten, aber verallgemeinern Sie nicht alle zukünftigen Situationen aufgrund der Vergangenheit.

Die Konzentration auf das persönliche Wachstum: Anstatt zu erwarten, dass eine Beziehung alle Lücken in Ihrem Leben füllt, konzentrieren Sie sich auf Ihr eigenes persönliches Wachstum. Entwickeln Sie Interessen, erreichen Sie Ziele und arbeiten Sie an Ihrer eigenen Selbstverwirklichung. Dies schafft nicht nur eine solide Grundlage für Sie, sondern macht Beziehungen komplementärer anstatt abhängig.

Das Loslassen unrealistischer Erwartungen ist entscheidend für die Anziehung gesunder und authentischer Beziehungen. Indem Sie sich von der Vorstellung der Perfektion befreien und die Komplexität von Beziehungen akzeptieren, sind Sie offener dafür, Menschen für das zu schätzen, was sie wirklich sind. Offene Kommunikation, die Akzeptanz von Unvollkommenheiten und die Konzentration auf persönliches Wachstum sind Schlüsselelemente, um solide Beziehungen aufzubauen, in denen beide Seiten wachsen und sich gegenseitig unterstützen können. Denken Sie daran, dass die Realität oft die Erwartungen übertrifft und echte Liebe gedeiht, wenn sie mit Akzeptanz, Respekt und gegenseitigem Verständnis genährt wird.

Öffnen für Verletzlichkeit

Bereit sein, Liebe zu empfangen, geht nicht nur darum, emotional verfügbar zu sein, sondern auch bereit zu sein, sich zu öffnen und verletzlich zu sein. Verletzlichkeit ist die Grundlage für den Aufbau tiefer, authentischer und bedeutungsvoller Beziehungen. Sich der Verletzlichkeit hinzugeben ist ein mutiger Akt, der Authentizität, Vertrauen und Akzeptanz von sich selbst und anderen erfordert. Hier sind wichtige Überlegungen, wie man Verletzlichkeit praktiziert:

Anerkennen und Akzeptieren von Gefühlen: Verletzlichkeit beginnt mit der Anerkennung und Akzeptanz Ihrer eigenen Gefühle. Dies erfordert, sich Ihrer Emotionen bewusst zu sein und sich selbst gegenüber freundlich zu sein, unabhängig davon, wie unangenehm diese Gefühle sein mögen.

Authentisches Teilen: Verletzlich zu sein bedeutet, Ihre Gefühle, Ängste und Wünsche authentisch zu teilen. Das bedeutet nicht, alle Details Ihres Lebens preiszugeben, sondern ehrlich darüber zu sein, was Sie innerlich durchmachen.

Vertrauen allmählich aufbauen: Verletzlichkeit muss nicht auf einmal geschehen. Es ist etwas, das sich allmählich aufbauen kann, je wohler Sie sich bei den Menschen um Sie herum fühlen. Beginnen Sie mit dem Teilen kleiner Aspekte von sich selbst, und wenn das Vertrauen wächst, können Sie sich in sensiblere Themen vertiefen.

Platz für authentische Verbindungen schaffen: Wenn Sie sich erlauben, verletzlich zu sein, schaffen Sie Raum für andere, sich ebenfalls zu öffnen. Dies führt zu authentischeren Verbindungen, in denen beide Seiten ihre Erfahrungen teilen und sich gegenseitig unterstützen können.

Die Angst vor Beurteilung überwinden: Eine der größten Herausforderungen der Verletzlichkeit ist die Angst vor Beurteilung. Es ist normal, zu fürchten, dass andere Sie für Ihre Emotionen und Verletzlichkeiten beurteilen oder ablehnen könnten. Denken Sie jedoch daran, dass wirklich kompatible Menschen Authentizität und Offenheit schätzen.

Die Beziehungsentwicklung fördern: Verletzlichkeit ist ein fruchtbarer Boden für das Wachstum von Beziehungen. Wenn Sie sich über Ihre Erfahrungen und Herausforderungen austauschen, ermöglichen Sie den Beziehungen, über die Oberfläche hinauszuwachsen. Tiefgründige und bedeutsame Gespräche helfen, dauerhafte Verbindungen herzustellen.

Persönliche Grenzen respektieren: Obwohl Verletzlichkeit wertvoll ist, ist es auch wichtig, Ihre eigenen persönlichen Grenzen zu respektieren. Sie sind nicht verpflichtet, mehr zu teilen, als Sie sich wohl fühlen. Verletzlichkeit sollte eine bewusste und respektvolle Wahl sein.

Sich für Verletzlichkeit zu öffnen, ist ein entscheidender Schritt, um gesunde und authentische Beziehungen anzuziehen. Durch Verletzlichkeit verbinden sich Herzen, verstehen sich Geister und berühren sich Seelen. Bedenken Sie, dass Verletzlichkeit nicht auf Schwäche hindeutet, sondern ein Zeichen von Stärke und Mut ist. Indem Sie sich erlauben, wirklich gesehen und gekannt zu werden, schaffen Sie einen fruchtbaren Boden für wahre und dauerhafte Liebe.

Gesunde Beziehungen anzuziehen ist nicht nur ein Wunsch, sondern ein Prozess, der innerlich beginnt. Indem Sie positive Energien aussenden, eine optimistische Denkweise pflegen und wirklich bereit sind, Liebe zu empfangen, schaffen Sie ein Magnet für erfüllende Beziehungen. Denken Sie daran, dass die Suche nach gesunden Beziehungen mit Selbstliebe und Authentizität beginnt und eine solide Grundlage für dauerhafte und bedeutsame Verbindungen schafft.

KAPITEL 11

UMGANG MIT ENTTÄUSCHUNGEN UND NEUANFÄNGEN

Aus Enttäuschungen schmieden
sich die Flügel, die Ihr Selbstwertgefühl
in die Höhe heben.

Mit Enttäuschungen und Neuanfängen umzugehen, ist eine herausfordernde und zutiefst persönliche Erfahrung. Im Laufe unseres Lebens sehen wir uns Situationen gegenüber, in denen unsere Erwartungen enttäuscht werden, unsere Herzen brechen und unser Leben eine unerwartete Wendung nimmt. Doch wie wir mit diesen Enttäuschungen und Neuanfängen umgehen, kann einen großen Unterschied in unserer Fähigkeit machen, Hindernisse zu überwinden, als Individuen zu wachsen und einen Weg zur Erneuerung zu finden. In diesem Kapitel werden wir Strategien erkunden, wie man Enttäuschungen mit Widerstandsfähigkeit bewältigt und Neuanfänge als Chancen für persönliches Wachstum nutzt.

EIN KONSTRUKTIVER UMGANG MIT DEM ENDE EINER BEZIEHUNG

Das Ende einer Beziehung kann eine der herausfordernsten und schmerzhaftesten Erfahrungen sein, der sich jemand stellen muss. Dennoch ist es auch eine Gelegenheit für persönliches Wachstum, Selbstentdeckung und die Schaffung eines erfüllenderen Lebens. Das Ende einer Beziehung auf konstruktive Weise zu bewältigen, erfordert eine Reihe von Schritten und emotionaler Fürsorge:

Suche Unterstützung

Mit dem Ende einer Beziehung umzugehen, ist eine Erfahrung, die dich emotional überwältigen kann. Die Suche nach Unterstützung ist in diesem Prozess von entscheidender Bedeutung, da sie ein Netzwerk emotionaler Unterstützung, neue Perspektiven und Hilfe bei der Bewältigung der Komplexität der Heilung bietet. Warum die Suche nach Unterstützung so wichtig ist:

Emotionale Last teilen: Das Teilen deiner Gefühle mit Freunden, Familie, Therapeuten oder Selbsthilfegruppen kann die emotionale Belastung lindern, die du trägst. Mit jemandem zu sprechen, der bereit ist zuzuhören und Unterstützung anzubieten, kann einen sicheren Raum schaffen, um deine Emotionen ohne Urteil auszudrücken.

Gewinn neuer Perspektiven: Durch die Suche nach Unterstützung erhältst du die Gelegenheit, unterschiedliche Perspektiven auf deine Situation zu hören. Freunde und Therapeuten können Einblicke bieten, die du möglicherweise nicht in Betracht gezogen hast, was dir helfen kann, das Ende einer Beziehung in einem breiteren Kontext zu sehen und deine eigenen Gefühle besser zu verstehen.

Validierung und Empathie: Wenn du deine Erfahrungen mit Menschen teilst, die sich um dich kümmern, erhältst du Validierung und Empathie. Sich verstanden und gehört zu fühlen, kann Gefühle von Isolation und Einsamkeit reduzieren und dir in

Erinnerung rufen, dass du nicht alleine auf diesem Weg bist.

Erkundung gesunder Lösungen: Diejenigen, die dich unterstützen, können dir helfen, gesunde Bewältigungsstrategien zu erkunden, wie Entspannungsübungen, Meditation, körperliche Aktivität oder Therapie, die zu deiner emotionalen Genesung beitragen können.

Verringerung der Isolation: Die Suche nach Unterstützung hilft auch, der Isolation entgegenzuwirken, die nach dem Ende einer Beziehung häufig eine Falle ist. Indem du dich mit anderen Menschen verbindest, setzt du dich einem sozialen Unterstützungsnetz aus, das entscheidend für deinen Heilungsweg sein kann.

Therapie als wertvolle Ressource: Neben der Unterstützung von Freunden und Familie kann die individuelle oder Gruppentherapie eine wertvolle Wahl sein. Ein qualifizierter Therapeut kann spezifische Werkzeuge und Strategien zur Bewältigung von Enttäuschungen und Neuanfängen anbieten. Sie bieten auch einen sicheren Raum, um tiefgehende Gefühle zu erkunden und an persönlichem Wachstum zu arbeiten.

Lernen aus geteilten Erfahrungen: Die Teilnahme an Selbsthilfegruppen oder das Gespräch mit Menschen, die ähnliche Situationen durchgemacht haben, kann dir die Gelegenheit bieten, aus den Erfahrungen anderer zu lernen. Zu hören, wie andere ähnliche

Herausforderungen bewältigt haben, kann dich in deinem eigenen Genesungsprozess inspirieren und motivieren.

Die Bedeutung von Selbstmitgefühl: Während du externe Unterstützung suchst, ist es ebenso wichtig, Selbstmitgefühl zu kultivieren. Behandle dich selbst mit Freundlichkeit und Geduld und erkenne, dass du durch eine schwierige Zeit gehst und Fürsorge und Selbstliebe verdienst.

Die Suche nach Unterstützung ist ein wesentlicher Teil des Prozesses, um mit Enttäuschungen und Neuanfängen umzugehen. Das Teilen deiner Gefühle, das Gewinnen neuer Perspektiven, das Erhalten von Validierung und Empathie, das Erkunden gesunder Lösungen und das Bekämpfen der Isolation sind wertvolle Vorteile der emotionalen Unterstützung. Freunde, Familie, Therapeuten und Selbsthilfegruppen an deiner Seite können deinen Heilungsweg erleichtern und deinen Weg zum persönlichen Wachstum stärken.

Erlaube dir, zu fühlen

Nach dem Ende einer Beziehung ist es normal, eine komplexe Mischung von Emotionen zu erleben, die von Traurigkeit und Schmerz über Wut, Verwirrung bis hin zu Erleichterung reichen können. Sich zu erlauben, diese Emotionen zu fühlen, ist ein wesentlicher Schritt im Heilungs- und Genesungsprozess. Warum es so wichtig ist, sich zu erlauben zu fühlen:

Die Gültigkeit von Emotionen: Alle Emotionen, die du nach dem Ende einer Beziehung erlebst, sind gültig und verdienen Anerkennung. Oftmals fühlen sich Menschen schuldig, Wut oder Erleichterung zu empfinden, insbesondere wenn die Beziehung bedeutsam war. Dennoch sind all diese Emotionen Teil deiner Heilungsreise und eine natürliche Reaktion auf eine bedeutende Veränderung in deinem Leben.

Emotionale Verarbeitung: Sich zu erlauben, zu fühlen, ist eine Möglichkeit, deine Emotionen zu verarbeiten und sie durch dich hindurchfließen zu lassen. Wenn du deine Emotionen nicht unterdrückst oder ignorierst, ermöglichst du ihnen, auf natürliche Weise zu fließen, was im Laufe der Zeit dazu beitragen kann, ihre Intensität zu verringern. Das Verleugnen oder Unterdrücken von Emotionen kann den Heilungsprozess verlängern.

Akzeptanz als Beginn der Heilung: Das Akzeptieren deiner Emotionen ist der erste Schritt zur Heilung. Indem du deine Emotionen anerkennst, ehrst du deine Erfahrung und erlaubst dir selbst, in dieser herausfordernden Zeit sanft mit dir umzugehen. Die Verweigerung von Emotionen kann den Heilungsprozess verzögern und es schwieriger machen, ein neues emotionales Gleichgewicht zu finden.

Erkundung und Selbsterkenntnis: Indem du dir erlaubst zu fühlen, kannst du deine Emotionen und das, was sie über deine Bedürfnisse, Wünsche und Grenzen aussagen, tiefer erkunden. Dies kann auch eine Gelegenheit zur Selbsterkenntnis sein, da deine emotionalen Reaktionen Einsichten in Bereiche liefern können, in denen du wachsen und dich stärken möchtest.

Gesunde Ausdrucksmöglichkeiten: Das Finden gesunder Wege, deine Emotionen auszudrücken, ist entscheidend. Dies kann das Sprechen mit vertrauenswürdigen Freunden, das Schreiben in einem Tagebuch, körperliche Aktivität, Meditation oder die Teilnahme an Selbsthilfegruppen umfassen. Der konstruktive Ausdruck von Emotionen kann dazu beitragen, die Ansammlung emotionaler Spannungen zu vermeiden.

Zeit und Geduld: Mit dem Ende einer Beziehung umzugehen, ist ein Prozess, der Zeit und Geduld erfordert. Die Emotionen werden nicht über Nacht verschwinden, aber sich zu erlauben, sie nach und nach zu fühlen und zu bewältigen, kann dir auf dem Weg zur Heilung helfen. Hab Mitgefühl mit dir selbst und gib dir den Raum, den du benötigst, um zu verarbeiten, was du durchmachst.

Sich zu erlauben zu fühlen ist ein wesentlicher Schritt im Umgang mit dem Ende einer Beziehung. Alle Emotionen, die du erlebst, sind gültig und verdienen Anerkennung. Indem du deine Emotionen ehrst, beginnst du den Heilungsprozess und ermöglichst es dir, deine Gefühle, Bedürfnisse und Wünsche tiefer zu erkunden. Bedenke, dass es eine Reise ist, und die Bereitschaft zu fühlen ist ein mutiger Schritt hin zu emotionaler Wohlbefinden und persönlichem Wachstum.

Akzeptiere die Veränderung

Das Ende einer Beziehung markiert das Ende einer Ära und den Beginn eines neuen Lebensabschnitts. Die Akzeptanz von Veränderung ist ein entscheidender Schritt, um auf gesunde und konstruktive Weise voranzukommen. Obwohl es natürlich ist, Veränderung zu widerstehen, ist es entscheidend, diesen Prozess zuzulassen, da er Raum für neue Möglichkeiten eröffnet. Hier sind wichtige Überlegungen dazu, wie man Veränderung nach dem Ende einer Beziehung akzeptiert:

Die Schmerzen des Verlusts anerkennen: Die Akzeptanz von Veränderung bedeutet nicht, den Schmerz des Verlusts zu ignorieren. Im Gegenteil, es geht darum, die Bandbreite der Emotionen anzuerkennen und sich zu erlauben, die das Ende begleiten. Trauer, Wut und Verwirrung sind natürliche Reaktionen auf den Verlust von etwas Bedeutendem. Erlaube dir, diese Emotionen ohne Urteil zu fühlen.

Die Erinnerungen ehren: Die Akzeptanz von Veränderung erfordert nicht, dass du Erinnerungen und Momente, die du mit der anderen Person geteilt hast, auslöschst. Im Gegenteil, es geht darum anzuerkennen, dass diese Erinnerungen Teil deiner Reise sind und dazu beigetragen haben, wer du heute bist. Du kannst die Erinnerungen ehren, während du trotzdem vorwärtsgehst.

Das Loslassen der Vergangenheit: Um Veränderung zu akzeptieren, ist es wesentlich, die Erwartungen darüber, wie die Dinge waren oder sein könnten, loszulassen. Es geht darum zu verstehen, dass du unabhängig von den Umständen verdienst, voranzukommen und eine neue Realität für dich selbst zu schaffen.

Die Gegenwart und die Zukunft umarmen: Die Akzeptanz von Veränderung bedeutet auch, im gegenwärtigen Moment präsent zu sein und die Möglichkeiten zu begrüßen, die die Zukunft bringt. Es ist leicht, in der Vergangenheit stecken zu bleiben oder sich über die Zukunft zu sorgen. Die eigentliche Kraft liegt jedoch in der Gegenwart, wo du Entscheidungen treffen kannst, die dich dorthin bringen, wo du hinmöchtest.

Bedeutung in der Adversität finden: Veränderung geht oft mit Schwierigkeiten einher, kann aber auch eine Quelle des Wachstums und des Lernens sein. Finde Bedeutung in deinem Weg, selbst in den schwierigen Teilen. Frage dich, was dir diese Erfahrung lehren kann und wie du daran wachsen kannst.

Die Resilienz kultivieren: Die Akzeptanz von Veränderung erfordert Resilienz. Es ist die Fähigkeit, sich an neue Umstände anzupassen und Herausforderungen zu meistern. Die Kultivierung von Resilienz beinhaltet die Entwicklung von emotionalen und mentalen Fähigkeiten, die dir helfen, mit mehr Selbstvertrauen in die Unsicherheit der Zukunft zu gehen.

Das Unbekannte annehmen: Veränderung führt uns oft in unbekanntes Terrain, und das kann beängstigend sein. Dennoch verbergen sich in der Unbekanntheit neue

Chancen. Das Akzeptieren des Unbekannten bedeutet nicht, die Angst zu eliminieren, sondern sie mit Mut und Neugier anzugehen.

Eine neue Erzählung erstellen: Durch die Akzeptanz von Veränderung erstellst du eine neue Erzählung für dein Leben. Es bedeutet, neu zu definieren, wer du bist, was du schätzt und was du in der Zukunft schaffen möchtest. Du hast die Kontrolle darüber, wie diese neue Erzählung verläuft.

Die Akzeptanz von Veränderung nach dem Ende einer Beziehung ist eine Erfahrung des Selbstwissens, des Wachstums und der Resilienz. Es beinhaltet, sich zu erlauben, Emotionen zu fühlen, Erinnerungen zu ehren, die Vergangenheit loszulassen und die Gegenwart und die Zukunft mit Vertrauen zu umarmen. Veränderung ist eine Konstante im Leben, und deine Fähigkeit, sie zu akzeptieren und mit ihr umzugehen, wird deine Fähigkeit formen, künftige Herausforderungen mit Stärke und Optimismus anzugehen.

Lernen Sie aus der Erfahrung

Der Genesungsweg beinhaltet nicht nur den Umgang mit den gegenwärtigen Emotionen, sondern auch das Lernen aus der Erfahrung für signifikantes persönliches Wachstum. Das Nachdenken über die Beziehung und das Ende kann tiefgreifende Einblicke in Ihre eigene Person und Ihre Beziehungsmuster bieten. Wie Sie aus der Erfahrung lernen und Enttäuschungen in Wachstumschancen verwandeln können:

Vertieftes Selbstverständnis: Das Nachdenken über die vergangene Beziehung und das Ende bietet eine Gelegenheit, Ihr Selbstverständnis zu vertiefen. Fragen Sie sich, wie Sie sich in der Beziehung gefühlt haben, welche Erwartungen und Bedürfnisse Sie hatten und wie Sie zur Gesamtdynamik beigetragen haben. Dies ist keine Suche nach Schuld, sondern eine Übung in persönlichem Verständnis.

Erkennen von Beziehungsmustern: Durch die Analyse der früheren Beziehung können Sie Verhaltensmuster oder wiederkehrende Dynamiken in Ihren Beziehungen identifizieren. Dies kann das Vermeiden von Konflikten, das Übergehen Ihrer eigenen Bedürfnisse für andere oder das Suchen nach externer Zustimmung umfassen. Die Anerkennung dieser Muster ist ein wichtiger Schritt, um unerwünschte Zyklen zu durchbrechen.

Lektionen für zukünftige Beziehungen: Fragen Sie sich, was Sie aus dieser Erfahrung gelernt haben. Welche positiven Aspekte möchten Sie in zukünftigen Beziehungen integrieren? Welche Herausforderungen möchten Sie überwinden? Das Lernen aus der Vergangenheit kann Ihre zukünftigen Entscheidungen lenken und Ihnen helfen, klare Absichten für gesündere Beziehungen zu setzen.

Persönliches Wachstum und Selbststärkung: Enttäuschungen in persönliches Wachstum umzuwandeln, ist eine Form der Selbststärkung. Jede Erfahrung, auch die schwierigsten, kann eine Gelegenheit sein, zu einer stärkeren und bewussteren Version von sich selbst zu werden. Der Lernprozess hilft dabei, Ihre innere Erzählung umzuschreiben, sich auf die Lektionen und das Wachstumspotenzial zu konzentrieren.

Akzeptanz und Vergebung: Aus der Erfahrung zu lernen, beinhaltet auch Akzeptanz und Vergebung, sowohl für sich selbst als auch für die andere Person. Vergeben bedeutet nicht, das Geschehene zu rechtfertigen, sondern die emotionale Last loszulassen, die Ihr Wohlbefinden beeinträchtigen kann. Dies schließt die Vergebung für vergangene Fehler und die Akzeptanz ein, dass alle Beteiligten unvollkommene Menschen sind.

Zukunftsplanung: Nach dem Nachdenken und Lernen aus der Erfahrung ist es an der Zeit, mit Klarheit und Absicht in die Zukunft zu blicken. Legen Sie Ihre eigenen Prioritäten und Ziele für zukünftige Beziehungen fest. Seien Sie offen für neue Erfahrungen, behalten Sie jedoch Ihre Werte und Grenzen im Auge, wenn Sie neue Beziehungen eingehen.

Aus der Erfahrung einer vergangenen Beziehung und ihres Endes zu lernen, ist eine kraftvolle Möglichkeit, Enttäuschungen in persönliches Wachstum zu verwandeln. Das Erkennen von Mustern, die Identifizierung von Lektionen und das Festlegen von Absichten für die Zukunft sind entscheidende Schritte auf diesem Weg. Jede Beziehung kann als ein Lern- und Wachstumspunkt dienen, solange Sie bereit sind, in sich selbst zu schauen und sich Ihrer eigenen Entwicklung zu verschreiben.

Setzen Sie Grenzen

Das Festlegen gesunder Grenzen ist entscheidend, um Ihr emotionales Wohlbefinden zu bewahren und sich konstruktiv vorwärts zu bewegen. Grenzen setzen ist nicht nur eine Frage der Selbstbewahrung, sondern auch des Selbstrespekts und des Respekts vor der anderen Person. Wichtige Überlegungen zum Setzen von Grenzen nach einer Trennung:

Definieren Sie Ihre Grenzen: Zuerst ist es wichtig, dass Sie Ihre persönlichen Grenzen festlegen. Was fühlen Sie sich wohl zu tun und was sind Sie nicht bereit zu tolerieren? Dies kann von der Häufigkeit und Art der Interaktionen mit dem Ex-Partner bis zum Schutz Ihrer Privatsphäre reichen.

Kommunizieren Sie Ihre Grenzen: Sobald Sie Klarheit über Ihre Grenzen haben, ist es entscheidend, sie dem Ex-Partner ruhig und assertiv mitzuteilen. Erklären Sie ehrlich, was Ihre Bedürfnisse sind und wie Sie glauben, dass das Setzen von Grenzen zu Ihrer Heilung und Ihrem Wohlbefinden beitragen wird.

Zeitweise Trennung: In vielen Fällen kann eine zeitweise Trennung nach einer Trennung vorteilhaft sein. Dies bedeutet, direkte Interaktionen für einen festgelegten Zeitraum zu vermeiden, um beiden Personen die Verarbeitung ihrer Emotionen und die Anpassung an die neue Dynamik zu ermöglichen.

Soziale Netzwerke: Das Abkoppeln von sozialen Netzwerken kann besonders wichtig sein. Das Sehen von Aktualisierungen des Ex-Partners kann negative Emotionen auslösen und den Heilungsprozess verlängern. Erwägen Sie, vorübergehend die Verbindungen in sozialen Netzwerken zu trennen oder sogar Ihre Konten vorübergehend zu deaktivieren, wenn dies hilfreich ist.

Vermeiden Sie Risikosituationen: Wenn Sie wissen, dass bestimmte Situationen oder Orte unnötiges Leiden verursachen können, vermeiden Sie sie so lange wie nötig. Dies kann soziale Veranstaltungen umfassen, bei denen Sie sich treffen könnten, oder Orte, an denen gemeinsame Erinnerungen existieren.

Respektieren Sie die Grenzen des anderen: Denken Sie daran, dass das Setzen von Grenzen nicht nur Sie betrifft. Respektieren Sie auch die vom Ex-Partner festgelegten Grenzen. Dies trägt zu einer gesünderen und respektvolleren Umgebung für beide bei.

Zeitliche Neubewertung: Die von Ihnen festgelegten Grenzen können sich im Laufe der Zeit entwickeln, wenn die Emotionen abklingen. Seien Sie bereit, die Grenzen zu überdenken, wenn Sie sich im Heilungsprozess vorwärts bewegen. Was anfänglich notwendig sein könnte, ist möglicherweise nicht mehr erforderlich.

Priorisieren Sie Ihr Wohlbefinden: Beim Setzen von Grenzen sollten Sie daran denken, dass Sie Ihr emotionales und mentales Wohlbefinden priorisieren.

Fühlen Sie sich nicht schuldig, Grenzen zu setzen, die Ihnen bei der Heilung und dem Fortschreiten helfen.

Das Setzen von Grenzen nach einer Trennung ist ein Akt der Selbstsorge und des gegenseitigen Respekts. Dies umfasst die Kommunikation Ihrer Bedürfnisse, die zeitweise Trennung, das Vermeiden von Risikosituationen und die Achtung der Grenzen des anderen. Auf diese Weise schaffen Sie einen Raum, in dem beide Personen heilen und sich auf einen Neuanfang zubewegen können.

Vermeiden Sie Selbstbeschuldigung

Es ist üblich, dass viele Menschen sich selbst für das, was schief gelaufen ist, beschuldigen. Die Neigung zur Selbstbeschuldigung kann sich als ein Weg entwickeln, um ein Gefühl von Kontrolle über die Situation zu finden oder um mit dem Schmerz umzugehen. Es ist jedoch wichtig zu verstehen, dass Beziehungen komplex sind und zwei Individuen mit ihren eigenen Erfahrungen, Erwartungen und Verhaltensweisen involvieren. Das Vermeiden von übermäßiger Selbstkritik ist entscheidend für Ihren Heilungs- und Neuanfangsprozess. Hier sind Gründe, warum es wichtig ist, sich nach einer Trennung nicht selbst zu beschuldigen:

Beziehungen sind dynamisch: Beziehungen sind ein komplexer Tanz aus Wechselwirkungen und gegenseitigen Einflüssen. Sich selbst für alles verantwortlich zu machen, was schief gelaufen ist, ignoriert die Dynamik der Beziehung und minimiert die Verantwortung der anderen Person in den Situationen.

Komplexe Umstände: Oftmals erfolgen Trennungen aufgrund komplexer Umstände, die nicht auf eine einzelne Person zurückzuführen sind. Externe Herausforderungen, unterschiedliche Werte oder konkurrierende Bedürfnisse können zum Beziehungsende beigetragen haben.

Kontinuierliches Lernen: Anstatt sich selbst zu beschuldigen, konzentrieren Sie sich darauf, aus der Erfahrung zu lernen. Reflektieren Sie, was Sie über sich selbst, Ihre Beziehungsmuster und Ihre Wünsche in zukünftigen Beziehungen gelernt haben. Die Trennung kann eine Gelegenheit für persönliches Wachstum sein.

Selbstwertgefühl und Selbstmitgefühl: Übermäßige Selbstbeschuldigung kann Ihr Selbstwertgefühl und emotionales Wohlbefinden beeinträchtigen. Denken Sie daran, dass jeder Fehler macht und in Beziehungen Herausforderungen hat. Üben Sie Selbstmitgefühl und behandeln Sie sich selbst mit Freundlichkeit, genauso wie Sie es bei einem Freund tun würden, der sich in einer ähnlichen Situation befindet.

Akzeptanz und Vergebung: Die Akzeptanz, dass Beziehungen möglicherweise nicht wie erwartet funktionierten, und die Vergebung von sich selbst sind wichtige Teile des Heilungsprozesses. Anstatt an Schuld festzuhalten, erlauben Sie sich, mit Verständnis und Akzeptanz voranzuschreiten.

Freiheit für einen Neuanfang: Durch das Vermeiden von Selbstbeschuldigung öffnen Sie sich für die Freiheit eines Neuanfangs. Selbstbeschuldigung kann einen Kreislauf der Negativität erzeugen, der Sie daran hindert, voranzukommen. Indem Sie die Schuld beiseitelegen, schaffen Sie Raum für neue Chancen und gesunde Beziehungen.

Aufbau einer positiven Zukunft: Anstatt sich auf das zu konzentrieren, was in der Vergangenheit schiefgelaufen ist, konzentrieren Sie sich darauf, eine positive Zukunft aufzubauen. Verwenden Sie die Erfahrung als Grundlage für den Aufbau gesünderer Beziehungen und um eine bessere Version von sich selbst zu werden.

Die Vermeidung von Selbstbeschuldigung nach einer Trennung ist entscheidend für Ihren Heilungs- und Neuanfangsprozess. Verstehen Sie, dass Beziehungen komplex sind und zwei Personen beteiligt sind. Anstatt sich selbst zu beschuldigen, konzentrieren Sie sich auf das Lernen, Selbstmitgefühl, Akzeptanz und den Aufbau einer positiven Zukunft. Auf diese Weise geben Sie sich die Möglichkeit zu wachsen, zu heilen und auf gesündere und erfüllendere Beziehungen hinzuarbeiten.

Pflegen Sie die Geduld

Der Heilungsweg nach einer Beziehungstrennung ist eine persönliche und einzigartige Erfahrung für jeden Einzelnen. In diesem Prozess spielt die Geduld eine entscheidende Rolle. Geduld zu pflegen ist eine

Möglichkeit, Ihre eigenen Emotionen zu respektieren, sich zu erlauben, alle Phasen des Prozesses zu durchlaufen und sich allmählich wieder aufzurichten. Hier sind einige Möglichkeiten, wie Sie Geduld während der Heilung nach einer Trennung entwickeln können:

Anerkennung Ihrer Emotionen: Erlauben Sie sich, eine breite Palette von Emotionen zu fühlen, von Trauer und Wut bis hin zu Verwirrung und Erleichterung. Versuchen Sie nicht, sofort besser zu werden. Jede Emotion ist gültig und Teil des Heilungsprozesses.

Akzeptanz der Trauerphasen: Der Heilungsprozess nach einer Trennung folgt oft den Phasen der Trauer, wie Verleugnung, Wut, Verhandlung, Trauer und Akzeptanz. Akzeptieren Sie, dass diese Phasen natürlich sind, und beeilen Sie sich nicht, sie zu durchlaufen. Geduld ermöglicht es Ihnen, jede Phase ausgiebig zu erkunden.

Respektieren Sie Ihr eigenes Tempo: Jeder Mensch hat sein eigenes Heilungstempo. Vergleichen Sie Ihren Prozess nicht mit dem anderer Menschen. Respektieren Sie Ihre eigene Geschichte und geben Sie sich die notwendige Zeit, um wirklich zu heilen.

Bedeutung finden: Während des Heilungsprozesses können Sie irgendwann eine tiefere Bedeutung in der Erfahrung finden. Dies kann persönliches Wachstum, ein tieferes Verständnis von sich selbst oder sogar eine Veränderung in der Ausrichtung Ihres Lebens beinhalten.

Fortschritte feiern: Feiern Sie jeden kleinen Fortschrittsschritt, den Sie machen. Seien Sie in der Lage anzuerkennen, wenn Sie emotionale Hürden überwunden haben oder sich für neue Möglichkeiten geöffnet haben.

Die Zukunft visualisieren: Seien Sie geduldig beim Visualisieren Ihrer Zukunft. Mit zunehmender Heilung können Sie beginnen, gesunde Beziehungen, neue Erfahrungen und persönliches Wachstum zu visualisieren. Wissen Sie, dass diese Dinge mit der Zeit kommen werden.

Die Pflege von Geduld während des Heilungsprozesses nach einer Trennung ist entscheidend, um Ihnen zu ermöglichen, sich zu erholen, zu wachsen und sich zu verändern. Respektieren Sie Ihre Emotionen, akzeptieren Sie die Phasen des Prozesses und seien Sie freundlich zu sich selbst. Geduld hilft Ihnen nicht nur, den Schmerz der Trennung zu überwinden, sondern führt Sie auch in eine hellere Zukunft voller Möglichkeiten.

Üben Sie Selbstfürsorge

Mit Enttäuschungen und Neuanfängen nach dem Ende einer Beziehung umzugehen, kann emotional herausfordernd sein. In dieser Zeit ist es entscheidend, Selbstfürsorge zu praktizieren, um Ihre körperliche und emotionale Gesundheit zu bewahren und zu stärken. Selbstfürsorge ist nicht nur eine Bewältigungsstrategie, sondern auch eine Demonstration von Selbstliebe und eine Investition in Ihr Wohlbefinden. Die Bedeutung der Selbstfürsorge auf diesem Weg:

Gesunde Ernährung: Eine ausgewogene und nährstoffreiche Ernährung wirkt sich direkt auf Ihr emotionales Wohlbefinden aus. Wählen Sie nährstoffreiche Lebensmittel, die Ihren Körper und Geist unterstützen. Vermeiden Sie übermäßigen Zucker und Koffein, da diese sich auf Ihre Stimmung und Energie auswirken können. Denken Sie daran, dass gesunde Ernährung zu emotionaler Stabilität beiträgt.

Regelmäßige Bewegung: Bewegung ist nicht nur gut für Ihre körperliche Gesundheit, sondern hat auch positive Auswirkungen auf Ihre emotionale Verfassung. Regelmäßige körperliche Aktivität setzt Endorphine frei, die Glückshormone, die dazu beitragen können, Stress, Angst und Depression zu lindern. Finden Sie eine körperliche Aktivität, die Ihnen gefällt, und integrieren Sie sie in Ihre Routine.

Ausreichender Schlaf: Schlaf spielt eine Schlüsselrolle bei der emotionalen Erholung. Priorisieren Sie einen gesunden Schlaf, indem Sie sicherstellen, dass Sie ausreichend Ruhe bekommen. Qualitativ hochwertiger Schlaf verbessert nicht nur Ihre Stimmung, sondern unterstützt auch mentale Klarheit und Entscheidungsfindung.

Freudige Aktivitäten: Die Teilnahme an Aktivitäten, die Ihnen Freude und Zufriedenheit bereiten, ist eine effektive Möglichkeit, Ihre Stimmung in schwierigen Zeiten zu heben. Engagieren Sie sich in Hobbys, Outdoor-Aktivitäten, Lesen, Kunst, Musik oder jeder anderen Tätigkeit, die Ihnen ein gutes Gefühl gibt. Diese Momente des Vergnügens können dazu beitragen, Stress abzubauen und Ihre Perspektive zu verbessern.

Zeit für Reflexion: Während Sie Selbstfürsorge praktizieren, reservieren Sie Zeit für Reflexion und Selbstprüfung. Dies kann durch Meditation, Tagebuchschreiben oder einfaches Nachdenken erreicht werden. Selbstreflexion hilft Ihnen, Ihre Emotionen zu verarbeiten, Ihre Bedürfnisse zu erkennen und Klarheit inmitten der Verwirrung zu finden.

Grenzen setzen: Während dieser Erholungsphase ist es wichtig, gesunde Grenzen zu setzen. Dies beinhaltet das Festlegen von Grenzen gegenüber Menschen und Situationen, die emotional belastend oder schädlich sein können. Priorisieren Sie Ihr eigenes Wohlbefinden, selbst wenn dies bedeutet, Nein zu sagen oder sich von bestimmten Umgebungen zurückzuziehen.

Selbstfürsorge als Selbstermächtigung: Selbstfürsorge ist nicht nur eine Möglichkeit, Schmerzen zu lindern; es ist ein Akt der Selbstermächtigung. Sich selbst zu kümmern, bekräftigt Ihre Bedeutung und Ihren Wert als Individuum. Es zeigt, dass Sie es wert sind, Zeit und Mühe in Ihr eigenes Wohlbefinden zu investieren, unabhängig von äußeren Umständen.

Anpassung an Veränderungen: Während Sie Selbstfürsorge praktizieren, seien Sie offen für Anpassungen an Ihre Herangehensweise nach Bedarf. Ihre emotionalen und physischen Bedürfnisse können sich im Laufe der Zeit ändern, und es ist wichtig, Ihre

Selbstfürsorge entsprechend anzupassen. Achten Sie immer darauf, was Ihnen hilft, sich besser zu fühlen, und nehmen Sie Anpassungen vor, wenn dies erforderlich ist.

Selbstfürsorge ist ein wesentliches Werkzeug, um mit Enttäuschungen und Neuanfängen nach dem Ende einer Beziehung umzugehen. Eine gesunde Ernährung, Bewegung, ausreichender Schlaf, angenehme Aktivitäten und Zeit für Reflexion tragen zur emotionalen Genesung bei und schaffen eine solide Grundlage für die Zukunft. Bedenken Sie, dass die Selbstfürsorge eine Handlung der Selbstliebe ist, die in Ihrem Heilungsprozess Priorität haben sollte.

UMARMUNG NEUANFÄNGE UND CHANCEN FÜR PERSÖNLICHES WACHSTUM

Obwohl das Ende einer Beziehung schmerzhaft sein kann, eröffnet es auch Raum für Neuanfänge und Chancen für persönliches Wachstum. Diese Möglichkeiten zu nutzen, ist entscheidend, um ein bedeutungsvolles und erfülltes Leben zu schaffen:

Tiefgehendes Selbstverständnis

Die Reise zu sich selbst kann sich in eine transformative Reise des Selbstverständnisses verwandeln. Diese herausfordernde Zeit bietet die Gelegenheit, sich mit Ihrer eigenen Identität, Leidenschaften und Zielen vertieft auseinanderzusetzen.

Hier sind einige Möglichkeiten, wie Sie die Zeit nach einer Trennung nutzen können, um sich auf einer tieferen Ebene kennenzulernen:

Erkundung von Interessen und Leidenschaften: Jetzt ist die Zeit, sich Aktivitäten zu widmen, die Ihnen Freude bereiten. Wiederentdecken Sie Interessen, die während der Beziehung vernachlässigt wurden, oder erkunden Sie neue Leidenschaften. Indem Sie das tun, was Sie lieben, verbinden Sie sich erneut mit wesentlichen Teilen Ihrer selbst.

Reflexion über Werte und Prioritäten: Nutzen Sie diese Zeit, um über Ihre grundlegenden Werte und das nachzudenken, was für Sie wirklich wichtig ist. Fragen Sie sich, welche Prioritäten Sie im Leben haben, welche Ziele Sie erreichen möchten und wie Ihre Werte Ihre Entscheidungen beeinflussen.

Festlegung persönlicher Ziele: Nutzen Sie diese Zeit, um persönliche Ziele festzulegen, die mit Ihren Werten und Leidenschaften in Einklang stehen. Diese Ziele können von der Entwicklung neuer Fähigkeiten bis hin zur Verfolgung beruflicher oder persönlicher Fortschritte reichen.

Erkundung eigener Grenzen: Das Ende einer Beziehung eröffnet oft Raum für Selbstentdeckung. Wenn Sie sich wieder mit sich selbst verbinden, beginnen Sie zu verstehen, welche emotionalen, physischen und mentalen Grenzen Sie haben. Dies hilft Ihnen, in zukünftigen Interaktionen gesunde Grenzen zu setzen.

Eintauchen in Emotionen: Erlauben Sie sich, in die Tiefen Ihrer Emotionen einzutauchen. Wenn Sie erforschen, was Sie fühlen, können Sie emotionale Muster, verborgene Wünsche und Bereiche entdecken, die Aufmerksamkeit und Heilung benötigen.

Selbstmitgefühl praktizieren: Selbstmitgefühl ist während des Prozesses des Selbstverständnisses wesentlich. Behandeln Sie sich mit der gleichen Freundlichkeit und Verständnis, die Sie einem geliebten Freund entgegenbringen würden. Verzeihen Sie sich für vergangene Fehler und umarmen Sie Ihre Unvollkommenheiten.

Lernen aus vergangenen Erfahrungen: Das Ende einer Beziehung bietet die Möglichkeit, aus vergangenen Erfahrungen zu lernen. Reflektieren Sie über die Muster, die Sie in früheren Beziehungen identifiziert haben, und überlegen Sie, wie sie Ihre zukünftigen Entscheidungen beeinflussen können.

Förderung der Authentizität: Wenn Sie tiefer in Ihre eigene Reise eintauchen, erfahren Sie mehr darüber, wer Sie authentisch sind. Nutzen Sie diese Authentizität, um Ihre zukünftigen Entscheidungen und Beziehungen zu leiten.

Wiederentdecken Ihrer Identität: Eine Trennung kann oft dazu führen, dass Sie sich fragen, wer Sie außerhalb dieser Beziehung sind. Nutzen Sie diese Gelegenheit, um Ihre individuelle Identität neu zu entdecken, getrennt von jeder Beziehung.

Die Zeit nach dem Ende einer Beziehung kann eine tiefgreifende Reise des Selbstverständnisses und der Selbstentdeckung sein. Nutzen Sie diese Gelegenheit, um Ihre Interessen, Leidenschaften und Werte zu erkunden und mehr über sich selbst als Individuum zu erfahren. Dieser Prozess hilft Ihnen nicht nur bei der Genesung, sondern auch dabei, gesündere und bedeutsamere zukünftige Beziehungen aufzubauen.

Setzen Sie persönliche Ziele

Nach einer Trennung ist es natürlich, Wege zu finden, um voranzukommen und einen neuen Sinn im Leben zu finden. Eine kraftvolle Möglichkeit, dies zu tun, besteht darin, persönliche Ziele für Ihre Zukunft zu setzen. Diese Ziele helfen Ihnen nicht nur, sich auf etwas Positives zu konzentrieren, sondern geben Ihnen auch eine klare Richtung und einen Grund zu wachsen und sich weiterzuentwickeln. Hier sind einige Möglichkeiten, um Ihre persönlichen Ziele zu definieren und an ihnen zu arbeiten:

Selbstbewertung: Bevor Sie Ziele setzen, ist es wichtig, eine ehrliche Selbstbewertung vorzunehmen. Fragen Sie sich, in welchen Bereichen Ihres Lebens Sie sich verbessern möchten, was Sie erreichen möchten und wie Sie sich Ihre Zukunft vorstellen. Berücksichtigen Sie sowohl kurzfristige als auch langfristige Ziele.

SMARTe Ziele: Bei der Festlegung persönlicher Ziele ist es hilfreich, das Konzept der SMARTen Ziele zu befolgen – spezifisch, messbar, erreichbar, relevant und zeitgebunden. Dies hilft dabei, Ihre Ziele konkreter und erreichbarer zu gestalten. Zum Beispiel, anstelle eines vagen Ziels wie "gesünder werden", könnten Sie ein SMARTes Ziel setzen wie "täglich mindestens 30 Minuten für die nächsten drei Monate spazieren gehen".

Verschiedene Arten von Zielen: Erwägen Sie die Festlegung von Zielen in verschiedenen Lebensbereichen, wie Karriere, Gesundheit, Beziehungen, persönliches Wachstum und Hobbys. Die Vielfalt der Ziele ermöglicht es Ihnen, ganzheitlich zu wachsen und sich weiterzuentwickeln.

Fordern Sie sich heraus, aber seien Sie realistisch: Es ist wichtig, Ziele zu setzen, die Sie aus Ihrer Komfortzone herausholen, aber auch realistisch und erreichbar sind. Übermäßig ehrgeizige Ziele können zu Frustration führen, während zu einfache Ziele möglicherweise kein Gefühl der Erfüllung bieten.

Aktionsplan: Nachdem Sie Ihre Ziele festgelegt haben, erstellen Sie einen detaillierten Aktionsplan. Welche Schritte müssen Sie unternehmen, um jedes Ziel zu erreichen? Welche Ressourcen benötigen Sie? Die Aufteilung Ihrer Ziele in kleinere Schritte macht den Prozess handhabbar und erhöht Ihre Erfolgschancen.

Verfolgung und Feiern: Überwachen Sie Ihren Fortschritt in Bezug auf Ihre Ziele und nehmen Sie bei Bedarf Anpassungen vor. Das Feiern jeder Errungenschaft, auch der kleinen, hilft dabei, die

Motivation aufrechtzuerhalten und Ihr Selbstvertrauen zu stärken.

Flexibilität und Anpassung: Das Leben ist unvorhersehbar, und es ist normal, dass sich die Umstände im Laufe der Zeit ändern. Seien Sie bereit, Ihre Ziele nach Bedarf anzupassen und sich neuen Situationen anzupassen.

Die Bedeutung der Reise: Denken Sie daran, dass der Prozess, an Ihren Zielen zu arbeiten, genauso wertvoll ist wie deren Erreichung. Die Reise der Selbsterkenntnis, des Wachstums und des Lernens, die während des Prozesses stattfindet, bereichert Ihr Leben wirklich.

Die Festlegung persönlicher Ziele nach einer Trennung hilft nicht nur dabei, einen neuen Lebenszweck zu finden, sondern fördert auch Ihr persönliches Wachstum. Durch die Festlegung konkreter, messbarer und relevanter Ziele lenken Sie Ihre Energie in etwas Positives und Konstruktives. Diese Ziele bieten nicht nur eine klare Richtung, sondern stärken auch Ihr Selbstwertgefühl und Ihr Vertrauen, während Sie daran arbeiten, sie zu erreichen. Nutzen Sie diese Zeit des Neuanfangs als Gelegenheit, um einen aufregenden neuen Weg für Ihre Zukunft zu gestalten.

Erkunde neue Erfahrungen

Das Leben erstreckt sich vor dir wie ein weites Gebiet voller Möglichkeiten. Dies ist der perfekte Zeitpunkt, um neue Erfahrungen und Abenteuer zu erkunden, die du vielleicht zuvor nicht in Betracht gezogen hast. Nutze diese Gelegenheit, um deinen Horizont zu erweitern und die Freude am Leben wiederzuentdecken. Hier sind Möglichkeiten, in neue Erfahrungen einzutauchen:

Probiere herausfordernde Aktivitäten aus: Nutze diese Zeit, um Aktivitäten auszuprobieren, die deine Grenzen herausfordern und dich aus deiner Komfortzone herausholen. Dies kann Aktivitäten im Freien, Extremsportarten, Tanzkurse oder alles andere umfassen, was deine Neugier weckt.

Reise und erkunde neue Orte: Das Reisen ist eine unglaubliche Möglichkeit, dich wieder mit dir selbst und der Welt um dich herum zu verbinden. Erkunde neue Städte, Kulturen und Landschaften. Reisen bietet nicht nur neue Perspektiven, sondern hilft auch dabei, wertvolle Erinnerungen zu schaffen.

Entwickle neue Hobbys: Dies ist der perfekte Zeitpunkt, um neue Hobbys zu erkunden oder alte Interessen wieder aufzugreifen. Lerne ein Musikinstrument zu spielen, koche verschiedene Gerichte, probiere dich in der Fotografie oder irgendeiner anderen Aktivität, die dich fasziniert.

Nimm an sozialen Veranstaltungen teil: Beteilige dich an sozialen Veranstaltungen und Treffen, bei denen du neue Leute kennenlernen kannst. Dies kann Workshops, Interessensgruppen oder sogar Online-Treffen umfassen. Die Teilnahme an solchen Aktivitäten bringt dich mit Menschen in Kontakt, die deine Interessen teilen.

Engagiere dich für wichtige Anliegen: Die Teilnahme an Freiwilligenaktivitäten ist eine bedeutsame Möglichkeit, neue Erfahrungen zu sammeln und gleichzeitig einen positiven Einfluss auf das Leben anderer Menschen auszuüben. Wähle Anliegen, die dir am Herzen liegen, und widme Zeit, um eine positive Wirkung zu erzielen.

Lerne etwas Neues: Dies ist der ideale Zeitpunkt, um neue Fähigkeiten zu erlernen oder Wissen in einem Bereich zu erwerben, der dich interessiert. Schreibe dich in Kurse, Workshops oder Schulungen ein, die dein Repertoire erweitern und dir persönliches Wachstum ermöglichen.

Trenne dich, um dich wieder zu verbinden: Manchmal ist es notwendig, sich von digitalen Ablenkungen und dem alltäglichen Leben zu trennen, um sich wieder mit dir selbst zu verbinden. Mache Meditationsretreats, Campingausflüge oder verbringe einfach Zeit an einem ruhigen Ort, um neue Energie zu tanken.

Neue Erfahrungen zu erkunden, nach einer Beziehungsende, ist eine kraftvolle Möglichkeit, dich selbst neu zu entdecken und neue Energie zu tanken. Herausfordernde Aktivitäten anzunehmen, zu reisen, neue Hobbys zu entwickeln und mit neuen Menschen in Kontakt zu treten, füllt nicht nur deine Zeit, sondern bereichert auch dein Leben. Nutze diese Zeit, um dich selbst zu widmen, persönlich zu wachsen und unvergessliche Erinnerungen zu schaffen.

Stärken Sie bestehende Beziehungen

Nach dem Ende einer Beziehung ist es natürlich, nach emotionaler Unterstützung und einem Gefühl der Zugehörigkeit in Ihren bestehenden Beziehungen zu suchen. Das Stärken der Bindungen zu Freunden und Familienangehörigen, die während der Beziehung möglicherweise vernachlässigt wurden, kann Trost bringen und wichtige Erinnerungen daran bieten, dass Sie nicht alleine auf diesem Weg sind. Hier sind Möglichkeiten, diese Beziehungen zu stärken:

Erkennen Sie die Bedeutung von Freunden und Familie: Freunde und Familie sind ein wesentlicher Teil Ihres emotionalen Unterstützungsnetzwerks. Sie kennen Sie gut und können oft wertvolle Ratschläge und Perspektiven bieten. Wissen Sie, dass Sie diese schwierige Phase nicht alleine durchstehen müssen.

Kommunizieren Sie aufrichtig: Die Wiederherstellung des Kontakts zu Freunden und Familie beginnt mit aufrichtiger Kommunikation. Seien Sie offen über das, was Sie durchmachen, und teilen Sie Ihre Gefühle. Durch Ihre Offenheit ermöglichen Sie ihnen ein besseres Verständnis Ihrer Situation und eine effektivere Unterstützung.

Verbringen Sie qualitativ hochwertige Zeit: Planen Sie Zeit, um mit denjenigen, die Ihnen wichtig sind, Zeit zu verbringen. Dies kann bedeuten, sinnvolle Gespräche zu führen, Spaßaktivitäten zu unternehmen oder einfach nur entspannte Momente miteinander zu verbringen.

Qualitativ hochwertige Zeit stärkt die Beziehungen und schafft positive Erinnerungen.

Seien Sie offen für Unterstützung: Freunde und Familie möchten oft Unterstützung anbieten, wissen jedoch möglicherweise nicht, wie sie dies tun sollen. Seien Sie offen für Hilfe, sei es in Form von Gesprächen, emotionaler Unterstützung oder praktischer Hilfe. Indem Sie sie in Ihre Reise einbeziehen, können Sie Ihre Beziehungen noch stärker machen.

Umgang mit Veränderungen in den Dynamiken: Es ist wichtig anzuerkennen, dass sich die Beziehungsdynamiken nach einem Beziehungsende ändern können. Gemeinsame Freunde oder Familienmitglieder können sich in schwierigen Positionen befinden, wenn sie versuchen, ihre Unterstützung für beide Seiten auszubalancieren. Seien Sie geduldig und verständnisvoll gegenüber den Veränderungen, die auftreten können.

Fokus auf Verständnis und Empathie: Bedenken Sie, dass jeder seine eigenen Erfahrungen und Perspektiven hat. Bewahren Sie Raum für das Zuhören und das Verstehen dessen, was Ihre Freunde und Familie zu sagen haben. Empathie ist entscheidend für den Aufbau gesunder und unterstützender Beziehungen.

Wertschätzen Sie die angebotene Unterstützung: Die emotionale Unterstützung von Freunden und Familie kann in dieser Phase der Enttäuschung und des Neuanfangs unbezahlbar sein. Schätzen Sie die

Menschen, die an Ihrer Seite sind, und zeigen Sie Dankbarkeit für ihre Präsenz und ihre konstante Unterstützung.

Die Stärkung bestehender Beziehungen nach einem Beziehungsende ist eine wertvolle Möglichkeit, emotionale Unterstützung und Verbundenheit zu finden. Durch die Wiederherstellung des Kontakts zu Freunden und Familie stärken Sie nicht nur diese Bindungen, sondern schaffen auch ein Unterstützungssystem, das Ihnen helfen wird, Schwierigkeiten zu überwinden. Denken Sie daran, dass Sie auf diesem Weg nicht alleine sind, und diejenigen, die sich um Sie kümmern, werden da sein, um Ihnen zu helfen, Enttäuschungen zu überwinden und Neuanfänge zu begrüßen.

Lernen Sie aus Fehlern

Es ist natürlich, über die vergangene Beziehung nachzudenken und Möglichkeiten zu suchen, um aus der Erfahrung zu wachsen. Eine objektive Analyse dessen, was in der vorherigen Beziehung richtig gelaufen ist und was nicht, kann wertvolle Lektionen bieten, die Ihnen helfen werden, in der Zukunft gesündere Beziehungen aufzubauen. Hier sind einige Schritte, um aus Fehlern und vergangenen Erfahrungen zu lernen:

Ehrliche Reflexion: Nehmen Sie sich Zeit, um ehrlich und objektiv über die vergangene Beziehung nachzudenken. Berücksichtigen Sie die positiven Momente, aber untersuchen Sie auch die Herausforderungen und Schwierigkeiten, die aufgetreten sind. Vermeiden Sie es, nur auf romantische Erinnerungen zu fokussieren, und betrachten Sie stattdessen das Gesamtbild.

Identifizierung von Mustern: Analysieren Sie, ob es Muster oder wiederkehrende Verhaltensweisen gab, die zum Ende der Beziehung beigetragen haben. Dies kann Kommunikationsprobleme, unerfüllte Erwartungen, Inkompatibilitäten oder andere Konfliktbereiche umfassen. Die Anerkennung dieser Muster ist der erste Schritt, um sie in zukünftigen Beziehungen zu vermeiden.

Selbsterkenntnis: Der Prozess des Lernens aus Fehlern erfordert auch tiefgreifende Selbsterkenntnis. Fragen Sie sich, wie Ihre eigenen Handlungen, Gedanken und Emotionen zur Beziehung beigetragen haben könnten. Dies kann die Bewertung Ihrer eigenen Erwartungen, Verletzlichkeiten und Kommunikationsfähigkeiten umfassen.

Gelernte Lektionen: Identifizieren Sie die Lektionen, die Sie aus der vergangenen Beziehung mitnehmen können. Dies kann Lektionen darüber umfassen, was Sie in einer Beziehung schätzen, welche Verhaltensweisen vermieden werden sollten, wie man effektiver kommuniziert und wie man gesunde Grenzen setzt.

Persönliches Wachstum: Jede Beziehung, unabhängig von ihrem Ergebnis, bietet eine Gelegenheit für persönliches Wachstum. Fragen Sie sich, wie Sie aus dieser Erfahrung wachsen können. Was können Sie anders machen? Wie können Sie zu einer besseren Version Ihrer selbst werden?

Vermeidung von Schuld und Groll: Obwohl es wichtig ist, aus Fehlern zu lernen, ist es ebenso wichtig, übermäßige Selbstvorwürfe zu vermeiden oder Groll gegenüber der vergangenen Beziehung zu hegen. Erkennen Sie, dass Beziehungen komplex sind und dass beide Parteien zur Dynamik beitragen.

Offenheit für die Zukunft: Indem Sie aus den Fehlern und Lektionen der Vergangenheit lernen, werden Sie sich bewusster und befähigt, in der Zukunft gesunde Beziehungen aufzubauen. Diese Offenheit für persönliches Wachstum und die Anwendung des Gelernten ermöglichen es Ihnen, neue Beziehungen mit einem informierten und reiferen Blick anzugehen.

Aus Fehlern und vergangenen Erfahrungen in Beziehungen zu lernen, ist ein wesentlicher Teil des Prozesses persönlichen Wachstums und Entwicklung. Durch ehrliche Reflexion, Mustererkennung, das Verinnerlichen von Lektionen und die Suche nach Selbsterkenntnis bauen Sie eine solide Grundlage für zukünftige Beziehungen auf. Verstehen Sie, dass jede Erfahrung, auch wenn sie nicht wie erwartet verläuft, eine wertvolle Gelegenheit zum Lernen und Wachsen sein kann.

Pflegen Sie die Eigenständigkeit

Viele Menschen sehen eine wertvolle Gelegenheit, Eigenständigkeit und Unabhängigkeit zu kultivieren. Dies beinhaltet das Erlernen, mit sich selbst glücklich zu sein, ein erfülltes Leben aufzubauen und Befriedigung in den eigenen Errungenschaften zu finden. Hier sind einige Möglichkeiten, um Eigenständigkeit nach dem Ende einer Beziehung zu kultivieren:

Definieren Sie Ihre Identität neu: Wenn wir in einer Beziehung sind, verschmelzen unsere Identitäten oft mit denen unserer Partner. Nach dem Ende einer Beziehung ist es wichtig, als Individuum neu zu entdecken, wer Sie sind. Welche Interessen, Leidenschaften und persönlichen Ziele haben Sie? Dies wird Ihnen helfen, eine solide Grundlage für Ihre Eigenständigkeit aufzubauen.

Investieren Sie in sich selbst: Nutzen Sie diese Zeit, um in Ihr eigenes Wachstum und Ihre eigene Entwicklung zu investieren. Dies kann das Erlernen neuer Fähigkeiten, das Erkunden von Interessen, die Teilnahme an Kursen oder Workshops und die Suche nach Gelegenheiten, die Sie herausfordern, umfassen.

Bauen Sie ein Unterstützungsnetzwerk auf: Obwohl Eigenständigkeit wichtig ist, bedeutet dies nicht, dass Sie sich isolieren sollten. Pflegen Sie gesunde Beziehungen zu Freunden, Familie und Kollegen. Ein emotionales Unterstützungsnetzwerk kann für Ihr emotionales Wohlbefinden entscheidend sein.

Setzen Sie persönliche Ziele: Legen Sie Ziele fest, die spezifisch für Sie sind. Dies kann Ziele im Zusammenhang mit Karriere, Gesundheit, Hobbys oder einem anderen wichtigen Lebensbereich umfassen. Wenn Sie diese Ziele erreichen, entwickeln Sie ein Gefühl der Erfüllung, das zu Ihrer Eigenständigkeit beiträgt.

Lernen Sie die Einsamkeit zu genießen: Das Erlernen, die eigene Gesellschaft zu schätzen, ist ein wesentlicher Teil der Eigenständigkeit. Nehmen Sie sich Zeit für Aktivitäten, bei denen Sie sich mit sich selbst wohl fühlen, wie Lesen, Meditieren, Reisen oder das Erkunden neuer Orte.

Pflegen Sie Ihr Wohlbefinden: Priorisieren Sie Ihre körperliche und emotionale Gesundheit. Dies beinhaltet eine gesunde Ernährung, regelmäßige körperliche Betätigung, ausreichenden Schlaf und die Pflege Ihrer mentalen Gesundheit durch Praktiken wie Achtsamkeit und Therapie.

Finden Sie Bedeutung im Leben: Entwickeln Sie ein tieferes Verständnis dafür, was Ihrem Leben Bedeutung verleiht. Dies kann bedeuten, dass Sie Zweck in Ihren Handlungen finden, zur Gemeinschaft beitragen oder nach Erfolgen suchen, die persönliche Zufriedenheit bringen.

Genießen Sie die Freiheit: Eigenständigkeit bedeutet auch, die Freiheit zu genießen, die mit Unabhängigkeit einhergeht. Sie haben die Fähigkeit, Entscheidungen zu treffen, die mit Ihren eigenen Werten und Wünschen in Einklang stehen, ohne ständige Kompromisse eingehen zu müssen.

Üben Sie Akzeptanz: Akzeptieren Sie sich selbst und Ihre aktuelle Situation. Eigenständigkeit bedeutet nicht, Ihre Emotionen zu leugnen oder Verbindungen zu anderen zu vermeiden. Es bedeutet zu erkennen, dass Sie in der Lage sind, in sich selbst vollständig und glücklich zu sein.

Die Kultivierung der Eigenständigkeit nach dem Ende einer Beziehung ist ein Prozess des Selbstwissens und des persönlichen Wachstums. Das Erlernen emotionaler Unabhängigkeit, das Genießen der eigenen Gesellschaft und der Aufbau eines erfüllten Lebens tragen zu Ihrem allgemeinen Wohlbefinden bei. Dies macht Sie nicht nur widerstandsfähiger gegenüber Veränderungen, sondern bereitet Sie auch darauf vor, zukünftige Beziehungen mit einer soliden Grundlage an Eigenständigkeit und Selbstwertgefühl zu betreten.

Seien Sie offen für neue Beziehungen

Nachdem Sie den Prozess des Umgangs mit Enttäuschungen und Neuanfängen durchlaufen haben, kann es ein aufregender und bedeutsamer Schritt in Ihrer persönlichen Wachstumsreise sein, für neue Beziehungen offen zu sein. Richtlinien, um diese Phase der Öffnung und neuen Möglichkeiten zu begrüßen:

Erneuertes Selbstvertrauen: Der Prozess des Umgangs mit Enttäuschungen und Neuanfängen führt oft zu einem erneuerten Selbstvertrauen. Wenn Sie sich heilen und sich selbst neu entdecken, werden Sie selbstbewusster darüber, wer Sie sind und was Sie in einer Beziehung suchen. Dieses Selbstvertrauen ist attraktiv und trägt dazu bei, kompatible Menschen anzuziehen.

Seien Sie offen für unterschiedliche Erfahrungen: Jede Beziehung ist einzigartig und kann neue Erfahrungen und Erkenntnisse bringen. Seien Sie offen dafür, Menschen mit unterschiedlichem Hintergrund, Interessen und Perspektiven kennenzulernen. Dies erweitert Ihren Horizont und bereichert Sie als Person.

Vermeiden Sie den Vergleich mit früheren Beziehungen: Es ist natürlich, neue Beziehungen mit früheren Erfahrungen zu vergleichen, aber versuchen Sie, dies nicht übermäßig zu tun. Jede Beziehung ist eine Gelegenheit zum Wachsen und etwas Neues zu schaffen, und ständige Vergleiche können verhindern, dass Sie die Gegenwart genießen.

Wissen Sie, was Sie wollen: Während Sie offen für neue Beziehungen sind, ist es wichtig, eine klare Vorstellung davon zu haben, was Sie in einem Partner und einer Beziehung suchen. Dies hilft Ihnen, bewusste Entscheidungen zu treffen und Zeit in Verbindungen zu investieren, die mit Ihren Werten und Zielen im Einklang stehen.

Kommunizieren Sie Ihre Absichten: Wenn Sie anfangen, sich mit jemandem zu involvieren, seien Sie transparent über Ihre Absichten und Erwartungen. Die Kommunikation Ihrer Bedürfnisse und Wünsche von Anfang an hilft, Missverständnisse zu vermeiden und eine solide Grundlage für den Aufbau der Beziehung zu schaffen.

Genießen Sie den Kennenlernprozess: Jemanden kennenzulernen ist ein Prozess, der Zeit und Interaktion erfordert. Genießen Sie diesen Prozess, um die Person, ihre Geschichten, Werte und Ambitionen kennenzulernen. Halten Sie Ihren Geist offen und vermeiden Sie voreilige Urteile.

Seien Sie auf Unsicherheiten vorbereitet: Neue Beziehungen bedeuten, mit Unsicherheiten umzugehen. Nicht alle Beziehungen entwickeln sich zu dauerhaften Romanzen, aber jede Verbindung kann wertvolle Lektionen bieten. Seien Sie bereit, Unsicherheiten mit Resilienz und Akzeptanz anzunehmen.

Haben Sie keine Angst, Risiken einzugehen: Die Angst, erneut verletzt zu werden, kann ein Hindernis für das Öffnen für neue Beziehungen sein. Denken Sie daran, dass persönliches Wachstum oft kalkulierte Risiken erfordert. Lassen Sie die Angst nicht in Ihrem Weg stehen, neue Verbindungsmöglichkeiten zu erkunden.

Lernen Sie kontinuierlich: Jede Beziehung, ob erfolgreich oder nicht, bietet Gelegenheiten zum Lernen. Reflektieren Sie über Ihre Interaktionen, bewerten Sie, was funktioniert hat und was nicht, und nutzen Sie diese Erkenntnisse, um Ihre zukünftigen Entscheidungen zu lenken.

Offen für neue Beziehungen zu sein, ist ein natürlicher Teil des Heilungs- und Wachstumsprozesses nach Enttäuschungen und Neuanfängen. Wenn Sie diese Phase mit einer positiven Einstellung, Selbstvertrauen und Lernbereitschaft angehen, schaffen Sie Raum für bereichernde Erfahrungen, bedeutungsvolle Verbindungen und die Möglichkeit, gesunde und erfüllende Beziehungen aufzubauen. Bedenken Sie, dass jede Person, die in Ihr Leben tritt, das Potenzial hat, Ihnen zu lehren und Ihre Erfahrung zu bereichern, unabhängig vom endgültigen Ergebnis.

Enttäuschungen zu bewältigen und nach dem Ende einer Beziehung neu anzufangen, ist eine Herausforderung, aber auch eine Gelegenheit zur Erneuerung und persönlichen Entwicklung. Der Überwindungsprozess kann schwierig sein, aber die Reise lohnt sich. Wenn Sie sich Herausforderungen mit Widerstandsfähigkeit, Selbstkenntnis und einem positiven Blick in die Zukunft stellen, können Sie den Schmerz in Stärke umwandeln und ein authentisches, erfülltes Leben voller Möglichkeiten schaffen.

KAPITEL 12
FEIERN DER SELBSTLIEBE-REISE

Feiern Sie nicht nur den Anfang, sondern auch jeden Schritt, jedes Stolpern und jeden Neuanfang auf Ihrer Selbstliebe-Reise.

Die Reise der Selbstliebe ist eine Erfahrung der Selbsterkenntnis, der Akzeptanz und des persönlichen Wachstums. Im Laufe dieses Buches haben Sie verschiedene Aspekte dieses Prozesses erkundet und gelernt, eine gesunde Beziehung zu sich selbst zu pflegen. Das Erreichen des Endes dieses Weges verdient eine Feier, denn Sie haben einen wichtigen Schritt in Richtung eines erfüllteren und sinnvolleren Lebens getan. In diesem Kapitel werden wir Ihre Entwicklung während des Buches reflektieren, besprechen, wie Sie den Fokus auf die Selbstliebe in Beziehungen aufrechterhalten können, und erneut betonen, dass Ihre Reise kontinuierlich und wertvoll ist.

REFLEKTIEREN ÜBER IHRE ENTWICKLUNG IM BUCH

Schauen Sie zurück und erkennen Sie, wie weit Sie seit Beginn dieses Buches gekommen sind. Sie haben diese Reise mit dem Ziel begonnen, eine tiefere und liebevollere Beziehung zu sich selbst zu entwickeln. Jetzt haben Sie ein klareres Verständnis dafür, wie die Selbstliebe alle Bereiche Ihres Lebens beeinflusst und wie Sie sie täglich praktizieren können.

Erinnern Sie sich an die Zeiten, in denen Sie an sich selbst gezweifelt haben? An die Zeiten, in denen Selbstkritik Ihre Gedanken beherrschte? Jetzt verfügen Sie über Werkzeuge, um diese negativen Stimmen herauszufordern und sie durch Selbstmitgefühl und

Selbstakzeptanz zu ersetzen. Sie haben gelernt, dass die Reise der Selbstliebe nicht nur die Pflege Ihrer physischen Bedürfnisse umfasst, sondern auch die Pflege Ihrer geistigen, emotionalen und spirituellen Gesundheit.

Feiern Sie Ihre Erfolge, egal wie klein sie erscheinen mögen. Jeder Schritt, den Sie in Richtung Selbstliebe getan haben, ist ein Sieg. Erlauben Sie sich, stolz auf den Fortschritt zu sein, den Sie gemacht haben, und auf den Mut, den Sie gezeigt haben, um Herausforderungen zu bewältigen und schädliche Denkmuster zu ändern.

SELBSTLIEBE ALS FOKUS
Auch in Beziehungen

Während Sie Ihren Weg weiterverfolgen, ist es entschei-dend, die Selbstliebe auch in Beziehungen als Priorität zu bewahren. Es ist einfach, sich in den Erwartungen anderer zu verlieren, ihren Bedürfnissen nachzugeben und sich selbst zu vernachlässigen. Doch eine gesunde Beziehung beginnt mit einer soliden Selbstliebe beider Partner.

Bewusstsein dafür, dass Sie eine Beziehung verdienen, die Sie unterstützt und bereichert. Dies bedeutet, Ihre Bedürfnisse zu kommunizieren, gesunde Grenzen zu setzen und sicherzustellen, dass auch Ihre eigenen Bedürfnisse erfüllt werden. Selbstliebe ist das Fundament, auf dem Sie bedeutungsvolle und nachhaltige Beziehungen aufbauen. Wenn Sie sich selbst wertschätzen, setzen Sie einen Maßstab dafür, wie andere Sie behandeln sollten.

IHRE REISE IST FORTLAUFEND

Die Reise der Selbstliebe hat kein endgültiges Ziel. Es ist ein fortwährender Pfad der Selbsterkenntnis, des Wachstums und der Entwicklung. Während Sie Herausforderungen bewältigen, Veränderungen durchleben und mehr über sich selbst lernen, entfaltet sich die Reise weiter.

Verstehen Sie, dass Selbstliebe ein Prozess ständigen Lernens und Übens ist. Es wird Tage geben, an denen Sie eine starke Verbindung zu sich selbst spüren, und andere, an denen Sie sich herausgefordert fühlen. Das ist normal. Der Schlüssel ist, auch in schwierigen Zeiten weiterzugehen.

Die Feier Ihrer Reise bezieht sich nicht nur darauf, wo Sie bereits angekommen sind, sondern auch auf das, was noch kommt. Sie schaffen Raum für eine hellere und bewusstere Zukunft. Wenn Sie Ihre Selbstliebe weiterentwickeln, werden Sie mehr über Ihre Leidenschaften, Werte und Ziele erfahren. Die Reise zielt darauf ab, die beste Version Ihrer selbst zu werden, nicht nur für Sie selbst, sondern auch für die Menschen um Sie herum.

Während Sie in die Zukunft blicken, verstehen Sie, dass Sie Liebe, Glück und Erfüllung verdienen. Ihre Geschichte ist einzigartig und wertvoll, und jeder Schritt, den Sie unternehmen, ist ein Zeugnis Ihres Engagements für sich selbst. Feiern Sie jeden Sieg, jede gelernte Lektion und jede Entdeckung.

Fahren Sie fort zu erkunden, zu wachsen und sich selbst zu lieben. Ihre Reise erinnert Sie ständig daran, dass Sie die wichtigste Person in Ihrem Leben sind. Möge diese Feier der Selbstliebe nur der Anfang eines Lebens voller Liebe, Freude und Authentizität sein.

FAZIT

Mit dem Abschluss dieser Reise der Selbstentdeckung und Selbstliebe ist es wichtig, den Weg anzuerkennen, den wir zurückgelegt haben. In diesem Buch haben wir tiefgreifend die verschiedenen Aspekte der wichtigsten Beziehung von allen erkundet: derjenigen, die wir mit uns selbst haben. Jedes Kapitel führte uns auf eine Reise der Reflexion, des Wachstums und der Transformation, und ich hoffe, dass Sie Inspiration und Orientierung gefunden haben, um den Weg der Selbstliebe zu beschreiten.

Die Suche nach der Liebe Ihres Lebens erstreckt sich weit über romantische Beziehungen zu anderen Menschen hinaus. Es geht darum, sich in die Person zu verlieben, die Sie sind, und alle Ihre Facetten, Qualitäten und Imperfektionen zu umarmen. Es geht darum, eine tiefe und dauerhafte zwischenmenschliche Beziehung zu kultivieren, eine solide Grundlage für Selbstachtung, Selbstmitgefühl und Authentizität aufzubauen.

Denken Sie daran, dass Selbstliebe kein endgültiges Ziel ist, sondern ein kontinuierlicher Weg. Während wir im Leben voranschreiten, stehen wir vor Herausforderungen, Veränderungen und neuen Erfahrungen. Aber jetzt besitzen Sie alle erforderlichen Werkzeuge und Erkenntnisse, um all dem mit Widerstandsfähigkeit und Selbstliebe zu begegnen.

Wenn Sie zurückblicken, hoffe ich, dass Sie sehen können, wie sehr Sie gewachsen und sich entwickelt haben. Jeder Schritt, den Sie in Richtung Selbstliebe gemacht haben, war ein Akt des Muts und der Selbstinvestition. Feiern Sie Ihre Erfolge, ganz gleich, wie klein sie erscheinen, und setzen Sie Ihre besondere Beziehung zu sich selbst weiterhin instand.

Denken Sie daran, dass die Suche nach der Liebe Ihres Lebens eine innere und endlose Reise ist. Fahren Sie fort zu erkunden, zu lernen und zu wachsen. Verlieben Sie sich immer wieder in die Person, die Sie sind, genau so, wie Sie sind. Und seien Sie sich bewusst, dass Sie, selbst in den herausforderndsten Momenten, die Kraft haben, sich bedingungslos zu unterstützen, zu pflegen und zu lieben.

Ich danke Ihnen, dass Sie sich auf diese Reise der Selbsterkenntnis mit mir begeben haben. Mögen die in diesem Buch geteilten Lehren Sie auf jedem Schritt Ihres Weges begleiten. Mögen Sie weiterhin ein Leben voller Liebe mit Zuversicht, Mitgefühl und Freude führen.

Mit Liebe und Dankbarkeit,

Leonardo Tavares

ÜBER DEN AUTOR

Leonardo Tavares trägt nicht nur die Last des Lebens, sondern auch die Weisheit, die er erlangt hat, indem er den Stürmen begegnete, die es mit sich brachte. Als Witwer und engagierter Vater einer bezaubernden Tochter namens Manuela hat er verstanden, dass die Reise des Daseins voller Höhen und Tiefen ist, eine Symphonie von Momenten, die unsere Essenz formen.

Mit einer Lebendigkeit, die seine Jugend übertrifft, hat Leonardo furchtbare Herausforderungen gemeistert, schwierige Phasen durchlebt und dunkle Tage durchstanden. Auch wenn der Schmerz sein Begleiter auf seinem Weg war, hat er diese Erfahrungen in Stufen verwandelt, die ihn an einen Ort der Gelassenheit und Widerstandsfähigkeit geführt haben.

Als Autor bemerkenswerter Selbsthilfewerke wie die inspirierenden Bücher "Angst-AG", "Die Trennung überwinden", "Kampf gegen Depressionen", "Heilung emotionaler Abhängigkeit", "Burnout besiegen", "Mit dem Scheitern konfrontiert", "Finden Sie die Liebe Ihres Lebens" und "Trauer überleben" fand er im Schreiben das Medium, um seine Lebenslektionen zu teilen und die Stärke weiterzugeben, die er in sich entdeckt hat. Durch seine klare und präzise Schreibweise hilft Leonardo seinen Lesern, in Momenten tiefer Traurigkeit Kraft, Mut und Hoffnung zu finden.

Helfen Sie anderen Menschen, indem Sie dieses Werk teilen.

LEONARDO TAVARES

Finden Sie die Liebe
Ihres Lebens

www.ingramcontent.com/pod-product-compliance
Lightning Source LLC
LaVergne TN
LVHW041743060526
838201LV00046B/892